"十三五"国家重点图书出版规划项目
陕西出版资金资助项目

主编 王子今

QIN
ZHI
DAO

秦直道线路与沿线遗存

马 啸　雷兴鹤　吴宏岐 编著

陕西师范大学出版总社

图书代号：SK18N0269

图书在版编目（CIP）数据

秦直道线路与沿线遗存 / 马啸，雷兴鹤，吴宏岐编著. —西安：陕西师范大学出版总社有限公司，2018.6
（秦直道 / 王子今主编）
ISBN 978-7-5613-9847-0

Ⅰ.①秦… Ⅱ.①马… ②雷… ③吴… Ⅲ.①古道—研究—陕西—秦代 Ⅳ.① K928.78

中国版本图书馆 CIP 数据核字（2018）第 035931 号

秦直道线路与沿线遗存
QIN ZHIDAO XIANLU YU YANXIAN YICUN

马啸　雷兴鹤　吴宏岐　编著

选题策划 / 刘东风　侯海英
责任编辑 / 王　森
责任校对 / 王　森　赵荣芳
出版发行 / 陕西师范大学出版总社
　　　　　（西安市长安南路 199 号　邮政编码·710062）
网　　址 / http：//www.snupg.com
印　　刷 / 重庆新金雅迪艺术印刷有限公司
开　　本 / 787mm×1092mm　1/16
印　　张 / 25
插　　页 / 2
字　　数 / 280 千
版　　次 / 2018 年 6 月第 1 版
印　　次 / 2018 年 6 月第 1 次印刷
书　　号 / ISBN 978-7-5613-9847-0
定　　价 / 300.00 元

读者购书、书店添货或发现印刷装订问题，请与本公司营销部联系、调换。
电话：（029）85307864　85303629　　传真：（029）85303879

"秦直道"丛书编委会

编委会主任：王子今

编　　　委：王子今　辛德勇　张廷皓　吴宏岐
　　　　　　徐卫民　孙家洲　宋　超　焦南峰
　　　　　　张在明　徐君峰　马　啸　孙闻博
　　　　　　高彦平　刘东风　侯海英

总　　序

司马迁撰著《史记》，完成了被翦伯赞称作"一部以社会为中心的历史"，"中国第一部大规模的社会史"①的史学经典。徐浩说，《史记》"纵贯上下数千年，横及各国各阶层，举凡人类全体之活动，靡不备载"，又"叙述社会中各种现象"，并且"反春秋时代内其国而外诸夏、内诸夏而外夷狄之狭小眼光，为匈奴等民族作列传"。②李长之也曾经肯定《史记》的文化贡献，他指出，司马迁"是要在人类的生活经验之中而寻出若干范畴来"。③朱希祖也说，《史记》避免了一般史书"不载民事""未睹社会之全体"的痼病，能够"大抵详察社会，精言民事"。④《史记》超越了中国传统史学专注于政治史的撰述范式，给予历史整体特别是物质生产史、物质生活史以及下层社会的生存境况与心理体验相当多的关切。我们还注意到，对于交通史的关心和记述，也是司马迁《史记》"高气绝识"⑤、"雄

---

① 翦伯赞：《中国史纲》第2卷，大孚出版公司1947年版，第656页。
② 徐浩：《廿五史论纲》，人民文学出版社1949年版，第42—43页。
③ 李长之：《司马迁之人格与风格》，开明书店1948年版，第238—240页。
④ 朱希祖：《中国史学通论》，独立出版社1943年版，第71—72页。
⑤ 吕祖谦：《大事记解题》卷一二"著书百二十篇"条，明刻本。

视千古"①、"卓识远见"、"立意深长"②的表现之一。秦人重视交通的史迹，在司马迁笔下成为可以使历史观察者聚焦的显著现象。秦始皇兼并天下之后，辛苦巡行，又大举启动交通建设，形成了以驰道联结全国，各个地区各能通达，重要地点皆得"毕至"③的规模宏大而交通效能亦达到很高水准的交通网。秦王朝统治时期，是中国交通事业取得显著进步的重要历史阶段，而秦始皇执政后期规划发起的直道工程，更在中国古代交通史册上书写了极辉煌的一页。

司马迁在自己的史学著述中保留了对秦始皇直道的珍贵的历史记忆。《史记》卷六《秦始皇本纪》写道："三十五年，除道，道九原抵云阳，堑山堙谷，直通之。"④又《史记》卷一五《六国年表》："（三十五年）为直道，道九原，通甘泉。"⑤秦始皇去世，秘不发丧，车队经直道返回咸阳，"行从直道至咸阳，发丧。太子胡亥袭位，为二世皇帝"⑥。"鲍鱼车返，龙祖仙游"⑦，直道的规划者最终以极其特殊的方式经行这条道路。直道于是也成为秦帝国最高权力由"始皇帝"向"二世皇帝"交递过程的象征性符号。《史记》卷一一〇《匈奴列传》记载："始皇帝使蒙恬将十万之众北击胡，悉收河南地。因河为塞，筑四十四县城临河，徙適戍以充之。而通直道，自九原至云阳，因边山险堑溪谷可缮者治之，起临洮至辽东万余里。又度河据阳山北假中。"⑧明确指出了直道对于"击胡"即

---

① 黄震：《黄氏日抄》卷四七《读史二·汉书·司马迁》，1757年（清乾隆二十二年）汪佩鄂刊本。
② 陈子龙：《史记测议·序》，聚锦堂刻本。
③ 汉文帝时，贾山言治乱之道，借秦为喻，称《至言》，其中写道："为驰道于天下，东穷燕齐，南极吴楚，江湖之上，濒海之观毕至。道广五十步，三丈而树，厚筑其外，隐以金椎，树以青松。为驰道之丽至于此，使其后世曾不得邪径而托足焉。"见《汉书》卷五一《贾山传》，中华书局1962年版，第2328页。
④ 《史记》，中华书局2013年版，第322页。
⑤ 《史记》，第902页。
⑥ 《史记》卷六《秦始皇本纪》，第333页。
⑦ 彭孙贻：《烛影摇红·汶上感怀》，见《茗斋集》卷一五《诗余附》，《四部丛刊续编》景写本。
⑧ "通直道"，司马贞《索隐》："苏林云：'去长安八千里，正南北相直道也。'"《史记》，第3468—3469页。

抗击北方草原强势民族之军事战略的特殊意义。

在秦代服务于全国政治军事总格局的交通规划中，直道有非常重要的地位。从秦始皇三十五年（前212年）"为直道"到三十七年（前210年）载运秦始皇尸身的车队"行从直道至咸阳"，直道修筑大致只有两年的时间。虽然有"道未就"的说法①，但是显然已经具备可以通行帝王乘舆的规格。直道工程量非常浩巨而工期短暂，体现了秦帝国超高等级的行政效率。秦直道，可以看作秦政的纪念。

司马迁是著名的重视实地考察、喜爱游历的史学家。王国维说："是史公足迹，殆遍宇内。所未至者，朝鲜、河西、岭南诸初郡耳。"②在《史记》卷八八《蒙恬列传》篇末，司马迁记录了亲身行历直道的体验："太史公曰：吾适北边，自直道归，行观蒙恬所为秦筑长城亭障，堑山堙谷，通直道，固轻百姓力矣！"③我们今天行走在秦直道遗存之宽广坚实的路面上，都会想到司马迁"吾适北边，自直道归"的经历以及"堑山堙谷，通直道，固轻百姓力矣"的深沉感叹。脚踏路草黄尘，感受太史公当年的步履，可以体会史家名言的亲切。而天风林籁，也响应着古今的共鸣。如果没有司马迁对于秦始皇直道的高度关注、亲身踏察与具体记述，也许后世人们对这条堪称伟大工程之卓越成品的古代道路会长期处于无知境界，心持冷漠态度。司马迁之后二千余年，我们基本没有看到对秦直道予以特别关注的文史论著。正史所谓"直道"，含义往往已经大为不同。如《汉书》"直

---

① 《史记》卷八八《蒙恬列传》："始皇欲游天下，道九原，直抵甘泉，乃使蒙恬通道，自九原抵甘泉，堑山堙谷，千八百里。道未就。"第3097页。

② 王国维：《太史公行年考》，见《观堂集林》卷一一，上海古籍书店1983年9月据商务印书馆1940年版影印，第4页。

③ 《史记》，第3100页。

道行"①,"直道而行"②,"直道而不曲"③,"直道"已经是另外的含义。《汉书》卷九一《货殖传》:"此三代之所以直道而行,不严而治之大略也。"颜师古解释说:"直道而行,谓以德礼率下,不饰伪也。"④此所谓"直道"言政治道德、政治道理、政治道行、政治道义,其实已经与交通道路没有什么直接的关系了。后世虽然也有称作"直道"的交通工程,如《魏书》卷二《太祖纪》:"车驾将北还,发卒万人治直道,自望都铁关凿恒岭至代五百余里。"⑤但是这样的"直道",其工程规模、文化作用和历史影响,已经完全不能与秦始皇直道相比。

对秦始皇直道的科学研究自20世纪70年代始。内蒙古自治区的考古学者对秦始皇直道北段进行了实地调查。史念海先生的历史地理学名作《秦始皇直道遗迹的探索》,宣示秦直道研究的学术路径正式开启。此后,许多学者开始关心这一学术主题。历史地理学研究者和交通史志研究者结合文献研究与田野考察,相继发表了一系列值得重视的学术成果。陕西、甘肃、内蒙古的考古学家和许多珍视并致力于保护古代文化遗存的人文学者分别进行了多次秦直道遗迹的艰苦调查。靳之林、王开、徐君峰等先生坚持数年的秦直道考察,为秦直道研究提供了值得重视的第一手资料。陕西省考古研究院张在明教授主持的秦直道发掘,获得了重要成果。他在陕西富县进行的发掘,列名2009年度全国十大考古新发现。民间热爱中国历史文化、关注秦始皇直道的人们,也曾经发起多种形式的对于秦直道保护和考察极有意义的活动。如"善行天下"公益徒步活动组

---

① 《汉书》卷八一《孔光传》,第3356页。
② 《汉书》卷五《景帝纪》,第153页;《汉书》卷七七《盖宽饶传》,第3247页;《汉书》卷九九下《王莽传下》,第4194页。
③ 《汉书》卷三六《刘向传》,第1947页。《后汉书》卷五一《庞参传》:"竭忠尽节,徒以直道不能曲心,孤立群邪之间,自处中伤之地。"中华书局1965年版,第1691页。
④ 《汉书》,第3680页。
⑤ 《魏书》,中华书局1974年版,第31页。

委会策划并实践的多次对秦始皇直道北段的徒步考察，以及史军、刘敬伟、于恬恬、荣浪2014年9月至10月自淳化至包头对秦始皇直道全程的徒步考察等。

陕西师范大学出版总社的朋友们，特别是刘东风社长、侯海英女士为推进秦始皇直道的研究精心策划，精心操作，推促学界朋友合力完成了这套"秦直道"丛书。对于有识见的出版家的这一功德事，秦史研究者、历史地理研究者、中国古代交通史研究者，以及所有关心中国历史文化的朋友都会由衷感激。陕西师范大学出版总社组织的秦直道遗迹考察（2013年8月7日至17日），集合了数十名历史学者和考古学者，行历陕西淳化、旬邑—甘肃正宁、宁县—陕西黄陵、富县、甘泉，取得了诸多收获。这样的工作，也成为"秦直道"丛书编撰的重要的学术基础之一。

"秦直道"丛书包括徐卫民、喻鹏涛著《直道与长城——秦的两大军事工程》，徐君峰著《秦直道道路走向与文化影响》，张在明、王有为、陈兰、喻鹏涛著《岭壑无语——秦直道考古纪实》，徐君峰著《秦直道考察行纪》，王子今著《秦始皇直道考察与研究》，宋超、孙家洲著《秦直道与汉匈战争》，马啸、雷兴鹤、吴宏岐编著《秦直道线路与沿线遗存》，孙闻博编《秦直道研究论集》。丛书编写的学术构想，不强求作者学术意见的简单一致。可以看到，不同的学术见解，例如对于所谓"东线说"和"西线说"的不同认识，分别呈示于作者们各自的论著中。我们愿意学习当年《古史辨》的编者以宏大胸怀同时发布相互对立的学术观点的做法，以方便读者一览学术全局，明了学术流变，自主学术分析，产生学术判断，形成学术新知。应当说明，尽管若干学术意见不一，但是对学术规范的信守，对科学真知的追求，对实证原则的遵循，是"秦直道"丛书作者们共同的理念。

相信随着今后秦直道研究工作的进展，特别是秦直道考古工作新收获的取得，一些学术疑问能够得以澄清，若干学术共识应当可以逐步达成。

"秦直道"丛书被列入"十三五"国家重点图书出版规划项目、2012年陕西出版资金资助项目。

史念海先生长年在陕西师范大学工作。"秦直道"丛书今天由陕西师范大学出版总社推出，也许符合史先生的心愿。

"秦直道"丛书郑重面世，可以看作对史念海先生的一种纪念。

在以"秦直道"丛书献呈史念海先生灵前的时候，作为学生、晚辈和学术追随者，我谨再次诚挚地向这位中国历史地理学的学术导师、秦始皇直道研究的先行者深心致敬！

王子今

2017年3月15日于北京大有北里

序

马啸、雷兴鹤、吴宏岐编著《秦直道线路与沿线遗存》列入"秦直道"丛书，由陕西师范大学出版总社推出，完成了自史念海先生1975年发表《秦始皇直道遗迹的探索》以来正式开启的秦直道考察与研究工作的阶段性总结，可以说为秦史研究、中国古代交通史研究、中国历史交通地理研究以及中国交通考古研究等诸多方向的学术史进程树立了一个有重要意义的标志。

秦代虽然短暂，却是中国交通事业取得显著进步的特别重要的历史阶段。而秦始皇规划发起的直道工程，可以看作秦政的历史纪念。相关历史记录也成为中国古代交通史册富有光彩的一页。幸有伟大史学家司马迁在《史记》中保留了对于秦始皇直道的珍贵的历史记忆。《史记》卷六《秦始皇本纪》、卷一五《六国年表》、卷一一〇《匈奴列传》都记述了秦直道工程。《史记》卷八八《蒙恬列传》："太史公曰：吾适北边，自直道归，行观蒙恬所为秦筑长城亭障，堑山堙谷，通直道，固轻百姓力矣！"司马迁以亲身交通实践，向后人介绍了秦"通直道"工程的规模及其造成的社会历史影响。

关于秦直道线路的全面的历史地理考察自史念海先生始。他对于秦直道交通线路的实地踏察与科学发现对于中国古代交通史研究和中国历史交通地理研究有开创性的意义。古代道路作为线型文化遗存，起点、终点及沿途线路的考察与认定非常重要。马啸、雷兴鹤、吴宏岐编著《秦直道线路与沿线遗存》回顾了秦直道线路的文献梳理、调查记录、发掘收获与研究进展的学术史，对于秦直道线路走向、起讫、里程进行了新的考论，提出了新的认识。对于陕西境内、甘肃境内以及内蒙古境内秦直道线路的各路段，也分别进行了具体的说明。

秦直道沿线发现了一些重要遗址。除了道路本身"堑山堙谷"等工程遗存外，烽燧遗址、疑似停驻地点及关防地点的建筑遗址等，也有非常重要的文物价值。《秦直道线路与沿线遗存》就此均有所介绍。

古代道路的规划，往往有连接社会聚落与文化重心的考虑。因施工、通行、营运、养护，必然施行组织管理，动用大量劳力，也因此聚集了人气。道路沿线必然会形成相应的经济网与文化带。《秦直道线路与沿线遗存》关注"直道两侧"的"古文化遗址"，包括古城、古聚落、古墓群等，都有重要价值。有些涉及古代民族关系史的历史迹象，也受到关注。如"义渠国都的考证与争论"的介绍，列出六种不同的学术意见，可以为关心这一学术主题的朋友提供思考的基点。而由此也可以充实有关秦直道的文化知识。我们注意到，中国古代的佛教遗存，通常依交通干线而设置，往往因交通活动而繁盛。秦直道附近魏晋南北朝时期以及唐宋时代的石窟遗迹，也可以说明这条道路长期使用的历史事实。《秦直道线路与沿线遗存》有关"东距秦直道2.5公里"的宁县盘克乡年代大致为晚唐至五代的"塔儿庄砖塔"的记述，以为"从古塔可知，昔日这里必然十分热闹"，指出了相类同的社会文化现象。

司马迁所谓"固轻百姓力矣"，是立足民本立场的历史感叹，指出了秦直道这一宏大交通工程建设之社会付出代价的沉重。如果考察并理解"百姓"对秦直道工程的看法，当然是有意义的。不过，作为役人的兵士和农夫在这里付出艰辛劳作，然而文化遗留并不显著。考古学者在秦汉地层发掘清理出当时人在直道路面行走的足迹。我们看到这些遗存，并不能解读出历史语言和文化意识。然而，文士、官员、商贾、僧侣们等经由这里，往往行途辛劳之外，有不同的心理感觉发生。这些心态史资料许多以文字形式存留下来，其中有关交通建设的部分，值得研究者珍视。相关方志中的"艺文"部分，有些就因此富含历史意义和文化价值。《秦直道线路与沿线遗存》专列一章，讨论"秦直道沿线的事迹与传说",涉及"历代帝王巡游秦直道的事迹与传说""秦直道沿线关于扶苏、蒙恬的传说""关于王昭君、蔡文姬的传说"等。多采用方志"艺文"部分的诗文资料,也借助后世祠庙碑文等遗存进行分析。这种被有的学者称作"历史人类学"的研究方式,无疑是值得赞许的。

"秦直道"丛书的构成计划中,原先设计有《历代方志中秦直道资料》一种,后来这一工作没有进行。《秦直道线路与沿线遗存》的编著者重视"历代地方志对秦直道线路的记载",在其他内容中也注意搜寻和整理方志文献中的重要历史文化信息。对于相关文献中"将直道遗迹误为驰道遗迹"的说法,也进行了有意义的辨析。

《秦直道线路与沿线遗存》第六章论"秦直道的历史文化价值与遗产申遗",指出秦直道"是世界上古代道路修建方面的一个奇迹"。此外,提出秦汉时期直道于战争中实现了"军事战略通道的功能"之外,"在和平交往中的作用也不容忽视"。这样的判断是正确的。我们看到,秦始皇时代开通的直道在西汉时期依然应用,于政治、军事之外,也便利了外交以及经济生活,成为汉与匈奴南北交往的重要通道。汉王朝经营西北方向由河西往西域地方的交通道路后来有"丝绸之路"之称。其实,"直道"与长城防线上的"北边道"连通,进而通过草原民族活跃的交通实践而实现的中原与西域物质文化与精神文化的交流,也是我们研究丝绸之路历史文化作用时应当注意的交通史现象。汉王朝以"赐遗"方式输送至匈奴的丝绸及丝绸制品数量很多,不能排除对商业予以特殊重视的匈奴人将满足自身需要之外的剩余中原织品继续向西方转输以谋取贸易收入的可能。而汉地织品北运匈奴,很多利用了秦直道交通便利的条件。由秦直道转"北边道"向西的交通路线较自长安径直西北的道路看似稍显迂回,但是因秦直道通行条件的优越结合草原交通的便利,以及游牧民族的机动性与交通能力,很可能可以实现更高的商运效率。

为最大限度地发掘和展示"秦直道的历史文化价值",《秦直道线路与沿线遗存》的编著者就"秦直道线路的遗产保护、旅游开发与申遗"提出了一些意见。相关设想与建议,应当引起有关方面认真予以关注。

《秦直道线路与沿线遗存》的编著者以深厚学养、辛勤考察及缜密考论为学术基础,为学界和一切关心中国历史文化的朋友们完成了这部好书。作为书稿较早的读者,自觉受益颇多,谨此深心致谢。

王子今
2018 年 1 月 2 日于北京大有北里

目 录 Contents

001 / **第一章　秦直道线路研究的学术回顾**

002 / 　　一、历代史籍对秦直道线路的记录
008 / 　　二、研究秦直道线路的论文与专著
015 / 　　三、秦直道线路研究的进展
025 / 　　四、秦直道线路研究亟待解决的问题

033 / **第二章　对秦直道修筑及走向问题的再认识**

035 / 　　一、直道与驰道的区别及筑路工期问题
041 / 　　二、关于秦直道线路的走向问题
054 / 　　三、秦直道的起讫点和里程问题

075 / **第三章　秦直道各段的具体线路**

076 / 　　一、陕西境内的秦直道

102 / 　　二、甘肃境内的秦直道
159 / 　　三、内蒙古鄂尔多斯境内的秦直道

169 / **第四章　秦直道沿线的重要遗存**

170 / 　　一、直道主线上的遗存
196 / 　　二、直道两侧主要遗存

283 / **第五章　秦直道沿线的事迹与传说**

284 / 　　一、子午岭与秦直道起点甘泉宫
296 / 　　二、历代帝王巡游秦直道的事迹与传说
308 / 　　三、秦直道沿线关于扶苏、蒙恬的传说
323 / 　　四、关于王昭君、蔡文姬的传说

337 / **第六章　秦直道的历史文化价值与遗产申遗**

339 / 　　一、秦直道的历史文化价值
344 / 　　二、秦直道线路的遗产保护、旅游开发与申遗

369 / **后记**

Contents

001 / **Chapter 1 Literature Review of Researches of the Route of Zhidao**

002 /   1. The Route of Zhidao in Historical Works
008 /   2. Articles and Monographs about the Route of Zhidao
015 /   3. Progress of Researches of the Route of Zhidao
025 /   4. Problems in Researches of the Route of Zhidao

033 / **Chapter 2 Rethinking the Construction and Trend of Zhidao**

035 /   1. Distinction between Zhidao and Chidao and the Duration of Its Construction
041 /   2. Trend of Zhidao
054 /   3. The Starting Point, Ending Point and Length of Zhidao

075 / **Chapter 3 The Exact Route of Each Section of Zhidao**

076 /   1. Zhidao in Shaanxi Province
102 /   2. Zhidao in Gansu Province
159 /   3. Zhidao in Ordos, Inner Mongolia

169 / Chapter 4　Important Remains along Zhidao

170 /　　1. Remains on the Main Road of Zhidao
196 /　　2. Important Remains on Both Sides of Zhidao

283 / Chapter 5　Stories and Legends along Zhidao

284 /　　1. Ziwu Ridge and Ganquan Palace the Starting Point of Zhidao
296 /　　2. Historical Records and Legends of the Emperors' Inspection
　　　　　 Tours Related to Zhidao
308 /　　3. Legends of Fusu and Meng Tian along Zhidao
323 /　　4. Legends of Wang Zhaojun and Cai Wenji

337 / Chapter 6　Historical and Cultural Value of Zhidao
　　　　　　　 and World Cultural Heritage Application

339 /　　1. Historical and Cultural Value of Zhidao
344 /　　2. Heritage Preservation, Tourism Development and World Cultural
　　　　　 Heritage Application of the Route of Zhidao

369 / Afterword

插图目录

001 / 第一章　秦直道线路研究的学术回顾

033 / 第二章　对秦直道修筑及走向问题的再认识

042 /　　　图 2-1　子午岭上的秦直道
061 /　　　图 2-2　秦直道南端起点 1
062 /　　　图 2-3　秦直道南端起点 2
072 /　　　图 2-4　秦直道考察暨系列图书组稿会

075 / 第三章　秦直道各段的具体线路

077 /　　　图 3-1　汉甘泉宫遗址
078 /　　　图 3-2　甘泉宫北门直道遗址
079 /　　　图 3-3　通向甘泉山的秦直道
080 /　　　图 3-4　建在秦直道路迹之上的石门关省道
083 /　　　图 3-5　秦直道歧义图全图
084 /　　　图 3-6　古道岭段直道路迹
085 /　　　图 3-7　车路梁直道路迹 1
085 /　　　图 3-8　车路梁直道路迹 2

089 /	图 3-9	甘泉县圣马桥引桥遗址
089 /	图 3-10	秦直道圣马桥遗址 1
090 /	图 3-11	秦直道圣马桥遗址 2
093 /	图 3-12	安条林场直道路迹
094 /	图 3-13	白杨树湾垭口
096 /	图 3-14	延安市安塞区杀人崾岘直道遗迹
096 /	图 3-15	安塞鸦巷山大垭口
099 /	图 3-16	阳周故城遗址
100 /	图 3-17	硬地梁直道遗踪
104 /	图 3-18	刘家店直道路迹
107 /	图 3-19	雕岭关直道路迹
109 /	图 3-20	车皮坡直道路迹
110 /	图 3-21	艾蒿店直道路迹
111 /	图 3-22	艾蒿店直道路迹石条垒砌的石墙
113 /	图 3-23	九龙河源头
114 /	图 3-24	烧锅梁直道遗迹
115 /	图 3-25	五里墩直道路迹
116 /	图 3-26	五里墩烽火台
116 /	图 3-27	百年老柳树
119 /	图 3-28	芦堡直道路迹
119 /	图 3-29	芦堡烽火台
121 /	图 3-30	北桂花园直道路迹
122 /	图 3-31	椿树原直道路迹
123 /	图 3-32	七里店直道路迹
125 /	图 3-33	午亭子直道路迹
126 /	图 3-34	中寨烽火台
127 /	图 3-35	槐树原直道路迹
128 /	图 3-36	梨树湾直道路迹
129 /	图 3-37	庙湾直道路迹
130 /	图 3-38	二午亭烽火台
131 /	图 3-39	马莲崾岘直道路迹

页码	图号	名称
132 /	图 3-40	夏家岭直道路迹
133 /	图 3-41	娘母子湾直道路迹
134 /	图 3-42	墩台山烽火台
135 /	图 3-43	黑虎梁直道路迹
135 /	图 3-44	涧水坡岭直道路迹
137 /	图 3-45	田家沟掌烽火台
137 /	图 3-46	涧水坡岭烽火台
137 /	图 3-47	涧水坡岭城障
138 /	图 3-48	黄草崾岘直道路迹
139 /	图 3-49	青龙山直道路迹
139 /	图 3-50	正麻子湾直道路迹
140 /	图 3-51	木瓜岭直道路迹
141 /	图 3-52	宋家沟垴直道路迹
142 /	图 3-53	麻籽崾岘烽火台遗址全景
144 /	图 3-54	麻籽崾岘直道路迹
145 /	图 3-55	张湾庙崾岘垭口
146 /	图 3-56	老爷岭直道路迹
146 /	图 3-57	墩梁烽火台
147 /	图 3-58	赵梁烽火台
147 /	图 3-59	大树塬烽火台
148 /	图 3-60	老爷岭烽火台
149 /	图 3-61	黄蒿地畔垭口全景
150 /	图 3-62	紫坊墩儿梁烽火台
150 /	图 3-63	黄蒿地畔段烽火台
151 /	图 3-64	打扮梁直道路迹
152 /	图 3-65	樊洼子畔烽火台
152 /	图 3-66	墩儿山烽火台
153 /	图 3-67	打扮梁烽火台
154 /	图 3-68	薛山畔崾岘直道路迹
154 /	图 3-69	墩掌烽火台
155 /	图 3-70	薛山畔烽火台

156 /　　　图 3-71　大庄科沟掌烽火台
157 /　　　图 3-72　西梁烽火台
158 /　　　图 3-73　林沟崾岘烽火台 1 号
159 /　　　图 3-74　营盘梁烽火台
160 /　　　图 3-75　内蒙古直道遗迹
161 /　　　图 3-76　红庆河古城遗址
163 /　　　图 3-77　掌岗图直道遗迹
164 /　　　图 3-78　城梁古城直道遗迹
165 /　　　图 3-79　古路豁子遗址
167 /　　　图 3-80　库布齐沙漠
168 /　　　图 3-81　新修麻池古城门楼与麻池古城遗址

169 /　第四章　秦直道沿线的重要遗存

171 /　　　图 4-1　甘泉宫遗址
172 /　　　图 4-2　甘泉宫遗址示意图
173 /　　　图 4-3　石门关
174 /　　　图 4-4　石门南峰扶苏庙
176 /　　　图 4-5　两女寨秦代残砖瓦与遗址全景
176 /　　　图 4-6　两女寨遗址示意图
178 /　　　图 4-7　秦一号兵站瞭望塔
178 /　　　图 4-8　南梁峁遗址示意图
179 /　　　图 4-9　雕岭关遗址
180 /　　　图 4-10　雕岭关遗址示意图
181 /　　　图 4-11　兴隆关
181 /　　　图 4-12　兴隆关遗址示意图
183 /　　　图 4-13　午亭子
183 /　　　图 4-14　午亭子遗址示意图
185 /　　　图 4-15　午亭子九层窑洞群
186 /　　　图 4-16　老爷岭遗址示意图

页码	图号	名称
187 /	图 4-17	黄蒿地畔遗址示意图
188 /	图 4-18	打扮小马岔西山遗址示意图
189 /	图 4-19	打扮遗址示意图
190 /	图 4-20	富县桦沟口秦直道挖掘现场
194 /	图 4-21	城梁古城附近的直道豁口遗址
195 /	图 4-22	麻池古城遗址
199 /	图 4-23	正宁罗川明代赵氏牌坊
199 /	图 4-24	春秋石家墓群
212 /	图 4-25	宁县庙嘴坪
213 /	图 4-26	塔儿庄砖塔
215 /	图 4-27	千佛寺石窟
216 /	图 4-28	香坊石窟
217 /	图 4-29	九站遗址
219 /	图 4-30	大山门遗址
222 /	图 4-31	塔儿湾石造像塔
223 /	图 4-32	保全寺石窟
225 /	图 4-33	张家沟门石窟
226 /	图 4-34	莲花寺石窟
228 /	图 4-35	唐朝列圣之碑
232 /	图 4-36	东华池砖塔
235 /	图 4-37	平戎寨古城址
237 /	图 4-38	安疆寨古城址
238 /	图 4-39	安疆寨古城址示意图
240—241 /	图 4-40	大顺城遗址
240 /	图 4-41	大顺城遗址示意图
243 /	图 4-42	荔原堡遗址
244 /	图 4-43	荔原堡遗址示意图
245 /	图 4-44	柔远寨遗址
245 /	图 4-45	柔远寨遗址示意图
246 /	图 4-46	铁角城遗址

247 /　　图 4-47　　重建有宋范韩二公祠堂之记碑正面

249 /　　图 4-48　　重建有宋范韩二公祠堂之记碑阴庆阳军事防御图

250 /　　图 4-49　　安边堡遗址

251 /　　图 4-50　　统万城遗址

254 /　　图 4-51　　石泓寺石窟

258 /　　图 4-52　　大佛寺石窟

259 /　　图 4-53　　阁子头石窟

260 /　　图 4-54　　石空寺石窟

263 /　　图 4-55　　开元寺塔

264 /　　图 4-56　　柏山寺塔

265 /　　图 4-57　　福严院塔

266 /　　图 4-58　　八卦寺塔群

269 /　　图 4-59　　白豹城遗址

270 /　　图 4-60　　白豹城遗址示意图

271 /　　图 4-61　　金汤城遗址

272 /　　图 4-62　　金汤城遗址示意图

273 /　　图 4-63　　镇靖堡遗址

277 /　　图 4-64　　榆林镇北台

279 /　　图 4-65　　成吉思汗陵门楼

279 /　　图 4-66　　成吉思汗陵主殿

283 /　**第五章　秦直道沿线的事迹与传说**

286 /　　图 5-1　　子午岭上秦直道示意图

287 /　　图 5-2　　蜿蜒于子午岭上的秦直道路迹

288 /　　图 5-3　　子午岭林海风光

290 /　　图 5-4　　正宁县境内的秦直道

291 /　　图 5-5　　甘泉宫遗址

292 /	图 5-6	石鼓
292 /	图 5-7	卧熊或卧牛
297 /	图 5-8	秦始皇封禅泰山无字碑
298 /	图 5-9	秦直道路迹
300 /	图 5-10	鄂尔多斯境内的秦直道
301 /	图 5-11	汉武帝登封泰山处
302 /	图 5-12	承水台
302 /	图 5-13	望母台
304 /	图 5-14	雕翎关直道路迹
305 /	图 5-15	雕岭关风光
309 /	图 5-16	扶苏墓碑
311 /	图 5-17	蒙恬墓碑
314 /	图 5-18	崞山远景
316 /	图 5-19	石门山
316 /	图 5-20	石门山扶苏庙
318 /	图 5-21	石门关扶苏雕像
319 /	图 5-22	蒙恬墓
321 /	图 5-23	子午岭油松林
325 /	图 5-24	"单于和亲"四字砖
327 /	图 5-25	昭君别乡雕像
328 /	图 5-26	内蒙古昭君墓
330 /	图 5-27	内蒙古昭君墓
330 /	图 5-28	内蒙古景区王昭君与呼韩邪单于雕像
332 /	图 5-29	蔡文姬雕像

337 / 第六章 秦直道的历史文化价值与遗产申遗

344 /	图 6-1	大秦直道
353 /	图 6-2	秦直道文化苑门楼
354 /	图 6-3	天下第一道

354 /	图 6-4	秦始皇出巡回归场景
355 /	图 6-5	内蒙古鄂尔多斯市大秦直道文化旅游景区
356 /	图 6-6	内蒙古鄂尔多斯市秦直道景区广场
359 /	图 6-7	石门关秦直道博物馆

第一章 秦直道线路研究的学术回顾

秦直道是公元前 212 年秦始皇为了北击匈奴，特派大将蒙恬动用戍卒和民夫修建而成的战略专用通道，距今已有两千二百多年历史，可以说是中国古代一条最早的"高速公路"。秦直道不仅仅是单纯的一条道路，还与秦代政治、经济、军事、民族关系等多方面内容密切相关，具有很高的学术研究价值。所以，秦直道自修建以来，就受到史家的关注。

一、历代史籍对秦直道线路的记录

（一）正史与地理志对秦直道线路的记载

最早记述秦直道的是司马迁，他在《史记》中对秦直道做了相关记录。

《史记》卷六《秦始皇本纪》载："三十五年（前 212 年），

除道，道九原，抵云阳，堑山堙谷，直通之。"

《史记》卷一五《六国年表》载："为直道，道九原，通甘泉。"

《史记》卷八八《蒙恬列传》载："始皇欲游天下，道九原，直抵甘泉，乃使蒙恬通道，自九原抵甘泉，堑山堙谷，千八百里。道未就。"

《史记》卷一一〇《匈奴列传》载："秦灭六国，而始皇帝使蒙恬将十万之众北击胡，悉收河南地。因河为塞，筑四十四县城临河，徙适戍以充之。而通直道，自九原至云阳。"

在《史记》卷八八《蒙恬列传》结语中，还明确记述自身的"直道之行"："太史公曰：吾适北边，自直道归，行观蒙恬所为秦筑长城亭障，堑山堙谷，通直道，固轻百姓力矣。"还表达了对亡秦原因的基本判断："夫秦之初灭诸侯，天下之心未定，痍伤者未瘳，而（蒙）恬为名将，不以此时强谏，振百姓之急，养老存孤，务修众庶之和，而阿意兴功，此其兄弟遇诛，不亦宜乎？何乃罪地脉哉！"

在直道兴修两年后，秦始皇死于第五次出巡途中，胡亥与赵高等就是取途直道、率巡行队伍秘载始皇帝遗体返回都城咸阳的。《史记》卷六《秦始皇本纪》载："（始皇三十七年）七月丙寅，始皇崩于沙丘平台。……遂从井陉抵九原。……行从直道至咸阳，发丧。"

从上述记载来看，司马迁对直道的具体修建时间、起讫点、长度、主持修建者、修建方式及部分使用情况都有记述，但均过于简略，特别对经由的路线未做任何记载。加之秦汉时期距今时间久远，也使得与直道线路相关的一些信息更加难以为后人所知。

根据司马迁的记载，秦直道线路全长1800里，是秦都城咸阳到九原城距离最短的道路。直道开筑的时间是秦始皇三十五年，主持修建者是大将蒙恬，修建方式是动用戍卒与民夫，"堑山堙谷，直通之"。而对起讫点的记录仅仅六个字，"道九原，抵云阳"。根据《史记·秦始皇本纪》的表述，秦直道的南北端点都是以当时的郡县名称来表述的，即自北而南，起于九原郡，讫于云阳县。把九原与云阳放在同等位置，几乎可画等号。而到了《史记·蒙恬列传》中，则直接将云阳作为甘泉，甘泉宫是建于云阳境内的秦汉两代的宫苑。这种以郡县地名为标志，又与宫苑名称交替互用的记载，无疑给后来的史学研究带来诸多困扰。

此后史志，亦迭有记载。唐朝贞观时期出现的《括地志》一书，虽然已经找不到原本，但能够看到张守节在《史记·匈奴列传》"正义"中对秦直道阐述时所引用的注释："《括地志》……又云：秦故道在庆州华池县西四十五里子午山上。自九原至云阳，千八百里。"唐朝著名考据学家颜师古为《汉书》作注，就秦直道的出发点是否为甘泉宫进行了批注："林光，秦离宫名也。汉又于其旁起甘泉宫，非一名也。"① 唐中后期的李吉甫所撰的《元和郡县图志》卷三关内道三宁州"襄乐县"条对秦直道进行了简略记载："秦故道，在县东八十里子午山。始皇三十年，向九原抵云阳，即此道也。"这两则史料，可以看作对秦直道线路踪迹最早的记载。北宋司马光《资治通鉴·秦纪二》记载："三十五年，使蒙恬除直道，道九原，抵云阳，堑山堙谷千八百里；数年不就。"清人顾炎武《日知录·史记注》谓："始皇崩于沙丘，乃又从井陉抵九原，然后从直道以至咸阳，回绕三四千里而归者，盖始皇先使蒙恬通道，自九原抵甘泉，堑山堙谷，千八百里。若径归咸阳，不果行游，恐人疑揣，故载辒辌辣而北行，但欲以欺天下，虽君父之尸臭腐车中而不顾，亦残忍无人心之极矣。"以上所载，都来源于司马迁《史记》，在史料内容上没有任何新拓展。可见，

---

① 《汉书》卷二五《郊祀志》，中华书局1962年版，第1263页。

司马迁对秦直道线路走向的记录虽然简约，但却是迄今最直接、最权威，也是最明晰的记录，成为后世史家记述秦直道线路的基础史料来源。

（二）历代地方志对秦直道线路的记载

作为记载地方历史的古籍，秦直道沿线的不少方志，也记载了一些与直道相关的信息。前述李吉甫编的《元和郡县图志》（后因图佚，改名《元和郡县图志》）是最早的地方志。从对秦直道的记载来看，不论是《括地志》还是《元和郡县图志》，在唐代向地方采录见闻与史料时，应该得到了庆州、宁州很好的响应与支持，故留下了提及秦直道线路踪迹的最早记录。事实上，位于子午岭西麓的古代庆阳形成了良好的方志编纂与续修传统。庆阳在唐代就撰有《庆州图经》，宋代即有《庆州志》，因两书久佚，故其作者、体例、内容不详。自唐至清末，庆阳共有府志约九部，其中明清时期所编约占 2/3，现存三部，主要为明清方志。明嘉靖《庆阳府志》卷二"山川"真宁下载："雕岭，在县东五十里，上有秦筑驰道，今有述司。"[①] 清顺治《庆阳府志》卷二"山川"真宁下亦载："雕岭，在县东五十里，上有秦筑驰道，今有述司。"[②] 乾隆陶奕曾编《合水县志》上卷"古迹"载："驰道，县东百余里，相传蒙恬堑山堙谷，上通上郡，下达咸阳，即其地。"上述三处记载，均将直道遗迹误为驰道遗迹。清折遇兰《正宁县志》卷三地理志一"山川"载："雕岭，在县东九十里，即子午岭别阜，上有秦筑驰道"[③]，也将直道误记为驰道。乾隆《庆阳府志》卷一一"古迹"载："圣人条，自子午岭起南通潼关，北至草地。相传秦始皇筑长城，

---
① 〔明〕傅学礼，〔清〕杨藻凤撰：《庆阳府志》，甘肃人民出版社2001年版，第38页。
② 〔明〕傅学礼，〔清〕杨藻凤撰：《庆阳府志》，甘肃人民出版社2001年版，第518页。
③ 〔清〕折遇兰纂修，王立明点注：《正宁县志》，甘肃文化出版社2005年版，第29页。

开运粮道处。"①又在真宁"古迹"载:"秦故道,在县东九十里。《元和郡县图志》:'在襄乐县东八十里子午山。始皇自九原抵云阳,即此道也。'《县志》:'在雕岭上,俗名圣人道。'秦以天子为圣,故名。"②乾隆陶奕曾编纂的《合水县志》上卷"古迹"亦载:"圣人条,自子午岭起南通潼关,北至草地。相传秦始皇筑长城,开运粮道,秦以天子为圣人,故名。"

位于子午岭东翼的一些陕北州县,也在清代方志中留下了有关秦直道线路踪迹的某些线索。康熙《鄜州志》卷一"古迹"载:"圣人条,州西子午岭,详纪事。又保安(今陕西志丹县)有圣马道,在县东七里(应为七十里)。云赫连勃勃起自夏台入长安,芟平山谷,开此道。"康熙《鄜州志》"记事"载:"秦始皇三十五年,帝欲游天下,道九原,直抵甘泉,乃使蒙恬通道。自九原抵甘泉,堑山堙谷,千八百里。按州西百余里有圣人条,宽阔可并行三二两,蜿蜒转折,南通嵯峨,西达庆阳,疑即(蒙)恬所开者。"古人称皇帝为"圣人",少数民族称道路为"条","圣人条"即为皇帝修筑、使用的道路。《保安县志》也记载了县东的"圣人条"。顾祖禹《读史方舆纪要》卷五七记载,志丹县东境"圣人条"所经行的山梁称"艾蒿岭",在县东六十余里,即子午岭之异名。由于"圣人条"纵贯志丹县东境,沿途以"条"命名的村庄比比皆是,如安条、杨条、李条、何条、周条、刘条、新胜条、胶泥条等。它们都是位于东线直道沿途的居民点。

民国时期编撰成书的《中部县志》曾这样记述:"子午岭,(中部)县西北一百八十里,南北绵亘千余里,隔界延、庆二府,

---

① 〔清〕赵本植修纂,庆阳市地方志办公室整理,张玺、王立明、齐社祥、马啸点校:《乾隆新修庆阳府志》,中华书局2013年版,第135页。
② 〔清〕赵本植修纂,庆阳市地方志办公室整理,张玺、王立明、齐社祥、马啸点校:《乾隆新修庆阳府志》,中华书局2013年版,第140页。

自咸阳通九原直道，即此岭也。"《河套图志》中也记述道："今以秦入塞直道考之，自九原起，南至甘泉，堑山堙谷，千八百里。则今之泾阳至延榆，北达乌剌忒旗之五原县，皆秦建筑古道。"黎锦熙在《续编黄陵县志》中对秦直道的南端起点进行了概述，认为秦直道线路经过延州和庆州两个地方，其起始点就是秦林光宫。

至于道路使用的情况，乾隆《鄜州志》记载，这段路在清代还被利用。乾隆《正宁县志》卷三也有类似记载："此路一往康庄，休整之则可通车辙。明时以其直抵银、夏，故商贾经行。……今则塘汛废弛，商旅裹足不前，通衢化为榛莽。"①现在这条路为林区所利用，沿途居民也往来不断，如果需要辟为通道，修整则是很容易的。

可见，上述方志对秦直道线路遗迹的记载，以清代为多；对子午岭上"圣人条""圣人道"的存在，记述的大体位置与方向比较一致；普遍存在将"圣人条"和直道、直道和驰道混为一谈，秦故道和直道通用的情况；多承袭《元和郡县图志》的记载，子午岭两翼，地方志也似有互相援引的迹象。

---

① 〔清〕折遇兰纂修，王立明点注：《正宁县志》，甘肃文化出版社2005年版，第26页。

二、研究秦直道线路的论文与专著

真正意义上的秦直道学术研究始于 20 世纪 70 年代中期。经检索统计，讫于 2017 年，研究秦直道的专著、期刊论文、学位论文、会议论文、新闻报道等共五十八篇（部），其中总论性文献有九篇（部），讨论直道起讫点的有十三篇（部），讨论直道路线及修建情况的有二十一篇（部），讨论直道性质与意义的有十五篇（部）。现将研究直道线路的相关文章与专著予以介绍。

（一）研究秦直道线路的论文

近代以来，对于秦直道研究最多、也最有成果的是已故著名历史地理学家史念海先生。先生的研究为现代秦直道学术研究奠定了基石，也为秦直道线路研究开辟了门径。另外，还有很多历史学者投身研究，对秦直道的残存道路进行了实地考察，并提出了许多具有学术价值的意见。

1975 年，为完成时任兰州军区司令员皮定均将军交办的编写《兵要地理志》的任务，历史地理学家史念海教授在浩如烟海的史籍中，对有关秦直道的文献资料进行了搜集和梳理。并在花甲之年走出书斋，在军区参谋和几位专家的陪同下，在野外考察一个多月，用1/50000的地图进行勾勒，寻找已湮灭在历史长河中的秦直道。尽管司马迁并未说出可供今人借鉴的途经之地的具体地名，但庆幸的是，他论述了途经之地"堑山堙谷"的地理环境和修筑特征，最早揭橥了秦直道经由线路。史先生以司马迁的论述为依据，在文献考证和实地考察相结合的基础上，发表了长达两万余字的论文《秦始皇直道遗迹的探索》（《文物》1975第10期），成为我国秦直道及其线路研究的开篇之作。

根据史念海先生的研究，秦直道以陕西省淳化县凉武帝村林光宫遗址为起点，上子午岭循主脉北行，经陕西省旬邑县、黄陵县与甘肃省正宁县、宁县分界之主脊，又经甘肃合水县、华池县，再过陕西省吴起县、定边县，进入鄂尔多斯草原，过内蒙古自治区乌审旗北，在昭君坟附近过黄河，到达包头市西南秦九原郡治所。一半路程修筑在山头岭脊，一半路程修筑在平原草地。史念海先生的研究成果终于拨开了历史迷雾，让已从人们视线中消失了数千年的秦直道再现人间。1975年出版的谭其骧先生主编的《中国历史地图集》内部发行本，其中所绘秦直道线路走向，沿途几乎没有经过任何已经确定的秦朝县级以上行政设置。及至1982年，《中国历史地图集》正式出版发行时，秦直道依然沿承了原来的绘法。谭其骧的《中国历史地图集》所绘线路图与史念海复原的线路图基本相同，可以说代表了历史地理学界的主流看法。

史念海先生文章发表后，引起各方面普遍关注，一些不同领域的学者，也开始步入考察秦直道线路的行列。1984年8月19日《光明日报》第2版以《为摸清秦代另一巨大的国防工程故迹，画家靳之林徒步三千里考察秦始皇直道》为题，对著名油画家、美术教育家靳之林对秦直道线路的考察进行了报道。报道中说：

为解开秦直道之谜，从1978年到1984年的七年中，靳之林先生徒步3000里，对直道的全程走向、规模及两侧历史文化遗迹和民间艺术进行了全面考察。由直道起点秦林光宫循子午岭北行，存在西北折向甘肃和基本径直向北走向陕北的两条古道。为了摸清哪条是直道，决定两条路都走。从1984年春节开始，靳之林和伊仲英步行800里，历时一个多月，首先考察了循子午岭折向甘肃境内的古道。5月，又和孙相武一起步行1200里，历时两个月，考察了循子午岭径直向北，由陕北安塞、靖边走向内蒙古包头西南九原郡的古道（加上1978年至1983年步行800里考察了循子午岭向北由黄陵、富县、甘泉、志丹到安塞的一段）。根据两条古道的走向规模和历史文化遗迹以及有关史书记载，认为由直道起点秦林光宫循子午岭基本径直向北，伸向内蒙古包头西南秦九原郡的古道（陇东群众称"大古道"）是秦直道。另一条沿子午岭主脉折向甘肃的古道，可能是秦通向西北的故道（陇东群众称"小古道"）。

学术界针对画家靳之林实地考察的陕北秦直道的线路进行了广泛讨论，有学者认为靳之林实地考察所走的路线，即陕北一侧的路线才是秦直道，形成了"东线说"，而且，靳之林还根据实地考察的沿线古道走向，画出了秦直道的具体历史地图；另一侧由史念海先生提出的沿着子午岭脊线进而走向甘肃合水、华池的秦直道，被学术界称为"西线说"，认为由这个方向北上只是秦朝走向西北区域的一条古道，并不是《史记》所指的秦直道。从此之后，学术界关于秦直道的路线问题的争论一直延续至今。

此际，发表的论证和支持东线说的论文主要有王开的《秦直道新探》（《西北史地》1987年第2期），贺清海、王开《毛乌素沙漠中秦汉"直道"遗迹探寻》[《成都大学学报》（社会科学版）1989 年第 1 期］，两人在文章中又指出了一条不同于靳之林、但线路方向基本一致的新直道线路，认为秦直道线路经过秦上郡、阳周县，在南部又稍向东延伸。还有孙相武的《秦直道调查记》（《文博》1988 年第 4 期），延安地区文物普查队编的《延安境内秦直道调查报告之一》（《考古与文物》1989 年第 1 期）。王北辰的《古桥门与秦直道考》［《北京大学学报》（哲学社会科学版）1988 年第 25 卷第 1 期］提出了一个观点，认为秦直道必然要经过长城门，因为它是秦直道从关中出发北出长城的唯一关卡，而这一关卡直接决定了秦直道的走向。史念海先生发表的《直道和甘泉宫遗迹质疑》（《中国历史地理论丛》1988 年第 3 卷第 3 期），《与王北辰先生论古桥门与秦直道书》《再与王北辰先生论古桥门与秦直道书》（均载《中国历史地理论丛》1989 年第 4 期），与持东线说的学者就相关问题进行了讨论和争鸣。吕卓民的《秦直道歧义辨析》（《中国历史地理论丛》1990 年第 5 卷第 1 期），对王北辰长城门的观点进行了反驳；又写了《再论秦直道》（《文博》1994 年第 2 期），对秦直道陕北上郡道等线路进行了详细的分析，认为不可以简单地将秦直道与这些古道等同起来。支持西线说的论文还有吴宏岐的《秦直道修筑的起讫时间与工程分期》（《中国历史地理论丛》1996 年第 11 卷第 3 期）、《秦直道及其历史意义》（《陕西师范大学继续教育学报》2000 年第 17 卷第 1 期）。李仲立对史念海的观点进行了实地论证，并根据考察结果写了《甘肃庆阳地区秦直道考察记》（《考古与文物》1991 年第 5 期），对秦直道的主脉络进行了重新确认，认为秦直道就是以子午岭为主要发展主轴进行延伸；后来，又写了《秦直道新论》（《西北史地》1997 年第 4 期），对秦直道主脉络沿子午岭主脊伸展的问题进行了详细阐述，尤其对子午岭的地理特性及走向进行了深入介绍。姬乃军在《秦直道走向考辨》(《秦文化论丛第二辑》，西北大学出版社1993年版)中认为，秦直道在兴隆关这个节点，往下分为两条线路：一条线路主要是以子午岭为主轴，然后向西北方向发展；另一条线路是以古道岭为主脉，主要发展方向为东北区域的富县、志丹、靖边等县区。辛德勇在《秦汉直道研究与直道遗迹的历史价值》(《中国历史地理论丛》2006年第1期)一文中认为，按照秦直道当前学术研究成果来讲，并不能否认秦直道东线说法的存在性。姬、辛两人的观点，承认了今天东、西线之说的基本构架。此外，研究秦直道关隘、烽燧的论文有王子今、焦南峰的《秦直道石门琐议》(《秦俑秦文化研究——秦俑学第五届学术讨论会论文集》，陕西人民出版社2000年版)，王子今的《试说秦烽燧——以直道军事通信系统为中心》(《文博》2004年第2期)等。

（二）研究秦直道线路的专著

专门研究秦直道的专著不多。相关专著中涉及秦直道线路的有20世纪50年代著名史学家吕思勉所著的《秦汉史》(新世界出版社2009年版)，其第十三与二十章的相关分节对秦直道的历史价值从政治、经济、军事、文化方面进行了论述。中华书局在20世纪80年代出版的《居延汉简甲乙编》中，对秦直道与驰道的历史进行了论述，对秦直道的历史变迁做了记述。20世纪90年代初，史学家王子今所著的《秦汉交通史稿》[中共中央党校出版社1994年版，2013年中国人民大学出版社再版《秦汉交通史稿》(增订本)]对秦朝所有重要交通历史的变迁做了详细完备的介绍和记述。姬乃军参与编著的《延安市文物志》(陕西旅游出版社2004年版)，对秦直道东线(延安段)线路进行了记述与研究，其中资料较为宝贵。

最早较为系统地记述与研究秦直道全线路的专著是由甘肃省文物局编写的《秦直道考察》（兰州大学出版社1996年版），该书受国家文物局的资助，由钟圣祖、许俊臣、岳邦湖、刘得祯、李红雄等，经过三年的不懈努力，深入子午岭密林、鄂尔多斯沙漠草原，行程近万公里，采用现场录像、实地拍照、文字记录、地图测绘等手段，对各地段的直道遗迹、亭障烽燧、地理环境、海拔高度、分段里程、文化遗存等进行了详细考察和记述，对与其他古道的关系也进行了较为系统的描述，附有详图和照片，获得了大量的第一手资料。该书有力地支持了直道是沿子午岭岭脊走向的观点（西线说），弥补了1975年史念海提出的"直道循子午岭主脉北上"观点时，"子午岭北段的直道遗迹稀少"的不足。该书认为，秦直道按照在陕西淳化县境内长约15公里，在旬邑县境内长约60公里，在甘肃正宁县境内70公里，在宁县境内60公里，在合水县境内60公里，在华池县境内110公里的里程统计，认为"从陕西定边县境至包头市麻头镇，秦直道长约1000华里，连同甘肃境内和旬邑、淳化境内的总长约850公里，与文献记载基本相符"。因囿于当时技术水平、仪器设备及研究方法等，对庆阳境内的秦直道研究尚存有欠缺和不足，但为继续探索秦直道提供了大量的前期资料。

2015年12月，由庆阳市政协文史委组织调查并编撰的《甘肃秦直道调查》（中国文史出版社2015年版）出版，收录照片一百三十多张，制图八十余幅。该书在历史遗迹调查方面借鉴长城调查方法，对甘肃秦直道线路的相关数据统计得非常详细、明了，包括秦直道甘肃段的长度，沿线烽火台、关隘、相关遗存的数量、保存状态等。还附有GPS监测登记表、调查图纸登记表、秦直道调查照片登记表、秦直道本体调查登记表、秦直道沿线烽火台调查登记表等，所登记内容翔实简洁。最终统计结果是，秦直道在庆阳境内正宁、宁县、合水、华池四县的总长为311.16公里。但记述内容仅为甘肃庆阳段秦直道，在某种程度上可看作对原来由甘肃省文物局编写的《秦直道考察》庆阳部分的扩展和完善。

2008年，陕西师范大学出版社出版了由作家徐伊丽经实地考察采访写成的纪实文学作品《探秘秦直道》一书。该书以解密秦直道诞生和修建的种种谜团，探秘直道上千年间的金戈铁马、物是人非为目标，记述了沿线古堡驿站的风土人情、地理风貌，力图拨开历史的迷雾，让这条被湮没在历史烟尘中的千年古道能为世人认识和了解。该书支持东线说，所以沿东线线路一直考察到内蒙古包头市。同时，书中还配有专门为秦直道拍摄的专题片光盘，通过直观的画面，再现了世界上第一条"高速公路"——秦直道的修建历程，及目前秦直道的线路走向、沿线的道路遗存。由于是一部文学作品，所以书中难免存在一些不太准确的提法或表述。

研究秦直道线路的论文集，目前只有一本张光耀主编的《秦直道探索与研究》（内蒙古人民出版社2006年版），共收录了全国各地专家学者的论文与散文三十二篇。

三、秦直道线路研究的进展

秦直道可以说是世界上第一条高速战备路,但两千年来肆虐的流沙和水土流失,将其遗迹掩埋在荒草深处,并渐渐从人们的视线中消失。司马迁曾行走过秦直道,虽然在《史记》中留下了修筑秦直道的最直接记载,但所有记载只谈及了秦直道的里程及南北起讫点,并未提及具体路线,给后世留下了千古悬念。

(一)直道的起讫点问题

《史记》对直道起讫点的记载为秦云阳(或称甘泉)和九原郡,因此争议不大,讨论的重点在于这两个古地名在今天的具体位置,以及为何将起讫点定在这两处。

直道南端起点为秦云阳县甘泉宫。史念海结合文献记载和自己的实地考察,在《秦始皇直道遗迹的探索》《直道和甘泉宫遗迹质疑》等论文中认为,甘泉宫遗址在今咸阳淳化县铁王镇凉武帝村一带,并否定了考古工作者将乾县等地发现的秦代建筑基址当作甘泉宫的观点。姚生民、郑洪春在《汉甘泉宫遗址调查》(《人文杂志》1980年第1期)一文中支持史念海先生的观点。对于直道南端起点何以定在云阳，史念海认为：一者该地险要，可以屏障咸阳；二者其地与不远处的子午岭相接，方便修路。姚生民在《云阳宫·林光宫·甘泉宫》(《文博》2002年第4期)一文中同意关于云阳位置险要的观点，同时提出，云阳附近的旧有交通基础可以为直道修筑提供方便；关于具体的定名，文献记载秦汉时不同时段有甘泉宫、林光宫以及云阳宫三个名称，姚文认为，三名各有其宫，但实为一地。对于将咸阳与云阳间道路也视为直道，因而将直道南端起点定在咸阳的观点，姚生民在《秦直道起点及相关问题》(《咸阳师范学院学报》2002年第17卷第1期)中认为，宏观上直道的确是九原与咸阳间道路网络的一部分，但微观上仍应将直道南端起点定在甘泉。辛德勇在《秦汉直道研究与直道遗迹的历史价值》一文中，则将甘泉宫作为以直道为主体的咸阳至九原间道路的中转枢纽来看。

直道北端点为秦九原郡，学界并无歧义，争议在于现今发现的哪座古城为九原郡治。秦汉九原、五原郡境内已发现多座古城，其中规模较大的有三顶帐房古城、孟家梁古城、麻池古城、古城湾古城。从规格上看，均疑似为九原郡治。

位于包头市九原区的孟家梁村西的孟家梁古城，被谭其骧《中国历史地图集》标为秦九原郡治。这种观点曾流行于20世纪80年代，其后很少有人提及。位于巴彦淖尔市乌拉特前旗的三顶帐房古城，在内蒙古自治区文物工作队所编的《内蒙古文物考古工作的主要收获》(内蒙古自治区文物工作队编印1979年版)一文中，被推断为汉武帝所置五原郡郡治。李逸友在《内蒙古历史考古学的发现与研究综述》[《内蒙古社会科学》(汉文版)1992年第13卷第2期]中认为，该城为秦九原郡治所在地，并为内蒙古考古界所认同。对于包头市麻池镇的麻池古城，靳之林根据直道走向将之认作九原城。卜昭文《靳之林徒步考察秦直道记》(《瞭望》1984年第43期)所载靳之林的观点,现被很多学者支持,如邓宏伟、张海斌《包头境内的战国秦汉长城与古城》(《内蒙古文物考古》2000年第1期),郭建中、车日格《黄河包头段沿岸汉代古城考》(《内蒙古文物考古》2007年第1期),以及魏坚、郝园林《秦汉九原——五原郡治的考古学观察》(《中国历史地理论丛》2012年第4期)都认同靳之林的观点。以麻池古城为秦直道北端点的观点,目前已为学术界所接受。

（二）对子午岭兴隆关以北、鄂尔多斯红庆河以南线路走向的争论

第一,关于西线说。由于直道具体经由路线史无详载,因此成为目前秦直道研究的争论焦点。其中,以史念海先生为代表的学者所认定的直道路线偏西。史念海在《秦始皇直道遗迹的探索》中,以唐代文献记载秦直道沿子午岭过襄乐、华池两县以及实地考察探寻后确定,秦直道由陕西淳化县北凉武帝村秦林光宫遗址北行,至子午岭上,循主脉北行,直到定边县南,再折向东北行,进入鄂尔多斯草原,过乌审旗北,又经鄂尔多斯市东胜区西南,在昭君坟附近渡过黄河,到达包头市西南秦九原郡治所;该路一半路程修筑在山头岭上,一半路程修筑在平原草地。此后由于东线说出现,史念海先生在《直道和甘泉宫遗迹质疑》《与王北辰先生论古桥门与秦直道书》两文提出反驳意见,指出直道选择子午岭主脉是因该山脊地形平坦,易于长途跋涉,而且正是因为子午岭及鄂尔多斯草原上并没有设置过郡治与县治,才仅仅记载了直道的起讫点。吕卓民《秦直道歧义辨析》《再论秦直道》、李仲立和刘得帧《甘肃庆阳地区秦直道考察报告》(《甘肃社会科学》1991年第3期)、李仲立《甘肃境内秦直道管见》(《人文杂志》

1993年第3期）、甘肃省文物局《秦直道考察》、吴宏岐《秦直道修筑的起讫时间与工程分期》等论文，以及许多学者和考古工作者都支持史念海先生所论述的路线，并补充了大量证据，使得史念海线（西线）成为直道路线之争中的主流观点。

第二，关于东线说。东线说因所定直道路线较西线说偏东，认为直道应南北大体笔直地经过陕北地区，而非如史念海所论路线向西弯曲。直道东线说也细分为几种说法。靳之林在《秦始皇直道路线图》（《光明日报》1984年8月19日第2版）中认为，直道路线从南端点起，经今陕北旬邑、黄陵、富县、甘泉、志丹、安塞一直向北至终点，大致南北笔直。王开在《秦直道新探》《毛乌素沙漠中秦汉"直道"遗迹探寻》两文中认为，直道在兴隆关以南段与史念海线重合，从兴隆关起形成不同于西线的东线，且认为直道向东弯曲，经过秦阳周（治所在今陕西子长县西）、秦上郡即今榆林，至伊金霍洛旗与西线汇合而至终点，不经乌审旗。孙相武在《秦直道调查记》中则将直道起点定在咸阳，并认为直道经安塞、靖边、横山、榆林直至终点，不经兴隆关与秦阳周。孙相武所定路线的主体部分与靳之林的路线比较接近，向东弯曲过榆林的观点与王开相同。姬乃军在《延安境内秦直道考察报告之一》、《延安境内秦直道考察报告之二》（《考古与文物》1989年第1期，《考古与文物》1991年第5期）两篇调查报告中，首次提出直道分为两岔路，指出秦直道从兴隆关起分岔，西线即史念海路线；东线经富县、甘泉、安塞、靖边、横山、乌审旗而与西线汇合至终点，不经榆林。

在东线说提出的同时，西线说支持者提出不少富有针对性的反驳意见，使得东线说从20世纪90年代中期起趋于衰落。但东线说沿途各县市及相关文史工作者始终没有放弃对直道遗迹的寻找，尤其从2005年起，王富春发表《榆林境内秦直道调查》（《文博》2005年第3期），国家文物局秦直道研究课题组、旬邑县博物馆联合发表《旬邑县秦直道遗址考察报告》(《文博》2006 年第 3 期)，陕西省考古研究院张在明、李增社、姜家乃等发表《2+2=4：秦直道发现道路四叠层与东西线之争——2010 年秦直道考古收获之一》(《中国文物报》2011 年 8 月 12 日第 4 版)，对东线说表示支持，使直道路线之争有波澜再起之势。

第三，东西线之争的焦点问题。关于秦直道线路走向的学术争论，迄今已有四十多年了。从文献考证、实地考察，再到考古发掘，争论一直存在。按照当前历史学界和考古界已有的观点，东线说依据的就是两点：一是秦直道西线说的道路较东线而言，距离较远。因此，如果按照秦直道在《史记索隐》中的意思"正南北相直道也"，秦直道应该是东线说的线路。二是按照司马迁《史记》的记载，秦直道应该是一条道路宽阔的驰道，而东线说的线路就要比西线说的道路宽，所以秦直道所经的线路就是东线说了。持有西线说的学者主要有两点依据：一是唐代时期的一些历史典籍和文献资料有记载，二是秦直道东线说的线路在榆林地区的走向，至今还没有一个定论。

细究现有争论，可以发现一个有趣的现象：绝大多数的考古专家都比较偏向东线说，认为东线线路才是秦直道的主干道，西线只是秦直道的一个分支，在绕了一段距离后，又回到了主干道上。而大多数的历史学者以及一些历史地理专家则倾向于西线说。之所以会出现这种现象，就是因为史学家从历史典籍中都能找到相关记录并相信：秦始皇当初统一六国之后，为了巩固政权，防止北方匈奴入侵，修建了长城，并修通了从淳化县甘泉宫到内蒙古九原郡的道路，也就是秦直道。当时，秦始皇也下令将大量人口迁徙到秦直道的沿线，这样就使得秦直道沿线社会经济得到了发展壮大。然而，秦直道还没有完工，秦朝就灭亡了。后来西汉为了有效防御匈奴的入侵，继续在秦朝修建秦直道的基础上用之并与匈奴作战，后来汉武帝巡游期间，走的就是这条秦直道。而考古学者认为，尽管著名历史地理学家史念海开启了秦直道研究的学术热潮，但因为历史变迁，加上人为主观性的毁坏，秦直道破坏的程度已经非常严重，沿线很多的遗迹也几乎消失，不能识别。历史学者和历史地理专家都只是进行田野调查，而并没有像考古专家那样通过深入挖掘和钻探来对秦直道进行验证，毕竟秦直道已历经了两千多年的侵蚀，所以考古专家认为，东线的挖掘结果更具说服力，而历史学者和历史地理专家则结合典籍以及地面遗迹认为，西线说更接近历史真相。

西线说和东线说争论的最大焦点在于中段处的路线走向。形象地讲，东线说的线路基本就像弓弦一般，南北直通；西线说的线路因为往西转了一个弯道，看起来更像一个弓背。陕西省考古研究院通过对兴隆关地区的古道进行发掘，在东线说的线路上曾挖掘了两个地点的土层，发现一个是秦代的，一个是西汉时期的。同样，在西线说的线路中也挖掘了两个地点的土层，发现年代都是东汉以后的。因此，他们认为秦直道应该符合东线说的线路，而并不符合西线说的线路，也就是说，修建于秦时期的直道，自兴隆关后一路向东，直至最终到达北端点。根据考古结果来看，秦直道遗迹中总共有八处大规模破坏的情况，从其破坏的方式来看，都是由于后来官方挖沟造成的。对此，徐君峰在《秦直道——一条影响了世界历史进程的军事通道》（《西安晚报》2012年1月1日第15版）中指出："应当说这个发掘成果很重要，为研究秦直道提供了重要的参考价值，但是，在对西线线路尚没有深入考察和所谓东线与秦驰道和圣人道之间关系尚存在较大歧义的情况下，250平方米的一个点的发掘结果尚不足以否定长约1800里的一条道路，现有发掘和研究成果尚难以形成颠覆性的说法。"他还提出一个论断，那就是"游牧民族要往南进攻，一般都选择能够骑行的川道"来行进。徐君峰用这句话来说明，北方游牧民族在南下的过程中行经的路线多在川道，直道应该不是被中原地区政权为阻止游牧民族南下有意识有组织地去挖壕阻断的。因为没有必要这样做。

西线说和东线说各执一端，争论的焦点还在于双方对于历史文献资料的重视与利用上。历史学家李泰在《括地志》中对秦直道的记载和描述，不可能没有遗迹可寻。另外，史学家李吉甫所著的《古今地名》《元和郡县图志》，对秦直道的记载也不可能是没有历史依据的，唐代史家对秦直道的记载是有可信度的，这是一个在研究中无法回避的依据。而持东线说的学者姬乃军在对秦直道的研究中，几乎没有提及这两部著作中关于秦直道的记载，使其学术研究的严谨性令人怀疑。另外，陕北很多地区都有古道，比如唐朝时期从关中到夏州的古道，从鄜延迤西到庆州的古道，其中还包括北宋时期的古道等，其所经线路都需要予以分辨与明确。而通过对持东线说的历史学者王开、姬乃军等人考古文章的研究，发现这些问题他们都没有给予明确说明。甚至，他们还把大夏赫连勃勃修建的古道误认为是秦直道，或是把鸦巷山的古道看作秦直道。比如，鸦巷山的古道就是宋金时期李继周在鸦儿道上修建的一处古道，弄清这些古道对于秦直道的研究有非常重要的价值。因此，东线说的考证文章最好是将考古证据与文献记载相结合，运用"二重证据法"进行论证，这样其秦直道的研究才会更为科学，更能令人信服。

在20世纪80年代末90年代初直道路线之争最激烈之时，史念海先生就认为，东线说诸学者所定直道线路实为其他道路。其中，经过上郡治所肤施的道路为秦以前旧有道路，也是秦驰道的一部分。史念海先生举出的理由包括：①赵武灵王入秦打探虚实时可能由此行走；②秦昭王修长城时曾到过上郡；③秦始皇巡行时曾经过上郡，而此时有驰道而无直道，秦始皇走的可能是规模同样很大的驰道；④上郡及其属县地位重要，以司马迁之严谨，若直道经过上郡则不可能不记；⑤蒙恬虽主持修直道且驻军上郡，然主持修筑不代表一定亲临工地，更不代表直道一定经过上郡。而经过今富县、志丹、安塞等地的道路，为十六国时赫连勃勃为进军关中所修的"圣人条"，以清康熙《鄜州志》《保安县志》《庆阳府志》为代表，将"圣人条"与直道相混淆的观点不可靠。对于汉文帝、汉武帝由甘泉出巡之事，史念海根据其出巡的目的地和经过地点，认为其巡行并非完全遵循直道，也可以走其他道路，因此不能作为东线说的佐证。对于《汉书》卷二八《地理志》所载北地郡直路县和除道县两个县，史先生认为，两县可能与直道有关，但两县在北地而不在上郡，由此，东线说不能成立。

吕卓民支持史念海的观点，并在《秦直道歧义辨析》《再论秦直道》两文中明确指出：①东线说支持者在横山岭脊以北的直北方向再未发现古道遗迹，因此可能是将宋代讨伐西夏所凿道路以及赫连勃勃的圣人道当作直道；②秦汉时期陕北地区早有开发，简单将发现的秦汉遗物遗迹认为与直道相关，并不负责；③秦始皇三十七年始皇驾崩后车驾从直道回咸阳，同时令身处上郡的扶苏会丧咸阳，说明直道并不过上郡；④没有证据表明司马迁考察直道与汉武帝巡行为同一次，也就不能表明汉武帝走了直道；⑤陕北地区古道遗迹为15~20米宽，子午岭上古道遗迹为5~6米宽，但不能据此判定宽者为直道主线，窄者为辅道，因为兴隆关以南获得较多公认的直道遗迹也只有4~5米宽。

东线说本身也是疑点重重：①东线说内部不能完全统一，方案众多且自相矛盾；②东线说诸学者在考证所谓直道遗迹时，往往先入为主地将所见古道认定为直道，缺乏充分论证。因此可见，东线说的主观臆测性较强，最多只能说是一种猜想，而没有站得住脚的证据。西线说和东线说的争论焦点表面看来在于中段处的路线分歧，实际上却隐含了陕北一些县市对文化资源与旅游资源的争夺。

正如赵力扬、葛立、黄桂林在《秦汉直道研究进展及相关问题分析》(《三门峡职业技术学院学报》2015年第3期)中指出的，王富春、张在明等人最新发表的成果，之前东线说存在的原有问题并未能克服。不说王文未能提出新的证据，就是张文利用考古地层做证据也存在自相矛盾的现象。张文因在对兴隆关以西直道遗迹采样时未发现秦代路面遗迹，而认为该道路从东汉才开始使用，但在之前对兴隆关以南的直道采样时也未发现秦代路面遗迹，张文却给出了两点可能的原因：①子午岭上施工时开挖多回填少，地层变化不大；②路基被植物根系破坏而无法辨认，而没有否认该道路为直道。判断标准上的前后不统一，使得其东线说缺少了科学性。因此，东线说目前仍没有提供更多具有充分说服力的依据。

（三）对鄂尔多斯段线路的研究

之所以对秦直道鄂尔多斯段进行专门论述，就是因为秦直道北段路线经过这一地区几乎没有争议。从秦直道经过鄂尔多斯段的地理环境来讲，鄂尔多斯段主要被黄河所围绕，成一个大"几"字形，这里是秦直道至九原地区必须经过的地方。著名历史地理学家史念海在《秦始皇直道遗迹的探索》中，阐述了秦直道在鄂尔多斯段的延伸轨迹，学者孙相武、李仲立也分别对秦直道在鄂尔多斯段的社会经济发展中起到的作用进行了论述。李仲立在《秦直道新论》中还提出了一个观点，就是秦直道是秦朝南北之地最便捷的一条通道。

学者杨泽蒙发表了《世界古代高速公路之首——秦直道》(《内蒙古文物考古》2005年第2期)等多篇论文对秦直道鄂尔多斯段进行研究，对这一地区秦直道在考古发掘现状、遗址保护情况、社会历史变迁等方面进行了翔实的介绍，并提出了一些独到的看法：目前所发现的秦直道路线是经过极为缜密的勘查后选定的。直道不偏不倚修在矮梁丘陵地带，再往东一些，就是高丘大沟地带，而再往西一些，就是沼泽地带了，在洪水季节路基很有可能被冲垮，这在当时是如何进行测绘的？一条道路的修筑，前期要经过严格的论证、考察、测算和定位，难道仅仅依靠罗盘定位技术，他们就掌握了在如此辽阔的地域内进行测绘的技能了吗？就是按照现代人的思路，如果没有特定技术支持，要在两年多的时间内，在一个无论是地理方位还是地质条件都十分陌生的区域内完成这么大的一项工程也是绝难想象的。站在鄂尔多斯段的直道上，分别向南、北眺望，都能看到数个山脊豁口一线相通：一条隐形的直线所经过的丘陵，它们的正脊部位都被人工开凿了豁口。打个形象的比方，就像一个巨大的挖土机按照南北走向，笔直地遇山就挖——豁口的宽度从30~40米不等。而且对于低矮丘陵下部，也有宽度在20~30米的垫土。填垫部分的路基底部最宽者约60米，顶部宽30~40米，残存最厚的垫土现今仍达6米以上，足可见当初工程之艰难。他的研究无疑对秦直道鄂尔多斯段的继续探索打下了基础，提供了很好的资料与思路。

另外，鲍桐对杨泽蒙提出的秦直道鄂尔多斯段的路线也进行了实地考察，着重对秦直道在不同历史时期的军事活动进行了阐述。他在对鄂尔多斯段遗迹的考察中，对秦直道的具体走向也进行了论述，并且将研究成果汇集在《鄂尔多斯秦直道遗迹的考察与研究》（张光耀主编《秦直道探索与研究》）之中。

四、秦直道线路研究亟待解决的问题

经过四十多年的研究，秦直道在路线调查与确定、沿途文化遗存的考察、起讫点的认定、沿途烽燧的探究、修建起讫年代的考证、历史文化价值和现实意义的评价等方面，都取得了不小的学术进展。但是，目前仍存在着若干尚未解决的问题。十年前，张多勇教授在其《秦直道研究综论》(《甘肃社会科学》2005年第5期)中总结秦汉直道线路研究时，曾指出尚存在如下问题：①对沿线城镇研究不够；②对直道沿线的子午岭和鄂尔多斯地区古代自然环境变迁缺乏研究；③对历史时期直道沿线文化圈缺乏研究；④对直道沿线的军事关隘及其战略地位缺乏研究；⑤对直道沿线东西走向的古道及其连接的城市共同构成的防御体系研究不够。不管这些总结是否切中肯綮，十年过去了，学术面貌没有任何改变，存在的问题并没有取得多少研究进展。相反，随着丝绸之路探讨热的兴起，对秦直道线路的考察、研究再次成为历史学、考古学与文化学等共同关注的焦点。目前，秦直道线路研究急需推进以下几个方面的工作。

（一）对秦直道采用遥感考古、激光测距等新技术，推进全线路勘测研究工作

现代遥感考古作为考古学的一个分支学科，在考古中主要应用于古代大规模遗址的勘察，地下遗迹的勘察，水下考古、环境考古和城市遥感考古等几个方面。遥感考古就是利用地面植被的生长和分布规律，如土壤类型、微地貌特征等物理属性及由此产生的电磁波波谱特征差异，运用摄影机、摄像机、扫描仪、雷达等设备，从航天飞机、卫星等不同的遥感平台上获取有关古遗址的电磁波数据或图像等信息，对这些信息进行光学或计算机图像处理，使摄像的反差适合，特征明显，色彩丰富，再对影像的色调、图案、纹理及其时间变化与空间分布规律进行识别和解释，从而提供了古代遗存的位置、形状、分布构成类型等情况，为考古发现提供科学的资料和数据。

古代的遗址和遗迹是人们过去生活过的地方，所以必然在当时导致其自然形态发生变化，使其与周围纯自然的环境有所区别。虽然这些变化经过后来的人工扰乱不易察觉，但是毕竟与原来的周围环境存在差异，并通过地表水分条件、植被生长状况、土地利用状况、地貌结构的不同得以保存下来。这些异常表现被遥感影像记录下来，为考古提供判读分析的依据。遥感考古就是利用这些不同，获得最初的数据，进而确定某一地区是否存在考古遗址。各种卫星数据图像、航测照片在计算机上的分析精度可以达到1200DPI（DPI，指每英寸长度内的点数），图像上一个微小的变化都可以在计算机上被发现。地面上的大规模遗址，因为其与周围环境的差异，必然会在图片上有所反映。同时，由于遥感考古具有较强穿透性，可以很好地对隐藏地下的遗址进行探测。

中国的航空遥感考古工作起步较晚，但考古学家在以往的考古工作中，已开始利用航空遥感考古资料。从20世纪60年代修

建三门峡水库时就利用航空照片分析库区古代遗址、墓葬的分布，到20世纪七八十年代利用遥感技术探测秦始皇陵和陪葬地区的地下情况，都广泛采用了遥感考古技术。

近年来，科技考古人员利用卫星遥感技术，在珠江口发现了明代沉船，并成功地进行了打捞。在渤海湾、黄海、东海等海域调查水下沉船，仅在长江口地区就发现了五百多艘不同历史时期的沉船。我国科技考古人员还运用彩色红外航测片，揭示北京市内长城的现状，圆明园古建筑基础平面形态，以及河南北宋东京外城垣的走向，了解了三千五百年前殷王盘庚之所以迁都河南安阳的生态环境原因。中国社会科学院在对河南安阳殷墟的遥感考古中，运用计算机图像处理技术，将分辨率较低而光谱特征丰富的美国陆地卫星的TM（专题制图仪）影像与几何关系稳定的航空影像结合进行处理，大大提高了遥感影像的质量，并发现了一些新的殷代建筑遗址和墓葬，取得了累累硕果。

对秦直道走向与线路的争论还在继续，而秦直道的地面调查与考古工作线路所经三省区又各自为政，难以深入。秦直道全线路勘测很适合采用遥感考古手段。因此，我们呼吁国家有关部门对秦直道全线尽快采用遥感考古、GPS定位、激光测距等现代高科技手段进行遗址探查、长度测量、范围厘定，以形成科学准确的相关数据，确定直道原始线路，在真正意义上推动秦直道研究。

（二）加强考古勘探，尤其是推动对甘肃段线路的考古发掘

在近半个世纪的秦直道线路研究与探索过程中，田野考察与考古发现，对推进秦直道学术发展，产生了重要的影响。在文献资料有限、地面遗迹湮没的情况下，人们对考古学所能提供的地下证据寄予了厚望。考古学也做出了不可替代的贡献。

考古工作者于20世纪末对秦直道线路遗址进行过局部发掘。

其中在鄂尔多斯境内的秦直道遗址的两侧，确认有三座同时期的古城遗址，经初步论证定性为与秦直道密切相关的亭、障或行宫等设施，为秦直道线路的保护与研究提供了依据。

2005年，为配合"中国·秦直道与草原文化国际学术研讨会"的召开，国家博物馆、内蒙古文物考古研究所、鄂尔多斯博物馆、东胜区文物保护管理所共同组成联合调查队，对鄂尔多斯市境内包括伊金霍洛旗、东胜区、达拉特旗的秦直道线路遗址进行了全面的调查。调查队的第一站就是红庆河古城。当时除对红庆河古城进行调查外，还派出技术工人通过考古钻探寻找秦直道的踪迹，结果在红庆河古城西约1500米的地方，发现了秦直道遗迹。这是一次重要发现。在红庆河村内，因为农耕生产，地表已无秦直道遗迹可寻，这次调查用考古钻探的方法证实了红庆河古城西侧秦直道的存在。

现在鄂尔多斯市伊金霍洛旗、东胜区、达拉特旗都保存有秦直道的遗迹，范围南起伊金霍洛旗的掌岗图四队，北至达拉特旗昭君镇吴四圪堵村。其中伊金霍洛旗境内长约75公里，达拉特旗境内长约30公里。位于东胜区境内的秦直道保存最为完整，全长约20公里，基本沿15°方向由南向北延伸。直道多位于山梁上，其中二倾半村南的一段最为明显，遗迹两端断切下陷，残长百米。路面残宽22米，路基断面残高1~1.5米，为当地红砂岩土填筑。从残断遗迹北行，迎面山冈上有四个连成一线的豁口，宽50余米，人工开凿痕迹明显。

2009年，为配合国家青（岛）兰（州）高速公路建设，陕西省考古研究院对全国重点文物保护单位秦直道遗址陕西富县桦沟口段进行考古发掘，同时，还调查了富县以南的陕西黄陵、甘肃合水的直道。这是有史以来第一次大规模考古发掘，也是首次发掘秦直道盘山道。在直道线路所经路面上，发现有三个时代的二十多道车辙，车辙两侧分布有较宽的路肩。对秦直道旁的同期建筑遗址的发掘也同时展开。这为了解秦直道附属设施的分布和内涵,提供了重要资料。2009年,发掘中心区揭露的道路路面总长71米。路面车辙均呈放射状分布,下方有11~13道车辙辙梁,随着上坡,路面变窄,车辙、辙梁合并减少。为了加强路面的强度,一些辙梁上还铺垫有经过加工的礓石碎块。不少辙梁上还残存有类似马、牛的蹄印,以及用金属工具铲挖的痕迹。从成组或对称的车辙印判断,当时的车辆轮距有1.1米、1.3米和1.4米三种。多处路面上叠压有秦代和西汉时期的绳纹筒瓦、板瓦,两处路面上还出土了铜镞和铜币,为道路年代确定提供了依据。发掘中心区直道最狭窄处两侧的建筑基址,可能是秦直道上规格较高的关卡一类的遗址。

在发掘区内还发现了与直道平行且规格很高的夯土护坡,以及五条上山的之字形盘山道。对盘山道的勘探发掘,印证了直道道路的三要素:路土(包括车辙)、夯土护坡和排水沟。

此次发掘至少发现三处有明显的人为破坏直道路面的现象。由于处在黄土高原地带,山水对地貌的冲刷带有强烈的加速度特征。在不长的时间里,人工沟引发了大面积的水土流失和山体滑坡,形成了最宽近100米,最深达30多米的深沟。发掘者推测,道路的破坏者,很可能是中原一方。因为两汉至南北朝的数百年间,中原一方基本处于被动的守势。另外,作为修路和道路养护的一方,中原一方更了解直道的弱点。根据出土文物,桦沟口段直道及其附属建筑应始建于秦代,沿用至两汉之间或稍晚,随后被废弃。该遗址被评为2009年中国十大考古发现之一。

目前,在陕、甘、内蒙古三省(区)对秦直道线路的保护与研究中,只有甘肃没有开展任何形式的考古勘探或发掘工作,这对秦直道线路走向的判定和整体保护研究,产生了不利的影响。位于甘肃合水县的午亭子,古称午云寨,建于西周,由东、西、中三个小寨和四个烽燧组成。古城高高耸立于子午岭山顶,位于甘肃省合水县、宁县和陕西省富县三县交界地带，是秦直道交通枢纽。在午亭子中心地带的山岭下有九层窑洞，遗址面积较大，是甘肃境内目前发现的最大的群窑建筑之一。在午亭子进行考古发掘，当为秦直道全线考古发掘选址的最佳地域。2013年，陕西考古研究院秦直道考古队张在明研究员曾打算与合水县陇东古石刻艺术博物馆贾延廉馆长合作，由其提供后勤服务，办理相关手续，进行考古试掘，后因贾延廉工作调动，跨省发掘也存在体制性障碍，事遂寝。现应通过相关程序，呼吁甘肃省考古研究所成立秦直道考古队，对甘肃段秦直道开展调查选点，进行考古试掘和正式发掘。也期待陕、甘两省联合开展午亭子段考古工作，以考古新成果、新证据真正推动秦直道线路的学术研究。

（三）加强对秦直道线路近侧城镇的研究

虽然《史记》只记载了直道的起讫点，没有记录中途经过任何郡县治所或城邑，但经司马迁亲身游历与考察，发现沿途又兴建了"长城亭障"。经过最近一些年的田野调查和考古发掘，在鄂尔多斯地区及子午岭两翼直道近侧也相继发现了一些规模不小的古城、亭障遗址。探清这些遗址与直道的关系，对厘定直道线路，解决线路争端，具有十分重要的意义。而在近半个世纪的研究中，学界对秦直道沿线的一些古城镇的遗址尚未仔细调查和考定，如义渠戎国都城，秦阳周县城，西汉泥阳县城、略畔道城、直路县城、除道县城，隋唐的华池县城、合水县城、襄乐县城、洛源县城等都亟待纳入研究范围，进入考察视野。这些治所应在直道沿线附近，其大小、规模、确切位置和兴废沿革均有待理清。张多勇教授在其《秦直道研究综论》中认为，"现存华池铁角城古城址、宁县庙嘴坪遗址、正宁县罗川古城遗址、合水县固城古城址、大山门古关址、陕西省吴旗县古城、子洲县马岔乡残存两座古城遗址、子长县石家湾乡曹家洼村城墙湾古城遗址、内蒙古伊金霍洛旗红清河乡阿藤席连镇古城遗址、鄂尔多斯市（原名伊克昭盟）东胜市城梁村古城遗址等，其城址周长都在1000~2000米之间，依照李并成先生考定古城的标准，就其规模看至少是古县城遗址。今须确定它在历史上属于什么建制。另有平戎寨古城址、二将城古城址、大顺城、金汤、白豹等宋代古城址都在直道沿线，今虽有考证，但仍有一些问题尚需进一步研究"。只有通过加强对这些古城址与直道关系的深入研究，才能真正揭示秦直道的战略地位，这也是确定秦直道线路走向的最主要依据。

（四）加强对秦直道沿线的军事关隘及其战略地位的研究

二十年前，甘肃省文物局秦直道考察组经考察，已经确定了旬邑县的石门关、正宁县的调令关（也称雕岭关、雕翎关）、宁县的沮源关（兴隆关）、合水县的大山门古关、合水县的涧水坡的关址为直道沿线的主要关隘。今后还应加强对直道沿线的午亭子、黄蒿地畔、打扮梁、营盘梁、铁边城等地古关遗址的关注，对秦直道沿线军事关隘的分布进行研究，实地考察关址，进行宏观分析与微观探查，从战略高度揭示秦直道军事防御体系。

（五）进行综合研究

既然秦汉时期的文献以及当前考古发掘成果仍不能解决直道线路问题，不如对秦汉直道所在区域进行较长时段的历史地理研究，从区域经济和商业发展、各民族迁徙、生产和军事活动等方面进行系统研究和梳理，或许可以推进对这一问题的研究。

第二章 对秦直道修筑及走向问题的再认识

秦直道是秦代四大建筑工程之一，它与长城、始皇陵、阿房宫齐名。据《史记·秦始皇本纪》记载："三十五年，除道，道九原，抵云阳，堑山堙谷，直通之。"① 也就是秦始皇统一六国后的公元前212年，除以国都咸阳为中心，修筑了通向原六国首都的驰道外，还指令大将军蒙恬修筑一条由云阳县通向九原郡的长1800里的专用直达通道。这条直道经子午岭主脊，直通沙漠草原，穿越整个鄂尔多斯高原，把京城和边塞连接起来。在对秦直道线路断断续续进行了半个多世纪的研究与争论之后，今天仍有必要对与其相关的一些问题进行再梳理和再认识，以加强人们对秦直道研究和保护利用的重视。

---

① 《史记》卷六《秦始皇本纪》，中华书局1959年版，第256页。

一、直道与驰道的区别及筑路工期问题

（一）直道与驰道的区别

秦直道是一条军事专用干道。秦始皇三十五年命蒙恬开筑，北起九原郡（治所在九原县，今内蒙古包头市西），南抵秦都咸阳军事要地云阳林光宫（今陕西淳化西北）附近，全长700多公里，路面平均宽度约30米，最宽处约80米，全部用黄土夯实，路基高出地面1米多，相当于今天的二级公路标准，且基本保持南北走向，故称"直道"。秦直道是抵达长城的便捷通道，同时还兼具贸易等功能。该道从云阳出发，向北直通匈奴地区，用以支援蒙恬大军。一旦北方有变，一周内军队就可以从咸阳地区动员完毕，直抵前线。如果说北部的长城是一面盾，那直道无疑就是一把锋利无比的剑。秦直道是我国境内保存下来的为数极少的古代交通要道遗址之一，它一多半建筑在山顶梁脊，一少半修筑在沙漠草原。在当时的技术和施工条件下，用了很短的时间，就完成了选线、施工任务，这在古代道路建筑史上，实在是一个奇迹，也是世界公路建设工程的奇迹，更是中华民族的杰作之一。

一些论著或报道把秦直道与现代高等级公路理念相比拟，称其是"高速公路""高速路"或"军用高速公路"。其被誉为"高速公路"的有钟爱国《陕西探寻秦代"高速公路"》(《农村农业农民》1996年第2期)、王文明《我国古代第一条"高速公路"——秦直道》(《中国文化报》2005年7月26日第2版)、杨泽蒙《世界古代高速公路之首——秦直道》、孔祥金《我国两千年前的高速公路——秦直道》(《公路隧道》2009年第1期)等文章，徐伊丽在其纪实文学专著《探秘秦直道》中称之为世界上第一条"高速公路"；其被喻为"高速路"的有冯国《"秦直道"：秦始皇修的国家级"高速路"》(《新华每日电讯》2006年2月24日)、《秦直道标准化可比"二级公路"》(《新华每日电讯》2007年2月11日)等文章；其被称之为"军用高速公路"的有梅旭东《秦直道：2000多年前的军用高速公路》(《知识窗》2006年第2期)一文，徐君峰在《秦直道——一条影响了世界历史进程的军事通道》中称之为"世界上第一条高速战备路"。

秦直道颇类今日的高速公路，由云阳林光宫首途，然后进入甘泉山。甘泉山为子午岭南端的一个分支。也就是说，直道离开林光宫后就进到子午岭中，循岭脊北行。经今陕西省旬邑县东的石门关，北行至凤子梁，再经今甘肃省正宁县刘家店子林场、黑马湾、野狐崾岘、南梁峁，而至今陕西、甘肃交界，旬邑、正宁两县相连的雕岭关。从雕岭关开始，直道循子午岭主脊，大致呈西北走向，过黄陵县与正宁县相接的艾蒿店，与宁县相接的五里墩，到达兴隆关，再经甘肃省合水县的黄草崾岘到青龙山，沿合水、华池两县分水岭向西北延伸，到华池县的麻籽崾岘。然后纵穿华池县境，经大红庄、墩梁、老爷岭、新庄畔、羊沟畔、黄蒿池畔、深崾岘、高崾岘、墩儿山，过打扮梁的雷崾岘、五里湾、张新庄、墩掌，进入陕、甘两省交界的丁崾岘、墩梁，直达营崾岘。营崾岘是秦直道与明长城的重合之处，也是一处交叉的十字路口。直道沿明长城内侧向西北延伸，经营盘梁、南湾、箱子湾北出长城，入陕西省定边县的马崾岘，重合之处长达20公里。从定边县南境起，直道折向东北，经今内蒙古自治区乌审旗、红庆河，再转向北行，过鄂尔多斯市东胜区西的二顷半、海子湾、城梁，直抵黄河南岸的昭君坟，在此渡过黄河，就是今包头市西南的秦九原郡治所在地。这就是史念海先生经考察、论证确定的西线路途。

秦始皇二十七年（前220年），秦统一六国后第二年，就下令修筑以咸阳为中心的、通往全国各地的驰道。著名的驰道有九条，有出今高陵通上郡的上郡道，过黄河通山西的临晋道，出函谷关通河南、河北、山东的东方道，出今商洛通东南的武关道，出秦岭通四川的秦蜀栈道，出今陇县通宁夏、甘肃的西方道等。由《汉书·贾山传》得知，秦驰道修筑在平坦之处，道宽五十步（约今69米），隔三丈（约今7米）栽一棵树，道两旁用金属锥夯筑厚实，路中间专供皇帝出巡行车。可以说，这是中国历史上最早的正式"国道"。

而秦直道只有一条，是由云阳县的甘泉山通到九原郡。云阳县在今陕西淳化县北，距咸阳不远；九原郡在今内蒙古自治区包头市西南，在阴山山脉的南麓，南北正好遥遥相对，所以称为直道。

修筑直道是为了打击、阻遏匈奴部族向南侵扰。以咸阳为中心修筑的四通八达的驰道，其直接目的是供秦始皇出巡全国之用，皇帝下面的大臣、百姓，甚至皇亲国戚都没有权利走此通道。除秦直道和秦栈道外，驰道大多在秦故地与六国旧道以及秦征伐六国时修建的道路基础上拓建而成。

驰和直的发音相似，不少人无法区别两者，甚至以为是同一条路。直道与驰道虽然都是秦王朝全国陆路交通网的重要组成部分，但二者之间却有很大的区别。驰道是秦始皇二十七年在秦故地与六国境内的旧道基础上兴修的道路网，而直道则是三十五年为防御匈奴新建的专用军事交通线。有人总是将直道与驰道混为一谈，简单地认为直道是秦驰道网中的一条道路，甚至有人以秦直道为秦将蒙恬所修则必经蒙恬驻地上郡（秦治肤施，今陕西榆林市东南）为由，断定秦直道是由秦代经过上郡的驰道改建而来的。[①] 其实，正如蒙恬曾经在上郡监修秦万里长城而长城并不经过上郡一样，秦直道不仅不经过上郡，更不是由秦代经过上郡的驰道改建而来的，完全是秦始皇在完成了兴治驰道工作后而另外选线新建的一条道路。

秦灭六国之后，举整个国家的力量修建了两项重大的工程，其中一个是万里长城，另一个就是直道。秦朝修筑这条直道的规模和工程难度，包括技术的难度都不会比长城小。不少专家都认为，秦朝修筑的直道体现了中国古代在勘测绘图、施工规划、工程技术、施工效率等方面的跨越性发展；对于农耕文化与游牧文化的交流、民族的融合以及多民族国家统一局面的形成产生了非常关键的作用；是中国历史上出现得最早的"高速路"，其历史、文化方面的价值不比长城小。[②]

秦驰道就是可以驾车赶马行进的大路，是秦朝在六国时代已有的老路上进行修缮的道路。比起修筑直道，修筑驰道就轻松多了。第一年进行工程建筑，第二年便可以完工了。而直道是沿着山脊线修筑开凿的，难度和工程量都比驰道要大，以至秦始皇在去世时直道都没有最终修筑完成。

[①] 王开主编：《陕西古代道路交通史》，人民交通出版社1989年版，第49—63页。
[②] 尹亚萍：《论秦朝修筑的直道是否经过上郡》，载《鄂州大学学报》2016年第5期。

（二）秦直道修筑的起讫时间与工程分期

秦直道的开端是云阳甘泉宫，达九原郡，是秦始皇修筑完驰道之后，为了方便抵御北方匈奴而另外修筑的一条防御大道。关于秦朝修筑直道的开始时间，不少史料都有明确的记录，是在始皇三十五年，也就是公元前212年，这点应该确定无疑。可是秦朝修筑的直道是什么时候完工的，一共用了多少年，因为史料中记载较少，而且不够清晰，学术界大多数的学者对此都有疑问和争议。关于秦直道的始筑时间，《史记·秦始皇本纪》和《史记·六国年表》皆有明文记载，谓在秦始皇三十五年，当无疑问。不过秦直道究竟完工于何时，修筑秦直道总共用了多少年，史籍语焉不详，需要依据相关记载进行细致分析。

学界一般根据秦始皇三十七年（前210年）七八月间胡亥等人曾经由直道南返咸阳事断定秦直道即竣工于这一年，也就是认为秦代修筑直道只用了两年半时间。实则这样的结论并非合乎历史情况。

《史记·蒙恬列传》云："始皇欲游天下，道九原，直抵甘泉，乃使蒙恬通道，自九原抵甘泉，堑山堙谷，千八百里。道未就。"① 司马迁既然明确说"道未就"，则可见当秦始皇崩逝沙丘、蒙恬含冤而死之际，直道并没有竣工。这样的推论还可以找到其他的证据。据《史记·李斯列传》载，秦二世矫诏僭立后，"法令诛罚日益刻深，群臣人人自危，欲畔者众。又作阿房之宫，治直〔道〕、驰道，赋敛愈重，戍徭无已"②。这说明发端于秦始皇的直道工程，实与阿房宫工程一样，一直持续到二世时期。

清人顾炎武《日知录·史记注》谓："始皇崩于沙丘，乃又

---

① 《史记》卷八八《蒙恬列传》，中华书局1959年版，第2566—2567页。
② 《史记》卷八七《李斯列传》，中华书局1959年版，第2553页。

从井陉抵九原，然后从直道以至咸阳，回绕三四千里而归者，盖始皇先使蒙恬通道，自九原抵甘泉，堑山堙谷，千八百里。若径归咸阳，不果行游，恐人疑揣，故载辒辌辣而北行，但欲以欺天下，虽君父之尸臭腐车中而不顾，亦残忍无人心之极矣。"顾氏之语虽然尖刻，但却道出了当时的实情。看来秦始皇三十七年出巡天下时，原本可能也有从新辟的河南地南返咸阳并检察直道工程进展情况的打算，但东游途中暴崩沙丘则为其始料所未及。二世为避天下疑揣，选择尚未竣工的直道南归，确为当时具体情势所迫。大约是亲历直道后，颇受其中颠簸之苦，秦二世日后才有了续修直道的举措。

结合秦始皇三十七年直道已经可以粗通车马的情况来看，秦直道工程乃是肇于始皇而成于二世，从秦始皇三十五年至秦二世三年（前207年），总共历时约五年之久，其中前两年为第一期工程，虽粗可使用，但仍然"道未就"；后两年则为第二期工程，修缮之后，直道才完全竣工。秦始皇二十七年兴修驰道，次年即可"东行郡县"。驰道网如此迅速就得以形成，主要是借助了秦故地与六国境内的旧道基础。直道则明显不同，因为完全是新开的道路，加之修筑于子午岭峰巅、鄂尔多斯丘脊之上，"堑山堙谷"，工程相当繁杂艰巨，故而修筑工作历时稍长于驰道。

秦直道既然分为两期工程，则其主持修筑者当也有相应的变化。直道始筑之时，将军蒙恬戍守上郡，太子扶苏为监军，说明此项工程二人皆得参与，不过最为用力者仍当是蒙恬本人，所以司马迁在为蒙恬作传时称秦始皇"乃使蒙恬通道"，司马迁自己"行观蒙恬所为秦筑长城亭障，堑山堙谷，通直道，固轻百姓力矣"云云。秦始皇死后，二世遣"使者以蒙恬属吏，更置"。代蒙恬将兵上郡的人选史有明文，说是"以兵属裨将王离"。当此之时，扶苏已死，

"胡亥以李斯舍人为护军"。王离为秦名将王翦之孙、王贲之子，既是蒙恬的裨将，则本已参与过直道的修筑。所谓"李斯舍人"，史失其名，不知为何许人。然而据有关学者研究，李斯为"修筑驰道之主要主持人"①，那么李斯的舍人应当参与过驰道的兴筑，估计也懂得修路之事。如此，秦直道第二期工程的负责人则非王离与李斯舍人莫属。

二、关于秦直道线路的走向问题

司马迁虽然明确记载了秦直道的起讫地点和里程，但遍检《史记》全书，却找不到云阳与九原之间任何具体的经由地点，这为后人留下了一桩千古遗案。所幸后来的地理志还保留了一些相关记载。

（一）秦直道南段应循子午岭主脊而行

据《史记·匈奴列传》"正义"引唐代初年成书的《括地志》记载，庆州华池县西45里子午山上有"秦故道"。唐中后期的李吉甫所撰的《元和郡县图志》宁州襄乐县条中也说："秦故道，

---

① 马非百：《秦集史·国防志》，中华书局1982年版，第108页。

图 2-1　子午岭上的秦直道

在县东八十里子午山,始皇三十年(引者按:当作三十五年),向九原抵云阳,即此道也。"1980年,中国科学院地理研究所编制的1/1000000地图上,显示出陕、甘两省交界的子午岭山脊上确有古道路存在,这应是《括地志》和《元和郡县图志》所说的"秦故道",亦即秦直道。

秦直道的南段选择了循子午岭主脊而行,所以道路的走向稍偏向西北。这样的选线是极有科学性的。从地形上来说,陕北和陇东属于黄土梁峁沟壑区,子午岭主脊海拔稍高,但地势起伏变化较小,地形亦相对平坦,宜于修筑道路。(见图2-1)如果下子午岭取道陕北的上郡,则要经过许多纵横交错的大小沟壑,必然会增加修筑道路的难度,同时也给南北交通带来困难,无法达到迅速调兵北上的目的,相应地就违背了将直道修筑为一条国防大道的初衷。据实地勘测,子午岭主脊上的秦直道宽度在5米左右,两三辆大车可并行其间。从定边到东胜的直道北段,地势较为平衍,路面宽度则在22米左右,更非一般道路可及。史载秦修驰道时"厚筑其外，隐以金椎"①，对于道路质量是十分讲究的。从考古遗迹来看，蒙恬修筑秦直道时当也采用了同样的方法，并且还须"堑山堙谷"，工程之艰巨、复杂，由此可见一斑。这充分说明，秦直道选线的科学合理、工程的艰巨、规模的宏伟、筑路技术的高超，都是同时期世界其他国家难望其项背的，在中外交通史上占据着非同寻常的地位。

（二）秦直道是否经过上郡及其属县阳周

秦直道作为南起云阳、北抵九原的交通大道，是秦始皇在扫灭六国后为防御匈奴势力的南侵而兴修的一项规模宏大的军事工程。这条道路的完成，对巩固秦帝国的北边国防、维护全国安定统一的政治局面、促进华夏民族与周边少数民族的经济文化交流均具有极其重要的意义。近些年来，秦直道一直是秦文化研究中的一个热点问题，但在秦直道的具体走向问题上，尚存在不同的看法，其中争论的焦点之一就是秦直道是否经过当时的上郡及其属县阳周。这一问题不仅与秦直道的具体走向有关，而且事涉秦直道的筑路技术与历史作用，所以值得进一步深入研究和探讨。

1. 秦直道经由上郡及其属县阳周的主要立论依据

关于秦直道问题，早在 20 世纪 70 年代中叶，著名历史地理学家史念海教授就根据有关历史文献记载并结合野外实地考察，对其进行了系统研究。在《陕西师范大学学报》（哲学社会科学版）1975 年第 4 卷第 3 期上发表的《秦始皇直道遗迹的探索》一文（此文不久又为《文物》1975 年第 10 期转载）中，史念海教授比较全面地论述了直道修筑的战略意义、直道的起点、子午岭南段上的直道及其遗迹、子午岭北段上的直道及其遗迹、鄂尔多斯草原的

---

① 《汉书》卷五一《贾山传》，中华书局 1962 年版，第 2328 页。

直道及其遗迹和直道的修成及所起的作用等相关问题，并首次大致勾画出了直道的全部路线，即："由陕西淳化县北梁武帝村秦林光宫遗址北行，至子午岭上，循它的主脉北行，直到定边县南，再由此东北行，进入鄂尔多斯草原，过乌审旗北，经东胜县西南，在昭君坟附近渡过黄河，达到包头市西南秦九原郡治所。一半路程修筑在山头岭上，一半路程修筑在平原草地。"史念海教授这一研究成果发表后不久，即为学术界所广泛采用。① 当然后来也有学者对史先生文章中因考察未及而论述相对粗略的部分做了一定的补充，使秦直道的全部经由路线更为清楚明晰。

然而自1984年起，关于秦直道具体经由路线问题就开始出现诸多不同的观点。1984年8月19日《光明日报》第2版以《为摸清秦代另一巨大的国防工程故迹，画家靳之林徒步三千里考察秦始皇直道》为题，报道了靳之林考察秦直道的经过情形，报道后面还附有一张由靳之林所绘的《秦始皇直道路线图》，画出一条由淳化县凉武帝村，再经旬邑、黄陵、富县、甘泉、志丹、安塞一直向北伸延，直达内蒙古包头西的秦直道走向位置。随后，王开、贺清海、孙相武、姬乃军、王北辰等先生都发表了相关文章，陈述了各自对秦直道走向问题的看法。王开等先生的文章虽互有出入，但都有某些共同之处，就是不仅所定的秦直道的南段与靳之林所绘的一样，大部分段落是要经过今陕北地区，而且与后者相比较，其具体走向更向东弯曲一些。靳之林先生为一画家，虽然曾徒步考察了秦直道，但一直未见其有分量的调查报告或论文问世，他所绘的秦直道示意图也颇似写意之笔，自然是不可轻信的。不过王开先生是陕西交通史志专家，贺清海、孙相武、姬乃军等

---

① 马正林主编：《中国历史地理简论》，陕西人民出版社1987年版，第412页；谭其骧主编：《中国历史地图集》第二册，第5—6页《（秦）关中诸郡》，中国地图出版社1982年版；刘庆柱：《秦汉考古学五十年》，载《考古》1999年第9期。

曾多次考察过秦直道遗迹,王北辰先生更是相当有成就的历史地理学者,他们对于秦直道的歧义观点,虽较靳之林晚出,但却形成了一定的学术影响,尤其以王开先生的《秦直道新探》一文影响更大一些,例如最近出版的不少论著就采用了王开先生的观点。①

综合起来看,王开等先生似乎都有一个比较一致的说法,即认为秦直道是经过上郡及其属县阳周的。他们的主要依据,概括起来讲大致有如下几端:

首先,认为秦直道是由战国中后期经由上郡的旧道改建、扩充而来。如王开先生在《秦直道新探》一文中即说:"战国中后期,九原、上郡、云阳(今淳化县北)、咸阳间,即有一条南北大通道,大将蒙恬是在旧道的基础上加以改建、扩充,而成为一条沿子午岭山脊而行的,宽达30米以上的,大体是直南直北方向的'直道',并非是蒙恬新勘测的路线。"王北辰先生在其《古桥门与秦直道考》一文中也认为:"直道并非蒙恬凿空开辟,它不过是历史古路的修治。"

其次,认为直道必经蒙恬的驻地。如王北辰先生在《古桥门与秦直道考》一文中即谓:"蒙恬驻地问题和秦'直道'经过地点关系密切",并且蒙恬不是常驻"上郡城中",而是"本驻阳周,扶苏监军及二人被害也在阳周,因阳周属于上郡,史家对此只记郡名而省略县名罢了"。姬乃军《秦直道走向考辨》也说:"秦直道既然为蒙恬主持修筑,必然与肤施和阳周有着一定的联系,至少有道路与之相通。不然的话,是难以理解的。"

再次,认为上郡、九原间有直道遗迹,并且直道遗迹上至今日仍有秦汉时期的文物古迹,甚至发现了"秦直道行宫遗址""兵站遗址"和"烽火台"。如贺清海、王开《毛乌素沙漠中秦汉"直

---

① 王开主编:《陕西古代道路交通史》,人民交通出版社1989年版,第49—63页;王学理、尚志儒、呼林贵等:《秦物质文化史》,三秦出版社1994年版,第212—214页。

道"遗迹探寻》一文中指出上郡、九原间所谓直道的路线，是"自今榆林县红石峡东四公里的走马梁西侧开阔地出长城（此处明长城与战国秦长城基于一线），经龟兹和上郡属国都尉城址西侧，呈西北方向沿榆溪河东侧800余米距离而上，经头道河、二道河、三道河、四道河、红河梁（系已干涸的古河床）、旋河诸支流约70公里至刀兔海子；又直北接内蒙古伊金霍洛旗西南24公里处红庆河'直道'遗迹（在汉代虎猛县境）和东胜市西漫赖乡'直道'遗迹（在汉代增山县境），再北，达包头市西侧的秦九原郡、汉五原郡治所九原县"。并说在所谓的直道遗迹上，有秦汉时期残断的砖瓦、陶器碎片，其侧近有众多古城遗址。姬乃军《秦直道走向考辨》一文则坚持认为，志丹县永宁乡任窑子村和安塞县化子坪乡红花园村的两处遗址是"秦直道大型行宫遗址"。而孙相武在《秦直道调查记》中又谓，他发现了五座行宫遗址和九个兵站遗址，其中五座行宫遗址是指秦咸阳宫殿、池阳宫、秦林光宫、高奴宫和九原宫，九个兵站遗址分别是在马栏镇100米处、上畛子东1000米处的二级台上、古罗河南侧300米的二级台上、安家沟北约200米的洛河边、白杨树湾村南1公里处大哑口南下坡的地方、鹰咀上卧虎湾山顶哑口南边、冯家岔村脑畔、瓦碴梁的鸦巷山和伊金霍洛旗的红庆河南。另外，该文还提到，从今延安市安塞区与靖边县交界处的黄毛塔至沈家园子一带，几乎每2.5公里就有一个烽火台，并将其视为秦直道上的遗迹。

应当指出的是，上述秦直道经由上郡及其属县阳周的依据其实都是靠不住的。其中的道理如下：

直道与驰道虽然都是秦王朝全国陆路交通网的重要组成部分，但二者之间却有很大的不同，驰道是秦始皇二十七年在秦故地与六国境内的旧道基础上兴修的道路网，而直道则是三十五年为防

第二章 对秦直道修筑及走向问题的再认识

御匈奴新筑的专用军事交通线，不能简简单单地将两者混为一谈。至少从战国时期开始，就已开通了由关中北经上郡而达于河套地区的交通大道，因为据《史记·赵世家》记载，赵武灵王攘地西至云中、九原后，就欲从云中、九原直南袭秦，并曾诈为使者入秦。另据《史记·秦本纪》载，秦昭襄王"二十年，王之汉中，又之上郡、北河"，说明赵武灵王之后，秦昭襄王也走过这条道路。而据《史记·秦始皇本纪》载，秦始皇本人也曾两次走过上郡，一次是在秦始皇十八年（前229年）平定赵地后，"秦王还，从太原、上郡归"；另一次是在秦始皇三十二年（前215年），"始皇巡北边，从上郡入"。据《史记·秦始皇本纪》载，秦始皇二十七年"始治驰道"。这是为其此后巡行天下而兴起的全国性大工程，当时经由上郡的旧道应是一并重新整治过的，从而使其成为全国驰道网的一个组成部分，这从秦始皇三十二年"始皇巡北边，从上郡入"一事中也可得到印证。如果硬说秦始皇三十五年所开的直道是在这条已重修过的旧道基础上再次翻修扩建而来，不仅在史料中找不到任何证据，而且似乎也于情理不通。这正如史念海先生早已指出的那样："通过上郡的道路是秦时驰道的一个组成部分，而驰道的修筑是相当华丽的，也是十分艰巨的。后来到了汉初，一些人还认为修筑驰道是导致秦朝灭亡的暴政之一。秦始皇于三十二年行过这条道路，中间只隔了两年，到三十五年又要翻修改建，秦政虽然烦苛，但像这样不近情理的事情还是少见的。"[①]

至于认为秦直道既然为蒙恬主持修筑，这条道路就必然要经蒙恬的驻地上郡及其属县阳周的说法，看似有些道理，其实也未必一定正确无误。因为这除了同样在史料中找不到证据外，也与其他的史实相冲突。众所周知，秦朝大将蒙恬在秦始皇三十二

---

① 史念海：《直道和甘泉宫遗迹质疑》，载《中国历史地理论丛》1988年第3辑。

和三十三年间发兵北击匈奴，尽取河南地后，曾主持了两项重大的国防工程，一是在秦始皇三十五年修筑秦直道，二是在此前即三十三年（前214年）因战国诸雄所筑长城老旧，其命工匠新筑了秦万里长城。秦万里长城不经过上郡，而且与上郡治所肤施及其属县阳周还有相当远的距离，这一点无人会有疑问。如果以蒙恬驻防上郡（王北辰先生认为是驻防在上郡属县阳周）为由，而认为蒙恬所修直道就必经上郡的话，那么是否可以推测，蒙恬所督修的长城也必定要经过上郡呢？这样的推测显然是与史实不相符合的，从而也就说明，在无其他佐证的情况下，以蒙恬驻防上郡同时又修筑了直道为由，就认定秦直道必经上郡，是将问题太简单化了一些，论述的逻辑性也稍欠周密。

关于陕北秦直道遗迹及相关遗址问题，也有进一步讨论之必要。应当承认，王开等先生在研究秦直道问题时，对于有关遗迹和遗址的考察十分重视，这种研究态度和研究方法是可取的，也是值得称道的，这也是他们认为秦直道经由上郡及其属县阳周得以引起考古学界和秦汉史学界关注的主要原因之一。然而必须指出的是，对于考古发现和出土文物的利用，应当建立在科学的方法基础上，也就是必须结合历史文献进行综合分析。因为从目前在陕北地区所出土的有关文物来看，均无文字记载。尽管通过考古年代学的分析手段，可以断定其为秦汉时代的遗物，与当时的道路有一定的联系，但不能一口认定那一定是秦直道上的遗物。而且客观地说，有些出土文物或遗址与秦汉时期的古道路似并无太大的关系。如贺清海、王开两先生所探寻出的由榆林县北走马梁庙至刀兔海子一段道路，"如果确是秦汉时期的道路，那应是秦时驰道的遗迹，而非是直道的遗迹。能探寻出秦时驰道的遗迹，也是值得称道的。秦驰道遗迹中杂有汉代遗物，那是正常的现象，因为这条道路迄至汉时仍为通往五原郡的大道"①。姬乃军先生对于其津津乐道的新发现的"两处秦直道大型行宫遗址"的认定也缺乏坚实可信的论据，更不能以之来论秦直道的所在。例如，吕卓民先生就曾撰文质询了一系列问题："作者是如何确定这就是秦始皇'行宫'遗址的，而确定行宫的标准又是什么？行宫又是什么时间修筑的。能断定在秦始皇三十五年以后吗？"②孙相武先生的所谓调查发现，更是令人疑惑丛生。咸阳为秦朝都城所在，自秦孝公起就在这里建都，下迄二世而亡，前后百余年，而孙相武先生竟将秦咸阳宫殿列入其所发现的五座行宫之中，并以此为依据，又将秦直道的起点从林光宫东南移至咸阳，这显然有不妥之处，因而不仅无法取代史念海先生的观点，就是与之一样持秦直道经由上郡说的姬乃军先生，也只好用"个别人故弄玄虚"一语以蔽之。③孙相武先生在其《秦直道调查记》中又曾详细列出了自己发现的九个兵站，但却同样也不能够提出其断定那些遗迹之所以为兵站的证据来。至于他所说的烽火台遗址，很明显是将秦昭王时期所筑秦长城体系中的烽火台和宋、夏边界一线的烽台堠燧，误认为是秦直道上的烽火台遗址④，自然也就更不能取信于人了。

2. 秦直道不经上郡及其属县阳周的证据

从前面的论述可以看出，持秦直道经由上郡及其属县阳周说者虽然都曾提出过一些依据，但那些所谓的依据都是在先入为主的思维模式下提出的，均无法得到历史文献方面的印证，因而经不起细致推敲。其实秦直道与驰道是有区别的，并不是秦驰道网中的一条道路，而完全是一条新建的道路，既不经过上郡，更不

---

① 史念海：《直道和甘泉宫遗迹质疑》，载《中国历史地理论丛》1988年第3辑。
② 吕卓民：《再论秦直道》，载《文博》1994年第2期。
③ 姬乃军：《秦直道走向考辨》，见秦始皇兵马俑博物馆《论丛》编委会：《秦文化论丛》第2辑，西北大学出版社，1993年版。
④ 吕卓民：《再论秦直道》，载《文博》1994年第2期。

是由秦代经过上郡的驰道改建而来，却可从《史记》《汉书》等历史文献中找到如下证据：

其一，《史记》中凡是提到修筑或行经直道的时候，均不见涉及上郡；反之，凡是提到行经上郡之时，也均不见言及直道。关于秦始皇三十五年开直道事，《史记·秦始皇本纪》记作"除道，道九原，抵云阳，堑山堙谷，直通之"，同书《匈奴列传》则谓"自九原至云阳"，同书《六国年表》又云"道九原，通甘泉"。秦云阳县北有甘泉山，山上建有林光宫（汉时改名为甘泉宫），在今陕西省淳化县北 40 里凉武帝村。以上诸种说法用词虽稍有差别，但语义基本相同，都是只提及直道的起讫地点，而未曾说到其间具体经过的地点，更没有提到上郡。又据《史记·秦始皇本纪》，三十七年秦始皇崩于沙丘后，秦二世、赵高、李斯等人"遂从井陉抵九原。……行从直道至咸阳，发丧"（《史记·六国年表》记作"道九原入"，略同），也未见言及上郡。多次提到直道而均不言及上郡，可见这不会是司马迁的疏忽，而只能是直道并不经过上郡的缘故。

另据《汉书·武帝纪》：元封元年（前 110 年），冬十月，汉武帝"行自云阳，北历上郡、西河、五原，……还，祠黄帝于桥山，乃归甘泉"。这次汉武帝北巡，虽然到了五原（秦之九原）和云阳（治所在今陕西淳化西北），但走的却不完全是直道（仅南段一小部分是经由直道），而是经由直道兴筑以前就已开通的要经过上郡的旧路，所以虽然提及上郡，却未曾云及直道。但其实就在这一年，汉武帝两次到了五原和云阳，另一次则是取道直道而行。《汉书·武帝纪》于元封元年又记："行自泰山，复东巡海上，至碣石。自辽西历北边九原，归于甘泉。"同书《郊祀志》记载得更为详细："天子既已封泰山，……并海上，北至碣石，巡自辽西，历北边至九原。五月,乃至甘泉,周万八千里云。"从时间上来看,汉武帝这一次的东巡之后经历北边九原而归,应在春夏之际,与前述的那一次不同,虽然未提到直道,但此次扈从武帝巡狩的司马迁于《史记·蒙恬列传》里说到"吾适北边,自直道归"。可见汉武帝这一次确实是取道于直道而南返的。从直道南归而不提及上郡,说明汉时仍然沿用的秦直道也并不经过上郡。

其二,秦二世与赵高、李斯密谋矫诏后,一行人"行从直道至咸阳"的同时,又别遣使者至上郡及其属县阳周,此事《史记》有关篇章皆有明确记载。《史记·秦始皇本纪》言:"高乃与公子胡亥、丞相斯阴谋破去始皇所封书赐公子扶苏者,而更诈为丞相斯受始皇遗诏沙丘,立子胡亥为太子。更为书赐公子扶苏、蒙恬,数以罪,赐死。"《史记·蒙恬列传》亦云:"太子已立,遣使者以罪赐公子扶苏、蒙恬死。"《史记·李斯列传》记载得更加清楚:"封其书以皇帝玺,遣胡亥客奉书赐扶苏于上郡。使者至,发书,扶苏泣,入内舍,……即自杀。蒙恬不肯死,使者即以属吏,系于阳周。使者还报,胡亥、斯、高大喜。至咸阳,发丧,太子立为二世皇帝。"从以上记载不难看出,沙丘之谋后,胡亥一行人与其所遣至上郡的使者分别走的是不同的路线,使者到了上郡和阳周,而胡亥等人则未至此二地,否则的话,《史记·李斯列传》不会有"使者还报"之类的词句。胡亥等人如《史记·秦始皇本纪》所说是"行从直道至咸阳",但又未至上郡、阳周,可见秦直道确实是不经上郡及其属县阳周的。

其三,据《史记·蒙恬列传》载,秦二世曾两度派遣使者至上郡,第一次如上文所说是派遣使者赐死扶苏于上郡,而将蒙恬囚系于阳周城中。"使者还报,胡亥已闻扶苏死,即欲释蒙恬。"但因"赵高恐蒙氏复贵而用事,怨之",故二世既杀蒙毅,"又遣使者之阳周",

了断蒙恬的事情。二世第二次派遣去上郡阳周的使者奉诏行事，无非是再次数落蒙氏兄弟的罪状，但蒙恬的答词却耐人寻味："自吾先人，及至子孙，积功信于秦三世矣。今臣将兵三十余万，身虽囚系，其势足以倍畔。然自知必死而守义者，不敢辱先人之教，以不忘先王也。"蒙恬兵权被夺，身陷囹圄，尚说自己"其势足以倍畔"，可见当初颇为上郡将士所拥戴，势力之大，足以威慑国主。二世等人矫诏擅行废立，必怀鬼胎，当绝无经上郡南归，自陷于不利环境的可能。此为秦直道不会经过上郡及其属县阳周的又一力证。

第四，秦直道在秦始皇在世时并未完全竣工，证明这是一条新筑的交通大道。关于秦直道的始筑时间，秦直道虽然发端于秦始皇的直道工程，但实与阿房宫工程一样，一直持续到二世时期。结合秦始皇三十七年秦直道已经可以粗通车马的情况来看，秦直道工程乃是肇于始皇而成于二世，从秦始皇三十五年至秦二世三年，总共历时约五年之久，其中前两年多为第一期工程，虽粗可使用，但仍然"道未就"；后两年多为第二期工程，修缮之后，直道才完全竣工。据《史记·秦始皇本纪》，秦始皇二十七年兴修驰道，次年即可"东行郡县"。驰道网如此迅速就得以形成，主要是借助了秦故地与六国境内的旧道基础。直道则明显不同，因为完全是新开的道路，加之修筑于子午岭峰巅之上，"堑山堙谷"，工程相当繁杂艰巨，故而修筑工作历时稍长于驰道。

以上证据充分表明，秦直道确实与秦上郡驰道无关。秦直道作为一条新修的特殊道路，是由九原直通云阳，并未绕道经过上郡。那种认定秦直道必经上郡及其属县阳周的种种新说，不仅没有充足的历史文献和考古学依据，也是与《史记》《汉书》所反映的当时的历史情况不相吻合的。这样的说法如不是出于地方观念的作祟，也至少有将秦时的驰道与直道混同的嫌疑，是应该予以彻底放弃的。辛德勇撰文认为："史念海主要依据唐代文献记载对直道路线所做的复原，亦即西线方案，反对者并没有能够提出有力的文献依据，所以，在目前看来，还是一种相对比较可信的说法。"但同时又说："由于这些唐代的记载，年代偏晚，其可信性远不如《史记》《汉书》这类早期记载，而秦汉时期的一些重大历史活动，又反映出另有一条途经上郡治所肤施一带的南北干道，可以承负与直道相近的交通功能，《史记》《汉书》的相关记载，既不能肯定也不能否定其为秦始皇直道。因此，最终确定直道的走向，还不宜将其弃置不顾；也就是说，目前还不能轻易排除东线方案存在的可能性。"①

3. 秦直道不经上郡及其属县阳周的原因

秦直道不经过当时都城北面的重镇上郡及其属县阳周，粗看起来的确有些让人费解。但如果仔细分析，这样的选线却有其本身的原因。

一则是军事上的考虑。秦直道是秦始皇为抵御匈奴势力南侵而兴筑的，所以与秦长城一样，都是具有战略意义的国防工程，并且二者之间有一定的联系。秦始皇三十五年使蒙恬修筑直道，不再如同旧有路线那样迂回上郡和云中，而是由云阳北出直抵长城沿线的重镇九原。新筑的直道与新修的长城呈丁字相交，加强了秦都咸阳所在的京畿关中与北方河套地区的联系，在军事上的考虑是相当周全的。

二则是修路技术与成本上的考虑。秦直道南段主要是依子午岭山势走向而行，这是相当科学的。因为从地形上来说，陕北和

---

① 辛德勇：《秦汉直道研究与直道遗迹的历史价值》，载《中国历史地理论丛》2006年第1辑。另参见辛德勇：《秦汉政区与边界地理研究》，中华书局2009年版，第285—306页。其说出言比较谨慎，但仍有将秦时的驰道与直道混同的倾向。

陇东属于黄土梁峁沟壑区，子午岭主脊海拔稍高，但地势起伏变化较小，地形亦相对平坦，宜于修筑道路。如果下子午岭取道陕北的上郡，则要经过许多纵横交错的大小沟壑，必然会增加修筑道路的难度，也给南北交通带来困难，无法达到迅速调兵北上的目的，相应地就违背了将直道修筑为一条国防大道的初衷。

三、秦直道的起讫点和里程问题

由于司马迁只在《史记·秦始皇本纪》中记载："三十五年，除道，道九原，抵云阳，堑山堙谷，直通之"，并没有对秦直道的南北终点具体地址予以详细说明，也没有对秦直道沿路的地理风貌、山川城邑进行仔细描述，这成了后来产生秦直道起讫点与里程统计上学术争论的直接原因。

（一）云阳甘泉宫是秦直道的南端起点

秦朝修建的林光宫，在学术界一直都被作为秦直道的南端起始点来进行研究，具体地点在陕西省淳化县（秦时为云阳县）凉武帝村，后来秦二世进行了续修，并把林光宫改名为甘泉苑。汉朝的甘泉宫就是在秦朝修建的甘泉苑基础上完善而成的。作为秦直道南端的起点，无论是秦朝的林光宫，还是汉朝的甘泉宫，在学术界都是秦直道沿线离宫研究的重点。云阳甘泉宫作为秦直道的南端起点，似乎也已成为定论，但也有人提出了不同观点，认为咸阳才是秦直道的原始起点。

1. 秦直道究竟起自云阳还是咸阳

当前，学术界对于秦直道历史遗迹的考察，基本都是按照20世纪70年代中期史念海先生提出的秦直道路线来进行实地考察和研究的。《汉书·贾山传》对秦直道的起点在甘泉宫有记述。在地方志中，也有关于对秦直道的记载，《黄陵县志》中就引用了明朝一位书生的诗作，有"桥陵今古在，驰道有无间"之句，很显然这里的驰道就是直道。历史学者杨宽在专著《战国史》中明确记载，直道就是从甘泉宫出发一直向北延伸的道路。可见，史念海及其后续研究秦直道的学者都把云阳甘泉宫看作秦直道的南端起点，但也有人提出了不同的看法。

1984年，历史学者孙相武和中央美术学院靳之林教授一道对部分秦直道进行了徒步考察，提出了不同于史念海线路的新线路，后称东线。1986年，孙相武又继续参与了相关路段的考察活动。考察中，他特别对沿线的一些行宫和军事遗迹进行了记录和观察。因为据司马迁的记载，秦始皇病亡后，是从直道回到咸阳，孙相武就是沿着司马迁所记载的路线进行考察的。孙相武根据考察得出结论，从驰道出发，即从起始点咸阳到终点内蒙古九原郡，总共路程约800公里，其中1/5的路段在关中地区，2/5的路段在子午岭区域内，剩下2/5的路段在鄂尔多斯草原上，因此，他在《秦直道调查记》一文中认为，秦直道南端的原始起点是咸阳而不是云阳。他认为，秦直道的起点是咸阳，是从考古遗迹推断出来的。他明确地从六点考古遗迹来论证秦直道就是从咸阳出发的，这六点遗迹都处于咸阳向北延伸至耀县照金方向上：第一处遗迹是秦都咸阳牛羊村方向的遗迹，直至泾阳县南坡头村，在这一段发现了一处夯土层遗迹，长度大约有100米，宽度为30米；第二处遗迹在泾阳县西面的三个村落和乡镇，尤其是三原县的柏社村附近，发现了一处长度大约100米、宽度为30米的夯土遗迹层；第三处遗迹是冯村、夕阳村到耀县西独冢处的池阳宫遗迹，直道古迹为南北走向，最明显的就是夕阳村北面不远处的一处长百十米、宽约30米的夯土遗迹层；第四处遗迹在小丘村北面，出现了一段距离长约1000米、宽约30米的夯土遗迹，而且夯土层的厚度达到了18厘米；第五处遗迹在朱坊、高尔原附近，因是一条山梁，所以秦直道的遗迹保存得比较完好，有一条长约15公里、宽约30米的夯土层遗迹；第六处遗迹为照金乡附近形成的丁字形遗存，这处遗迹一直向南延伸，最后延伸至子午岭方向，遗迹大约长1000米、宽20米。其中最高处就是英烈山，这里的秦直道遗迹保存完整，在南麓山脉处有一条长约300米、宽约17米的遗迹。①据此，孙相武认为，秦直道的出发点就是秦都咸阳。虽然这个观点并没有得到历史学界的普遍认同，但问题值得讨论。

要论证秦直道的南端起点是不是咸阳，还须从以下几方面入手。

第一，从历史记录来说，《史记·秦始皇本纪》中所记载的"三十五年，除道，道九原，抵云阳"，抑或是《史记·六国年表》中所描述的"三十五年，为直道，道九原，通甘泉"。包括北宋著名的史学家司马光《资治通鉴》的记载："三十五年使蒙恬除直道，道九原，抵云阳"，都是以云阳为起点。按照历史记录的可信度来讲，司马迁著《史记》时，距离秦朝灭亡只有一百年左

① 孙相武：《秦直道调查记》，载《文博》1988年第4期。

右的时间。而且，司马迁在公元前 110 年，还专门跟随汉武帝的大军沿着秦直道实地行走、考察过一遍，因此他对于秦直道各方面的记载应当是值得信任的。涉及秦直道的起讫点问题，相信司马迁在记录时是慎之又慎的。

第二，从秦直道开工与完工的时间来看，也无法证明直道起始于咸阳。一些史学家认为，秦直道是从公元前 212 年开始修建的，之所以要论述时间问题，就是因为这个问题涉及了秦直道修建的起始点是否为都城咸阳。对此，王开就指出，秦直道是沿着子午岭方向逐步延伸，其方向是由南向北，但子午岭主脊上以前就存在着一条条小道，因此秦直道就是在原有小道的基础上修建起来的，测量起来十分困难，如果稍有差错就很难下山。根据这个特点，并结合考古发现，王开等学者认为，秦直道土层下并没有比之更早的土层，应该是一条新路。与原有驰道无关，起点也就不是咸阳而是云阳。

要想证明秦直道的起始点是不是咸阳，在修建的时间上还要弄明白，司马迁其实并没有明确说明秦直道修建完成的时间。相关叙述只有两处，一处是秦始皇灵车一路从秦直道回到咸阳，另一处是秦始皇巡游天下，从九原郡出发，一路回到甘泉宫，后来派大将军蒙恬修建此道，堑山堙谷，但并没有修建完成。吴宏岐根据相关文献资料，提出秦直道工程最后是在秦二世执政时完成的，从公元前 212 年一直修建到公元前 207 年。在这期间，前两年多的修建工程比较粗糙，秦直道并没有修建完成；后期的续修工程历时也有两年多。当然，这也并不能确定秦直道就是在秦朝修建完成的，也不能对秦直道的起点是否为都城咸阳提供间接的证据。

一些历史学者认为，秦直道就是在秦二世执政时修建完的，就是缘于李斯等人矫诏时的历史记载，"法令诛罚日益刻深，群臣人人自危，欲畔者众。又作阿房之宫，治直〔道〕驰道，赋敛愈重，戍徭无已"①。但这些史料叙述的基本是徭役繁重的历史情况，并没有明确说明秦直道就是在这一历史时期完工的。再结合其他相关历史文献资料，阿房宫在当时也没有建成。而历史文献既然把秦直道和阿房宫放在一起，自然也就能推理出秦直道也没有完工。另外，纵观《资治通鉴》和其他典籍的记载，也没有发现有秦直道完工时间的明确内容。而且，根据考古发掘，秦直道沿线遗迹还存有大量的汉代建筑物构造物体，这就表明，秦直道在西汉时也进行过大规模的建设。既然在西汉时还进行了修建，那就表明，秦直道的起始点并不是咸阳，而是秦林光宫，即后来的甘泉宫。因为都城咸阳在秦直道修建之前，其军事交通辐射网络都已建设齐全，并不需要在汉代后还要进行大规模的修建。

第三，从修建直道是为了满足巡游需要、显示权威角度来看，也没有必要从咸阳开始新修一段道路。当时秦始皇巡游天下所走的道路，也就是从咸阳出发的道路已经具备，那就是在春秋战国时期原有旧道的基础上修建起来的驰道。如果说秦始皇修建直道是为了巡游，自然不需要将都城咸阳作为起始点，再在蜿蜒的子午岭山脊上修建新的直道，因为原有的驰道规模就已经能够满足秦始皇巡游的要求了。《史记》中记载："燕人卢生使入海还，以鬼神事，因奏录图书，曰'亡秦者胡也'。始皇乃使将军蒙恬发兵三十万人北击胡，略取河南地。"②在这一时期，秦直道还未进行修建，大将军蒙恬从关中通往边疆的旧道已然畅通，既然这条旧道能够承载三十万大军，那么秦始皇也就没有必要再从咸阳出发修建一条直道，只需将上郡至九原地区的驰道进行修缮即可。

---

① 《史记》卷八七《李斯列传》，中华书局1959年版，第2553页。
② 《史记》卷六《秦始皇本纪》，中华书局1959年版，第252页。

第四，从军事上来讲，确实需要建设一条快速到达边塞的交通要道。尽管当时已有驰道，但是庞大的军队一天的口粮所需是巨大的。如果运输路线距离过长，军队补给负担就会增大，运输耗费就会在无形之中增加，也不利于统治者及时快速地了解边塞的军事情况。结合考古发掘判断，都城咸阳地区通往九原郡的旧道并没有沿着山脊路线予以修建，当时只能从沿线山谷来行进和运输。而陕北地区沟壑纵横、地形复杂，靠山谷行军和运输补给，其路程必然远远大于山脊行进。直道近而驰道远，修建直道就没有必要再从咸阳出发，最好的选择便是从甘泉山附近直接通向子午岭山脊。

第五，从历史事实来看，秦直道是否从咸阳出发，也有依稀可辨的历史痕迹来证明。史念海先生等通过实地考察和历史文献资料的搜集、整理、研究认为，秦直道无疑是秦始皇重新修建的一条要道。都城咸阳无疑也是秦国的军事要地，在秦直道没有修建起来之前，秦国出兵无论攻打燕国，还是赵国等，一般都会从咸阳出发。而且，《史记》中还曾记载，"三十五年，除道，道九原抵云阳，堑山堙谷，直通之"。虽然在这里并没有明确提及都城咸阳，但是在后续的记载中，尤其是对秦始皇巡游病亡、后事安排这样描述：二世、赵高等人"遂从井陉抵九原。……行从直道至咸阳，发丧"。从以上可知，秦始皇决定修建秦直道时，都城咸阳附近就已经有驰道。这就从间接上证明了后来修建直道时，必然会接通咸阳，但是起始点并不是咸阳。

新修建的直道既满足了当政者对边塞地区防卫的需要，也满足了秦始皇巡游的需求。而已经修建的驰道并不能更好更快地满足行军打仗、保卫边疆的需求，为了快速到达目的地，就不需要从都城咸阳出发，而是直接从林光宫出发。从田野考察和考古发掘来看，秦直道修建的目的就是为了"直通之"，秦朝其他旧道皆得以沿用，而唯有秦直道是新修建的。因此，秦直道南起云阳甘泉宫，其地在秦都咸阳以北，孙相武的看法可能是将秦直道起自咸阳与起自云阳等同看待，这是一种宏观层面的论述，泛指秦直道是连接咸阳到北方边塞的一条道路。

2. 云阳甘泉山为什么是秦直道的南端起点

从云阳甘泉宫一带的地理形胜和军事作用来看，甘泉山具备了战略屏障地位。

首先，甘泉山是具有特殊位置和要塞作用的锁钥之地。远在战国时期，甘泉山就与位于今陕西省泾阳县北的谷口起着屏蔽咸阳的作用。谷口又作瓠口，即开浚郑国渠引泾入口所在地，控扼着泾水及其谷地通道。渭河北岸的泾水与洛水两大支流之间所间隔的子午岭很适于开辟成为进出关中腹地的南北通道，而甘泉宫所在的甘泉山，又名云蒙山、石鼓原、磨石岭，今俗谓好花疙瘩山、黄花山，是子午岭南端的一个支岭，诸峰林立，沟壑交错，森林密布，素以险要著称，又山高雾浓，地气清凉，成为天然的避暑胜地。甘泉山的南部山根处为秦林光宫，也就是汉朝的甘泉宫遗址所在地。由于位于陕北高原和陇东高原的地理分割线南端，是控制出入关中北部的战略要地，故秦直道肇始其地。（见图2-2）

其次，随秦国使者入秦的著名谋略家魏国人范雎曾经对秦昭王纵论过秦地之形势："大王之国，四塞以为固，北有甘泉、谷口，南带泾、渭，右陇、蜀，左关、阪，奋击百万，战车千乘，利则出攻，不利则入守，此王者之地也。"从此段论述可以看出，范雎认为甘泉为出入关中北部的门户，结合地理形势分析，的确如此。由甘泉宫出发，向东利用洛河水系的河谷通道进入陕北高原，向南可直下京畿之地的关中平原，向西借助泾河水系的河谷通道进入陇东高原，向北沿子午岭直道可以直通河套平原。不难看出，

第二章　对秦直道修筑及走向问题的再认识

图 2-2　秦直道南端起点 1

甘泉山四通八达，交通十分便利，发挥着地缘核心的作用。尤其对关中平原防守来说，是必须倚重的要塞之地，对手一旦越过甘泉和谷口，突入关中平原，通行就不再有地形限制，可以肆意畅行；对于征伐行动而言，由于关中平原内部往来便利，各地的兵马和军需物资，都能很轻易地集中到这里，由此兵马再向北进发或者物资再向北转运。甘泉作为咸阳的北大门，本身就属京畿范围内的军事要塞，一些皇帝又经常住在甘泉宫，一是因山高气爽可以避暑，更重要的是此处兼有抗击匈奴而坐镇关口的政治意义，这也成为秦直道修筑不以咸阳为起点而选择甘泉的主要原因。（见图 2-3）

按照《汉书》记载，汉代甘泉宫刚开始时还是北方少数民族的祭祀之地，《汉书·地理志》载："云阳，有休屠、金人及径路神祠三所。"《三辅黄图》也记载道："匈奴祭天处，本云阳甘泉山下，秦夺其地，徙休屠右地。"[①]按照后代学者的注释，"休屠"就是北方匈奴王者的名号，而对金人来讲，这里又是神明祭祀之地，

---

① 毕沅：《三辅黄图》卷二，台湾成文出版社有限公司 1970 年版，第 43 页。

图 2-3 秦直道南端起点 2

"径路神"就成了匈奴祭祀神仙的神祠。

公元前 215 年,秦始皇第四次巡游途经甘泉返回咸阳。五年后,秦始皇又开始了其人生的第五次巡游,也是一生最后的巡游。这一次他病亡在沙丘平台,因为当时是夏天,为防止尸体腐烂,以最便捷的路线经秦直道而返咸阳。汉代时,皇帝经常出巡到甘泉宫,《汉书·郊祀志》记载:"高祖时五来,文帝二十六来,武帝七十五来，宣帝二十五来，初元元年以来亦二十来。"①从这些史料的记载，可以看到秦汉两朝的帝王都是多次往返于甘泉宫，尽管其出巡的名号或是游猎，或是避暑，或是祭天，或是商讨国家大事，其实最主要的目的是为了能够采取更为严密的措施来抵御北方少数民族的入侵，进而安定边地，守护边境。

公元前177年，匈奴南下进犯河南地，攻击汉代上郡等地方。为了及时迅速地抵御匈奴进攻，汉文帝刘恒亲自坐镇甘泉宫，命令当时的丞相灌婴将车骑八万五千人赶赴前线支援，后又召集最精锐的弓射手部队在都城长安进行布防。这一消息很快就传到了匈奴右贤王的耳中，眼见汉军已部署停当，匈奴军队随即撤出。公元前110年，汉武帝亲率十八万军队，从云阳地区出发，经过上郡和五原地区，然后过长城，越黄河，铁蹄声声，军旗漫天，有效震慑了匈奴的军队。汉武帝取得了一系列的胜利，借以打通了从长安到西域的道路。从长安到达西域，汉代多经过大镇关、萧关两条道路，而且，从甘泉宫出发，西进经过泥阳地区，也就是今天的甘肃省宁县；然后过彭阳，也就是今甘肃镇原县；再过安定郡高平县，也就是今宁夏固原市，到达河西走廊地区。武帝时进兵西域还可以走秦直道，绕行灵武地区，也就是今宁夏银川市，之后从武威郡出发，打通西域的道路。公元前51年，匈奴单于在五原郡朝见了汉武帝。《汉书·匈奴传》记载道："发过所七郡郡二千骑，为陈道上。"呼韩邪单于曾到甘泉宫，汉帝给予特殊礼遇。到了唐朝，北方突厥可汗，也曾率领军队沿着直道南下入侵。当时，唐玄宗李隆基亲自率军北上，也是从甘泉宫出发，沿着秦直道至河套地区，抵御突厥军队，最后生擒了突厥可汗。由此可以看出甘泉宫的军事价值所在。

---

① 《汉书》卷二五《郊祀志》，中华书局1962年版，第1258页。

20世纪80年代，淳化县根据相关历史文献记载和考古结果，编写了《淳化县文物志》，在书中具体指明了秦直道从甘泉山一直延伸向南的走向，而且还具体标注了秦直道直通甘泉宫外北门和南门遗迹的位置，进而确定了甘泉宫北门外的遗迹就是秦直道的南端起始点。

因此，对于秦直道的走向，史学界虽有西线、东线之争，而东线说也存在几种意见，但无论是哪种说法，学者大都认为秦直道南端的起点是位于淳化县的秦林光宫。正如吕卓民在《秦直道歧义辨析》一文中所说，秦直道的路线问题虽然没有统一的说法，但是根据考古遗迹来看，秦直道的南端起点无疑就是淳化县。可以说，无论是秦朝的林光宫，还是汉朝的甘泉宫，在当时都作为各自政权非常重视的离宫而存在，再加上其又是秦直道的起始点，无论是在维护政权稳定上，还是军事防御上，抑或经济文化交流上，都起到了非常重要的作用。甘泉宫对于秦汉两代皇帝，不仅是避暑休闲的去处，也是各代政权积极抵御北方匈奴南下入侵的战略快速反应基地，军队后勤物资的重要补给地和集中地，而且作为秦直道上关键的枢纽，在每一次历史变迁的重要节点上都发挥了巨大战略效用。

（二）秦直道北端点与九原郡的战略价值

1. 秦直道的北端点九原郡

司马迁在《史记》卷一五《六国年表》中对秦直道进行了记述："为直道，道九原，通甘泉。"尽管司马迁对秦直道的起讫地进行了记述，但是并没有对秦直道北端点的具体位置予以说明。

据《水经注》记载：九原郡古城"其城南面长河，北背连山"，"西北接对一城"。这里所说的"城南面长河"是指黄河，"北背连山"

是指阴山,"西北接对一城",实指两城相连。黄河在古城址南5公里,阴山在古城址北35公里,与麻池古城遗址地理位置完全一致。

麻池古城位于今包头市火车站(西站)南偏西8公里处。古城西北有一条从包头东海区到昆都仑河岸的长沙梁,南是黄河北岸的冲积平地,距黄河约5公里,北距大青山(阴山山脉主体,即狭义的阴山)的昆都仑河谷口35公里。通过考古工作者的实地考察,麻池古城分南、北二城,两城近似正方形,南城偏东,北城的东南角城墙和南城的西北角城墙约有300米是连在一起的,城垣轮廓十分清楚。从两城遗物的内涵看,均为秦汉古城,且北城稍早于南城。因此,北城当为秦九原郡的故址。理由如下:首先,北城内多为粗绳纹板、筒瓦残片,回纹铺地砖的纹饰及瓦当纹饰与陕西淳化县甘泉宫、甘肃正宁南梁岇出土的基本一致。其次,北城西南角东西并列两个夯土层基与甘泉宫的两个冢状土台基的排列位置、间距基本一致,可能都是为军事、祭祀所需而修筑。再次,南城内瓦片很丰富,但多为素面,内为细绳纹或布纹,粗绳纹的板、筒瓦残片少见。遗物证明,南城的修建时间稍晚于北城。据此,麻池古城址就是当年秦代的九原郡址。

纵观历史文献,提及九原郡的典籍很多。在秦直道研究中,不管是著名历史地理学家史念海提出的西线说,还是画家靳之林等人提出的东线说,九原郡作为秦直道的北端点却是学术界一致认可的。对于秦直道的北端点,历史学者吕卓民认为,秦直道之所以取名为"直道",就是因为秦朝修建从云阳县到达九原郡的要道具有非常重要的战略价值。这种战略价值与秦长城一样,都具有军事防御功能。在秦朝,九原郡作为军事战略要地,具有专道直通的必要性。根据文献资料记载,历史上赵武灵王南下伐秦,行军走的就是九原、上郡故道,因此司马迁写道,"欲从云中、九原直南袭秦"[1]，这表明当时从九原郡出发，已经有了通秦的道路。但自九原郡被秦朝纳入疆土之后，原有的军事重镇上郡逐渐被九原郡取代。而且，根据当时秦国北部边境的行政统辖现状，九原郡起到的军事战略价值至关重要。因此，在公元前212年，秦始皇才决定修建从九原郡连通云阳直道的决定。由于秦帝国北部边境地区有强大的少数民族，严重威胁到了帝国战略安全，纵然一度将匈奴驱赶到了阴山以北的地区，但匈奴的元气并没有因此受太大的损伤，只是军事实力稍弱于秦。为了有效抵御匈奴的突袭和入侵，秦始皇就采取了一种积极防御的战略措施，决定修建以九原郡为军事战略支点的防御工程。前面已述及，秦直道是一条新道，并不是在已有旧道的基础上修建起来的，因此新建起来的直道优势将会比已有的旧道大许多。从史书"直通之"字面意思进行推测，可以知道秦直道应该是从秦国关中地区到九原郡之间距离最短，也是最为便捷的一条交通要道。当然，"直通之"还有一层意思，那就是从九原郡到云阳地区直接通达的专用道路，不经过其他任何别的军事要地。

2. 九原郡的军事战略价值

九原郡及其郡治作为秦直道北支点和军事战略重镇，其价值主要体现在战略屏障作用上。九原郡基本是沿着山脊延伸，与秦直道的整个沿线地势相接，地处南北走向的山岭之上，支脉也有东西并向的走势，山脊较为宽阔，其构造基本都是一些比较松软的砂石所形成的。九原郡的支脉与其他支脉之间的坡度也都不高，支脉贯通相连，附近的河川也不多，一般都属于小溪。正是因为九原与秦岭不相通，才形成了秦直道千余里长的沿脊路。当然，九原郡的这条沿脊路使得秦直道的南北向的线路得到了很好的贯

---

[1]《史记》卷四三《赵世家》，中华书局1959年版，第1812页。

通,更加方便了秦汉军队以及车辆的大规模通行。

九原郡处于秦直道的北部端点处,在深处河谷的道路上,沿线水草较为丰富,非常适合北方游牧民族的生存,自然而然就成了北方游牧民族南下的主要交通要道。秦直道沿线的马莲河道、洛河河道都分别关系着关中和延庆地区的安危。九原郡同样如此,自建立之日起,就成为秦汉与北方少数民族竞相争夺的地盘。由于九原郡对于秦直道南部沿线的主要军事重镇都起着扼控作用,是故,每次少数民族准备南下入侵秦汉王朝时,都要时刻提防着从上方九原郡军事要塞乘势而下的秦汉军队的突袭和威胁。

秦直道沿线地势比较险峻,一些关隘和山谷具有很强的军事防御功能。公元前214年,因为秦国的疆土比较辽阔,对匈奴作战又取得了胜利,秦始皇并没有因为一场胜利而忽视匈奴南下侵犯边境的隐患,他命令蒙恬把收取的地区设县管辖,并且第一时间又下了一道命令,"又使蒙恬渡河取高阙、(陶)〔阳〕山、北假中,筑亭障以逐戎人"①。大将蒙恬领受了任务,开始修建九原郡。早在战国时期,秦人就已关注到了交通对于运输军需粮草的重要性。史载,蒙恬率领的三十万大军,每月就需要一千一百多万斤粮食,其他军需的消耗量也非常巨大。而所有这些物资,都需要定时从全国征集到都城咸阳,再由咸阳出发运送到九原郡。由于路途遥远,长距离运输消耗太大,成千上万的民夫都死在了运输途中。秦始皇深知匈奴仍在虎视眈眈,随时有南下入侵的可能,而攻打匈奴的关键节点就在于后勤运输。因此,公元前212年,秦始皇修建完长城后,随后便有一个想法:一旦秦国边境地区告急,他必须在短短的几天时间内筹集完军队所需的军需物资,然后再在几天内将物资快速运输到边境地区,而想要达到这个目的,

---
① 《史记》卷六《秦始皇本纪》,中华书局1959年版,第253页。

就需要修建一条从都城咸阳附近到九原之间的直道,从而让"胡人不敢南下而牧马,士不敢弯弓而报怨"。

不管历史上对秦始皇本人的功绩如何评价,九原郡的军事战略价值却是不容忽视的。尤其在西汉初年,北方少数民族匈奴又开始蠢蠢欲动,而楚汉战争后的汉王朝,其整体国力与军事力量都远不能与秦朝相比,在连年战乱的关中地区,人口更少,匈奴造成的威胁更为明显,九原郡体现出的军事价值也更为显著。汉初文帝时,匈奴曾经连续两次南下侵扰边境,这两次入侵分别是上郡事件和萧关之战。匈奴人借助彭阳地区的便捷交通通道,分别侵入甘泉和雍县两个地方进行烧杀抢掠。甘泉无疑是秦直道南部端点,而匈奴入侵上郡的军事行动,却是骚扰性的行为。而第二次匈奴入萧关,抵达甘泉山之下,则性质就明显不同了。这里就要发问,既然匈奴人想一举夺取甘泉之地,为什么不直接从秦直道南下入侵,而要远远地绕到六盘山之下呢?在秦直道子午岭主脊一带,分别有洛河和马莲河河谷,按照正确军事入侵路线,应该是从河谷地区出发。然而,在西汉初年与匈奴的军事斗争中,这两条河谷都没有受到匈奴的骚扰,为什么会出现这种结局?其中最重要的原因就是九原郡的建立。九原郡作为秦直道的关键军事枢纽,匈奴人所以不敢长驱直入侵入汉地,就是因为九原郡潜在的敌后军事遏制能力的存在。假若匈奴毫无顾忌地南下入侵烧杀抢掠,九原郡的守军就会从子午岭主脊沿线快速南下,将匈奴军队拦腰截断,首尾不能呼应,必然会造成巨大的损失。尽管匈奴人能够暂时控制河南地,但他们不能、更不敢将河南地作为他们的基地。匈奴右贤王一度占据河南地,但是不久就撤离了,根本原因便是九原郡所具有的巨大军事威慑作用。因为一旦匈奴人在这里盘踞下来,汉朝守军就会从九原郡快速南下出击,匈奴将遇到南北夹击,必然会遭受重创。因此,西汉初期,汉朝统治者在和匈奴人的数次军事对峙中，关中地区受到的侵扰次数远远少于边境地区，就是因为九原郡所发挥的军事牵制作用产生了效果。即使到了唐朝，突厥也曾一度威逼长安，后来之所以能够扭转战局，也是因为秦直道北端军事要地九原郡的作用。

从军事攻守角度来讲，除了甘泉山与谷口（今陕西礼泉县东北）这两个地方能够守护关中平原地区外，九原郡则是整个秦直道军事要塞的制高点。从军事防御的角度来看，如果匈奴人一旦突破谷口、甘泉山要塞，则秦汉军事防御体系就会受到严重冲击。因为秦汉时期关中地区无疑是军队所需物资的集散地，都城咸阳、长安的军事战略位置异常关键，因此要想守住这些军事要塞，九原郡的战略位置就显得尤为重要了。正是基于九原郡军事战略地位的因素，在修建秦直道时，秦始皇才向九原地区迁徙了大量居民。

九原郡的军事价值，除了表现在军事防御与反击上，还体现在军队所需物资的运输调度能力上。在古代战争中，军队所需物资的快速调动，将直接影响前方战事的进度。很多时候，军队所需物资调动并不是边疆一个军事要塞或是一个边郡所能独自承担的，九原郡当然也不例外。但是，有一点可以肯定，军队所需物资基本都是通过秦直道来完成运输的，而要确保秦直道的安全，则离不开九原郡的军事战略保护。它加强了秦直道沿线军需物资的防卫作用，大大提升了秦直道在战时环境中的运输能力。

九原郡的军事屏障作用与其配套的军事工程密切相关，特别是九原郡的烽燧工程，对于军事信息及时传递起着非常重要的作用。按照史书记载，九原郡的烽燧军事信息传递工程沿着秦直道直接通向长安，九原郡的这种军事信息系统，无疑能够将北方少数民族入侵的消息及时传递到秦直道南端的甘泉宫，便于秦汉统治者在第一时间做出反应和部署。《后汉书·南匈奴列传》中记载道，"候列郊甸，火通甘泉"。从史料可知，这一军事信息系统无疑能够从九原郡一路到达甘泉宫。正是因为这一军事系统工程，才能够使秦汉王朝在军事信息传递上保持一种高效的军事反应能力。

此外，还有必要提及，秦汉时期决定战争胜负的一个重要因素就是兵器。在冷兵器时代，兵器的快速运输和及时提供将会直接影响前方战事的走向。根据史料记载，秦朝时"上郡武库"是供应九原郡军事要塞的重要兵器库存地，不仅直接连接着上郡和九原郡，而且还在二者之间的中间线路上提供了一整套生产、供应、储存兵器的生产供应链。最终，九原郡就很轻松地将兵器源源不断地提供给前方将士，确保了秦汉军队兵器供给道路的安全性。[1]

综上所述，九原郡能够将秦汉王朝的都城与边疆军事防御紧密连接起来，不仅对秦直道沿线的主要军事要地起到保护作用，对少数民族入侵关中地区起到威慑作用，而且还确保了军需物资的及时运输与补给。

（三）秦直道的里程问题

1. 关于秦直道里程的文献记载

司马迁的《史记》对秦直道的长度做了最早也是最重要的记载："自九原抵甘泉，堑山堙谷，千八百里。道未就。"按照司马迁的统计，秦直道从九原到甘泉，总共1800里的路程，由于其间遍布山谷隘口，蒙恬最终没能完成秦直道的建设。除了以上文献资料记载过秦直道的距离外，还有以下文献也描述过秦直道的距离：唐代《括地志》一书，尽管现在原本已失，但是通过学者张守节对秦直道的注解可以看出一些历史痕迹，基本沿袭了《史记》的记述："秦故道在庆州华池县西四十五里子午山上。自九原至云阳，

---

[1] 王开：《"秦直道"新探》，载《成都大学学报》1989年第1期。

千八百里。"司马光《资治通鉴》载：秦始皇"三十五年使蒙恬除直道，道九原（郡），抵云阳（县），堑山堙谷千八百里；数年不就"。顾炎武在《日知录·西域志》中写道："始皇崩于沙丘，乃又从井陉抵九原，然后从直道以至咸阳，回绕三四千里而归者，盖始皇先使蒙恬通道，自九原抵甘泉，堑山堙谷，千八百里。"《河套图志》记述："今以秦入塞直道考之，自九原起，南至甘泉，堑山堙谷，千八百里。则今之泾阳至延榆，北达乌剌忒旗之五原县，皆秦建筑古道。"可见，自司马迁在《史记》中提到秦直道的距离为"千八百里"后，很多历史学者基本都引用了这一数据，没有争议。

2. 各段的里程

庆阳市是甘肃省独拥秦直道这一历史文化遗产的地区。1995年，在国家文物局的支持领导下，甘肃省文物局组织专业人员对秦直道全线进行了勘查，并编辑出版了《秦直道考察》（兰州大学出版社1996年版）。因囿于当时技术水平、仪器设备及研究方法，对庆阳境内的秦直道研究尚存有欠缺，但为继续探索秦直道提供了大量的前期资料。2015年12月，由庆阳市政协文史委组织调查和编撰的《甘肃秦直道调查》（中国文史出版社2015年版）一书，最终统计结果是秦直道在庆阳境内正宁、宁县、合水、华池四县（以西线里程统计）的总长为311.16公里。

2015年，陕西省考古研究院对富县和甘泉两地之间的秦直道路程进行了考古与界定，最终发现二者之间的秦直道路程大约为300里，最宽处达到了60余米。考古人员还在位于陕西富县、甘泉县约150公里的直道上，设置了143个定位点，并利用定位点的GPS坐标，结合地表徒步踏查与地面勘探，首次绘制出了详细的直道线路走向图。2013年8月，由考古学、历史学、历史地理

学、交通史学专业的专家学者组成的秦直道考察团对秦直道进行了考察，并在陕西师范大学召开组稿会（见图2-4）。在讨论会

图2-4　秦直道考察暨系列图书组稿会

上，陕西省考古研究院秦直道考古队队长张在明教授介绍，秦直道起于陕西咸阳市，止于内蒙古包头市，在陕西境内共498公里（陕北段按东线走向计算），占总长的3/4。其中，陕西富县段保存最完整，平均宽度30~40米，最宽处58米。张在明教授对秦直道的起点表述大体上还是正确的，虽然其中旬邑县部分路段、黄陵县大部分路段在子午岭主脊与甘肃正宁县、宁县段重复，但从陕西一侧来看其具体路程长度却是可信的。其中，志丹段南从甘泉县境进入永宁镇柏树畔，由杏河镇曹老庄入安塞曹嘴子，历永宁、双河、侯市、杏河4乡镇36村，全长105公里，约占总长度的15%，曾被旧志和当地人称为"圣人条"和"云中直道"。如今，已被苍莽的群山沟壑风化残蚀，成为高原山形地势起伏绵延的构成部分。

值得一提的是，秦直道从淳化县出发到达内蒙古包头市，其延伸线路有一半是在秦朝当政者并不十分熟知的鄂尔多斯草原修筑的。2005年，为配合"中国·秦直道与草原文化国际学术研讨会"

的召开，中国国家博物馆、内蒙古自治区文物考古研究所、鄂尔多斯博物馆、东胜区文物保护管理所组成联合调查队对鄂尔多斯市境内，包括伊金霍洛旗、东胜区、达拉特旗的秦直道遗址进行了全面的调查。调查队在红庆河古城西约1500米的地方，发现了秦直道遗迹。这次调查用考古钻探的方法证实了红庆河古城西侧秦直道的存在。根据考古专家发掘测量，鄂尔多斯草原的秦直道线路长度达到了320里。尽管这段路程并不像陕甘地区黄土高原那般跌宕起伏，但基本也是丘陵遍布，沟壑纵横，达到了秦直道防御所需的地形条件。

持有秦直道不同线路观点的专家，自然最终得出的秦直道里程也就不尽相同。秦直道自陕西淳化北部的秦林光宫北门始，向北，经旬邑、正宁、宁县，经合水、华池为西线，这条一半修筑于山岭，一半修筑于草原上的道路，如同盘桓在崇山峻岭之中的一条巨龙。根据王子今教授粗略计算，"以最保守的数字大略长度600公里，平均宽度50米、夯土路基厚50厘米计，秦直道的夯土土方量大约1500万立方米"①。

秦直道的路线在兴隆关以南基本没有分歧，在鄂尔多斯红庆河以北也没有太大的分歧。沿着陕西省旬邑县，甘肃正宁、宁县至兴隆关转道黄陵县、富县、甘泉、志丹、安塞为东线，经榆林，向北进入内蒙古境内红庆河，通向包头市九原郡，道路全程直线距离约700公里，已发现遗迹的道路全长约750公里。路面最宽处约60米，一般亦有20米。

总之，由于对秦直道走向与线路的争论还在继续，对秦直道的地面调查与考古工作，及线路所经三省区又各自为政，故对秦直道全线没有采用遥感考古、GPS定位、激光测距等现代高科技手段进行长度测量，以形成科学准确的长度数据，迄今仍以司马迁记载的"千八百里"为长度基数，相互援引使用。

---

① 王子今：《秦直道的历史文化观照》，载《人文杂志》2005年第5期。

第三章 秦直道各段的具体线路

由于《史记》《汉书》等文献记载不详，加之考古工作滞缓，学术界直至20世纪70年代中期才由著名历史地理学家史念海先生经过对文献的稽考和实地探查，发表了令人关注的研究秦直道的成果——《秦始皇直道遗迹的探索》。此后，又有多篇实地考察报告和研究论文相继刊布，进而推动了对秦直道线路走向的学术争论与研究。对秦直道路线的认定，我们主要介绍史念海先生确定的线路，即起自甘泉宫，过陕西，再过甘肃，最后进入内蒙古地区的西线说；但对东线说的选线，也予以介绍，以待研究深化，最终在学术研究和线路勘定上与西线说达成一致。

一、陕西境内的秦直道

（一）陕西淳化县境内的秦直道

陕西省淳化和旬邑两县境内的秦直道，是直道的起点段。淳化县境内长约15公里。

1. 秦直道起点云阳城

淳化县铁王镇凉武帝村、董家村和卜家乡城前头村一带是秦林光宫、汉甘泉宫遗址所在地。（见图3-1）位于"甘泉山主峰英烈山之阳。英烈山高耸挺拔，含绿现黛，遥望犹如铁王庄平原北边一幅宏伟的翡翠屏障，海拔千米。平原虽然北高南低，冲沟并列，但

图3-1　汉甘泉宫遗址

仍是一望无际，田畴纵横，村镇星罗棋布，一派富饶升平景象，又有甘泉青山之依，气候冷暖相宜。无怪乎汉代扬雄在《甘泉赋》中有'翠玉树之青葱兮，璧马犀之磷瑙'的佳句"①。这座依山而建的古城，据史念海先生考证就是史有盛名的秦直道南端起点云阳城。

在凉武帝村，可以看到两个高高的土台矗立在著名的甘泉宫遗址上，这两个土台是承水台和望母台，也叫祭天台、亮马台，其实主要功能还是为了祭天。如今的甘泉宫遗址被一大片麦田包围，已经看不出当年的恢宏，麦田里、土台上、山坡周围到处都是散落的瓦砾。甘泉宫在汉代时的规模相当大，仅次于未央宫。出甘泉宫向西，就在亮马台和承水台西边约500米处的云阳城遗

---

① 引自甘肃省文物局：《秦直道考察》，兰州大学出版社1996年版，第6页。

址旁有一条沟,沟深十几米,里面长满了杂草,专家们认为此处便是秦直道的起点,山沟周围裸露在外的人为夯土层清晰可见。古城内外今居住了百户人家,城垣四周清晰可辨。

2. 英烈山段

秦直道由甘泉宫起,由此北行经英烈山之村西,过"马槽梁",偏东北上黄花山,过山间的"鬼门口"。这时峭壁险峻,为古之关卡要冲。向东北便为蜿蜒坡道,此地为"艾蒿湾"。进入初夏,阵阵浓香扑面。此湾向前乃"乏牛坡"。坡虽不陡,却直且长,步步登高,人畜于此皆气喘吁吁,故谓之"乏牛坡"。上了此坡,便为"蝎子掌",此地山高谷深,有民谣说:"冬走寒风刺骨凉,夏走油锅火鏊上。"正是对它的真实写照。由此往前至"箭杆梁"沿北坡而下,至旬、淳、耀三县交界的七里川,便入旬邑境。直道在此虽然仅约10公里,但凡到过这里的人,都深知其艰难曲折之程度。

据作者2017年11月考察,在甘泉宫遗址的故城北门(见图3-2),铁王镇凉武帝村北,今有一条南北走向的沟道,沟道东西

图 3-2　甘泉宫北门直道遗址

宽约30米，深约35米，从此北行，至北庄子村，直道遗迹今为宽度为20米左右的道路，再北行沟道逐渐消失，宽度相应变窄。这就是迄今发现遗存的秦直道的最南端。

过了北庄子，就出了甘泉宫遗址的范围，继续北行来到甘泉山的分支英烈山。（见图3-3）此山原名阴凉山，以汉武帝在此

图3-3 通向甘泉山的秦直道

山阴面乘凉得名，新中国成立后因此地为工农红军战斗之地而更名为英烈山。经英烈山村之西，到达"马槽梁"，顾名思义就是像马槽一样的斜梁，横亘在前方，绕了一个大弯穿过梁脊。迎面为一个小山丘，直道穿槽而过，两边形成夹壁，人称"鬼门口"，可能嫌名字太凶，现改称"归门口"。乍看不甚险要，却是道路必经之地，故为甘泉山的关卡要冲。鬼门口以北为艾蒿湾，沿着这段山脊而上，可到达好汉疙瘩山，也叫"好花疙瘩山"，山顶海拔高度1808.9米，为这一带的最高点。沿着山腰慢坡而上，再北行1公里许，即达好汉疙瘩山。从好汉疙瘩山峰顶到箭杆梁这一段，直道保存比较好。在箭杆梁顶端东部，长70米、宽约50米

的范围内，砖瓦砾石遗存非常丰富，多为绳纹板瓦、筒瓦、几何纹瓦及残瓦当等秦汉遗物。箭杆梁北与石门关隔沟相望。这段直道长满杂草和灌木，但两边人工挖掘的痕迹仍然可辨，一线相通的连绵路面，极目可望。这里的直道宽度在 7~10 米，因地形而变，直道路基多见砾石。

（二）陕西旬邑县境内的秦直道

秦直道在箭杆梁北沿坡而下，横穿铜川市耀州区、旬邑、淳化三县分界的七里川河，经庙沟上石门峰，至甘肃正宁县刘家店子，在旬邑县境内长约 60 公里。

1. 凤子梁段

蝎子掌山梁尽头处为七里川，与旬邑县石门关南面的庙沟口相对。蝎子掌虽然灌木丛生，但直道"堑山"一面的痕迹今天依然清晰可见。

庙沟口的南面宽 60 余米，沟底平坦宽阔，现半为农田。沿庙沟口的缓坡北行，约 4 公里至石门关。（见图 3-4）石门关为天然

图 3-4 建在秦直道路迹之上的石门关省道

崖口，东、西两座山头陡立，高达一二百米，西陡坡壁下有两个天然的好像关闭着的拱形石门图形，这可能与"石门"的得名有关。直道穿石门崖口北去。石门宽200余米，中间有古庙宇一座，已坍塌，埋入土下，路旁露出一层砖瓦遗存。

由石门关西侧沿子午岭主脉北行，经碾子院、前陡坡、卧牛石、老爷庙、大店至马栏河，这一段山岭统称"凤子梁"（又名枫树梁）。

2. 马栏段

秦直道下凤子梁过马栏河（又称三水河），即上杨家胡同梁。这座山梁海拔较高，现在为旬邑县杨家店林场所在地。由上杨家胡同稍转西北不远，即到刘家店子，现在为甘肃省正宁县刘家店子林场。距刘家店子西侧数里处，有"两女岩"古迹一处。据乾隆《旬邑县志》记载，传说此处为秦始皇的长子扶苏去上郡蒙恬屯军处监军时，途中两个女儿因故死去，葬于此处。坟头高大，坟地周围到处可见到残断的秦汉砖瓦。旬邑县境内路段，山脊和高地部分堑山痕迹非常明显，路面宽阔平坦，宽20~30米。目前大部分被森林和植被覆盖，保存状况基本完好。

特别需要说明的是，秦直道从甘肃省正宁县刘家店子经过雕岭关后，在马栏河支流石底子川源头和泾河支流解川河源头，以及沮河支流大南沟源头分水岭处进入陕、甘两省交界。西为甘肃正宁县、宁县境，东为陕西黄陵县境，南为旬邑县境。子午岭主脉直道由南向北经行于陕、甘两省交界处。在艾蒿店、五里墩、沮源关之间，均可看到明显的直道遗迹。在两边临山或一面临山、一面临沟的路段，路基残宽在30~40米。现在的山区道路，很多路段与直道线重叠。但林区道路很窄，只有4~5米宽。由于秦直道所经过的正宁、宁县两县调查统计资料与数据比较翔实，子午岭主脊兴隆关以南段直道在甘肃部分予以介绍，此处不赘述。

（三）陕西延安市境内的秦直道

秦直道至兴隆关后，分为两条岔路，一条沿子午岭主脉向西北延伸，一条沿古道岭向东北方向延伸。从路基宽度看，西北方向的路线与东北方向的路线同时使用。坚持行经东北方向的学者，以靳之林先生为代表形成"东线说"；坚持行经西北方向的学者，以史念海先生为代表形成"西线说"。两条不同路线的分歧点是从沮源关开始的。沮源关以南路线无争议。延安境内的秦直道全长约385公里（其中含与甘肃宁县、正宁县重复的部分路段）。（见图3-5）

1. 富县段

康熙《鄜州志》卷一《古迹》条目载："圣人条，州西子午岭，详记事。又保安（今陕西志丹县）有圣马道，在县东七里（应为七十里）。云赫连勃勃起自夏台入长安，芟平山谷，开此道。"①

康熙《鄜州志·记事》载："鄜州（今陕西富县）西北余里，有圣人条。"古人称皇帝为"圣人"，少数民族称道路为"条"，"圣人条"即为皇帝修筑、使用的道路，所以，《鄜州志》的编撰人在"记事"中"疑即（蒙）恬所开者"。

自沮源关又沿蚰蜒岭东行，再到三面窑北行入富县防火门，属黄陵县段。路宽30～40米，最宽处达60米。

富县境内葫芦河以北的秦直道被分为车路梁、望火楼、水磨坪、寨子山四段；葫芦河以南的直道被分为五里铺、大麦秸与槐树庄三段，总计七段。南起槐树庄段，北至寨子山段，主体线路曲折北行，直道长约125公里。此段秦直道穿越南村沟、葫芦河、碜沟，皆行经山脊之上，地表植被为低草或密林。此段最宽处60米，最窄处10米，部分路段被完全冲毁。其中车路梁段长4~5公里，地

---

① 康熙《鄜州志》卷一《古迹》。

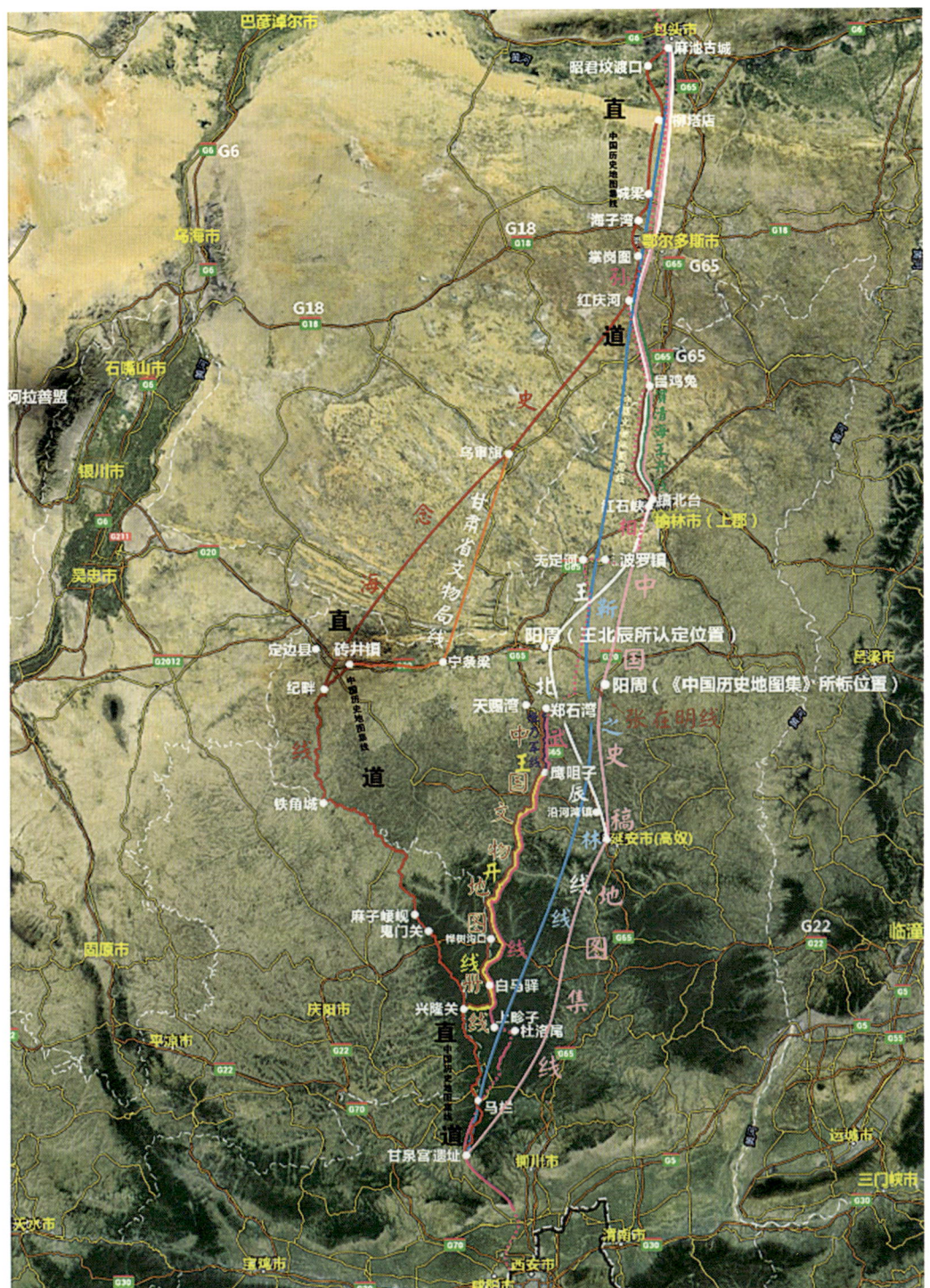

图 3-5 秦直道歧义图全图（徐君峰绘制）

表为低草和灌木，遗迹明显，保存最好。

沮源关东为蚰蜒岭，又称"古道岭"，是沮河和洛河的分水岭。岭上有一条古道，直通黄陵县道南、道北村，亦可达富县。（见图3-6）

图3-6　古道岭段直道路迹

沮源关，又名兴隆关，俗称鬼门关，位于县境西北子午岭巅，海拔1600多米，始建于秦，由秦将蒙恬监修。其原名鬼门关，清朝末年改为兴隆关，因沮河发源于此，又名曰沮源关，是秦直道上的主要关口之一，古人有"竦峙袤延，形势若天堑"之称。子午岭是群山中唯一南北走向的山脉。居其上望岭东西，山势起伏，历历在目。秦直道在子午岭脊，北至沮源关，遗迹现尚清楚可见。古时南至咸阳，北抵长城，兵车战马、商旅僧人，源源不绝于此道。现关隘全废，唯有秦直道残迹尚可通行，如稍加修葺，亦可通汽车。

持东线说的学者认为，秦直道至沮源关后，转由黄陵县古道岭主脉向东延伸，岭上森林茂密，没有村落。至三面窑后，又折向正北，进入富县境内，沿着葫芦河支流川子河的两条小支流麻子沟与小南沟之间的山梁向北延伸，经防火沟门、八面窑等地，在白马驿过川子河，复向西北方延伸。又沿着川子河支流杨家沟和桦树沟之间的山梁延伸，经木炭窑、白家店、梨树庄、椿树庄等地至椿树庄后折向正北，沿葫芦河支流桦树沟和大树坪沟之间的山岭向北延伸，经松树庄、大麦秸、白山崾岘等地，在桦树沟下山，过葫芦河。在白马驿南侧二级台地上发现有绳纹板瓦等秦汉遗迹，此遗迹可能为一处兵站遗址。在直道沿途并发现有七处垭口，垭口最宽处达20米左右，最窄处也有6米左右。直道路基一般在15~30米。垭口古道堑如斧劈刀削，路线走势非常清楚。特别是麻黄沟附近山岭上的一处垭口，为直道所经，十分宽阔，站在数十里外葫芦河北侧新安庄附近的山梁上，可清楚地看到这个垭口，并且与车路梁上的几个垭口南北相对，蔚为奇观。

直道在桦树沟西侧山岭作"之"字形弯道下山后，穿过葫芦河，穿过今天309国道，在309国道约175公里处的坡根底村，之后上山前行。

直道在坡根底村上山后，路基宽度达30~60米，路面平直。上山处路面中间长有需一人合抱的古树。上山后，路面因曾被农民垦作农田，因而此段直道多年不通行，故而长满野草。直道至望火楼蔓延山下。此段修建于山岭的直道，当地群众俗称为"车路梁"（见图3-7）（见图3-8），是延安境内秦直道保存最完好的一段。在坡根底村上山后约1000米处的直道西侧的一处小山梁

图3-7 车路梁直道路迹1

图3-8 车路梁直道路迹2

上，保留有一座烽火台，残高约3米，东距直道约800米，与直道之间隔一小水沟，经水磨坪村，之后上山，沿埝沟与大东沟之间的山梁北行，经松树崾岘、山西油家窑子、圣人条、迎河沟、寨子山、架子梁，到达墩梁。此段直道路基宽约35米，路侧长满古树。

站在车路梁上向南望去，沿大麦秸沟、桦树沟山梁上北来的直道路堑十分清楚，桦树沟梁下山的直道遗迹，直对葫芦河北侧五里铺上山处的直道遗迹。通过考察看到凡是河沟中断子午岭支脉的地方，都是下了南梁即上北岭，没有发现修筑在河谷中的较长的直道路段。这是秦直道真正属于"沿脊线"的最显著证明。

由望火楼至水磨坪、八卦寺一段直道，在过去，数十里内没有人烟，路基得以保存。但由于自望火楼北去是一面慢坡，有不少路段被雨水冲毁，直道遗迹残缺不全。水磨坪附近有一座寺院，名王昌寺。王昌寺所在地称尚原（院）。据说寺里有一块北宋年间制成的石碑，据碑文记载，唐武德四年（621年），秦王李世民奉命率兵沿直道北上，出征朔方，途径直罗县（治所在今陕西富县西直罗镇）的王昌寺时，曾因病去王昌寺焚香求佛问药。碑文记载："唐武德四年，李世民北征，经过圣道至此。"这说明唐朝初年仍利用直道出兵朔方，故此道又称"圣道"。

在富县八卦寺附近，有个名为"杀人庄"（又称"斩兵庄"）的地方，至今地面上还露出很多没有经过细加工的小石碑，碑上的文字被风雨剥蚀得已模糊不清，但埋入土下的部分，还可看到"刑""之""墓"等字。据当地人介绍，此地是当年修直道时，对一些企图逃跑的筑路民工处斩的地方。直道修成时对行军途中上了年纪的士兵，也在沿途定时、定点问刑处斩。待埋葬后，随便在山上镶一水条石，刻上本人的名字和所犯的罪行，立于墓前。

据说直道沿途有很多"斩兵庄"。

经勘探，富县秦直道第一层为草皮层或耕土层，厚10～20厘米；第二层为堆积层，厚10～30厘米；第三层为路土层，厚3～30厘米；第四层为活土层，厚10～30厘米；第五层为夯土层，厚20～400厘米，有的地方深达4米，不见底；第六层为生土层。直道构筑方式是见山削去山一侧，逢沟用大量的夯土填平，夯层厚8～10厘米。路面结构特点是靠山的一侧回填层和夯土较薄，沟边一侧活土和夯土深厚。在道路两侧还发现建筑遗址2处，墓葬群2处。

五里铺2号遗址：位于秦直道五里铺段22勘探点至23勘探点之间，东南直线距大麦秸村约2.7公里，面积较大，中部为高台，平面形状不规则，南北长约280米，北宽约260米，南宽约180米。周围有道路环绕，直道从其两侧穿过。地表采集有带麻点纹的板瓦、筒瓦残片。

寨子山遗址：位于张家湾镇寨子山，中部为高台，表面平整，平面形状不规则，南北长约240米，东西宽约110米。周围有道路环绕，直道从其西侧穿过。面北端发现墩台1处，夯筑而成，底部东西长9.5米，南北宽12米，顶部径约1.5米，高4米。采集粗绳纹板瓦、条砖等。

大麦秸1号墓葬区：位于槐农林场场部西约670米的台地上，西北距直道大麦秸第十探点约1100米。在南北长约100米、东西宽50米的草地上发现数座墓葬，其中3座墓葬的器物还完整保存于墓室。M1中采集陶罐2件、双耳罐1件；M2采集陶釜1件、陶罐2件。同时在墓地采集麻点纹板瓦残片。

大麦秸3号墓葬区：位于槐农林场西老庄子与白菜沟口之间的山峁下部，南北长约200米，东西宽约50米，草地上发现有较多墓葬。M1内采集陶盆1件、陶器残片1袋；M2内采集铁剑1把、陶罐 1 件、陶盆 1 件、陶釜 1 件。①

2. 甘泉段

墩梁地处富县、甘泉、志丹三县交界处，海拔 1625 米，是洛河与葫芦河分水岭的主峰。秦直道穿过墩梁后，即进入甘泉县境内，经寻行铺、赵家畔、杏树嘴、箭湾、高山窑子、安家沟过洛河。经方家河村西，复上山，经老窑湾、王李家湾、榆树沟等地，进入志丹县境内，接柏树畔段秦直道。甘泉境内秦直道从箭湾到高山窑子段，路基最宽处达 58 米，一般在 30~50 米。高山窑子并有垭口一座。

甘泉秦直道以安家沟为界被分为两段，全长 34.8 公里。道路呈西南—东北走向，除在方家河附近下山、上山外，基本行走于山脊之上，堑山堙谷、凿石开路迹象明显。此段直道修建方式为铲削山体的一侧以开辟道路，同时在路面上回填活土以平整路面。山体一侧若有沟谷则用夯土填平以增加路面宽度。道路保存基本完整，有一小部分被水冲断，另有两处路面被冲去 2/3。地表植被为树木、低草或庄稼。经考古勘探，地层堆积与富县直道相同。

安家沟在洛河南，方家河村在洛河北，两村隔洛河相望。洛河河床较宽，是直道自甘泉宫北行途中最大的一条河流。以现在的水流量来说，马车是不能由水中越过的，两千二百多年前更当如是。因此，直道经过洛河时，建有桥梁"圣马桥"。该桥虽已圮毁，但洛河北岸的方家河却有引桥存在。（见图 3-9）引桥高出地面 20 余米，能清晰地看出夯土层，每层厚 10~12 厘米，看来当时是用小圆木做夹板，每层土厚相当于小圆木的直径。引桥上面宽 30 米左右和山梁上直道路基的宽度相近。洛河南侧是一宽阔

---

① 秦直道考古队肖健一、赵艺蓬、袁小龙、韩和平：《陕西富县、甘泉县秦直道考古调查成果》，载《中国文物报》2015 年 9 月 29 日。

图 3-9　甘泉县圣马桥引桥遗址

平地，被夏季洪水冲刷，已没有引桥痕迹。但站在洛河北侧的引桥上，能看到洛河南侧山梁上直道的走势是直对引桥而来，一看就可确定当年洛河上"圣马桥"的位置。这是在直道线上残留的唯一的桥梁遗迹。（见图 3-10）

图 3-10　秦直道圣马桥遗址 1

桥以"圣马"为名，缘于秦始皇的兵车、战马经过此处。据说，方家河村民在引桥北春耕时，挖出一件古代铁夯，厚底、圆形，高约23厘米，上有带孔提手，当为古人夯筑引桥时所使用。

由方家河引桥处上山，直道遗迹保存得也比较完好。虽然这里已被辟为农田，但通过"堑山"一面的峭壁，可清楚地看出直道的走势、路基宽度、坡度与转弯处的弯度。（见图3-11）路基残宽为30~45米；坡度为7%，转弯处半径不少于40米。路线为南北方向，直接指向志丹县的安条林场。

图3-11　秦直道圣马桥遗址2

在直道两侧还发现墩台1处，建筑遗址3处，墓葬区3处。

墩台遗址：位于墩梁东北600米、直道北侧100米的山峁上，形状不规则，底部东西长约15米，南北宽约17.5米，顶部方形，边长2米，残高5.5米。夯筑，夯层厚度8～10厘米。采集标本戳印纹陶片、板瓦残片、条砖等。

墩梁段2号建筑遗址：东南距高山窑子约350米，位于墩梁段第14勘探点东北，直道南侧约200米为一高台建筑遗址，平面为不规则长方形，长约206米，宽约80米，地表上散见较多粗绳纹板瓦、筒瓦及陶器残片。

墩梁段第3号遗址：位于桥镇乡安家沟洛河西岸的台地上，遗址平面呈长方形，南北长约280米，东西宽约50米，分布在3个台地上。断面上发现陶片堆积，地表也发现大量内饰麻点纹板瓦、筒瓦残片。

安家沟段3号遗址：位于桥镇乡方家河村西，位于直道南侧，平面呈不规则长方形，长约100米，宽约80米。从断面上可清楚观察到厚30~70厘米的文化层，内含大量陶板瓦、筒瓦、器物口沿及少量的瓦当残片。墩梁段第3号遗址与安家沟段3号遗址可能与直道过河设施基址有关。

墩梁段1号墓葬区：东距新窑子约740米，位于直道东侧100米的山峁上，遗址区被生产路隔开，两侧的山峁上均发现墓葬，分布散乱。M1采集陶罐1件，M2采集陶仓2件、陶灶1件、陶盆1件。

安家沟2号墓葬区：位于桥镇乡方家河村龙咀沟秦直道的东西两岸山峁之上。东山峁可分为3个地点，总计发现墓葬74座；在西山峁南北长475米、东西宽100~200米的范围内发现墓葬30余座。采集器物有陶罐、陶仓、陶盆、陶甑、陶灶、陶勺等多件。根据墓葬形制及采集器物观察，该墓葬群的年代当在西汉。墓葬区直线距秦直道不过数百米，范围大，墓葬数量多，时代特征明确，为这次秦直道调查的重要发现。

石猴子遗址及墓葬区：位于志丹县永宁镇马老庄对面的山上，其东北为永宁镇石猴子村，遗址东距直道直线距离750米。在山上发现城址，未采集到板瓦、筒瓦残片，但城址内外发现数十座秦汉时期墓葬。[①]

---

① 秦直道考古队肖健一、赵艺蓬、袁小龙、韩和平：《陕西富县、甘泉县秦直道考古调查成果》，载《中国文物报》2015年9月29日第3版。

3. 志丹段

《保安县志》和《鄜州志》，均记载了保安县东境的"圣人条"。据乾隆《庆阳府志》卷一一古迹载："圣人条，自子午岭起南通潼关，北至草地。相传秦始皇筑长城，开运粮道处。"① 又真宁"古迹"载："秦故道……《县志》：'在雕岭上，俗名圣人道'。秦以天子为圣，故名。"② 由于"圣人条"纵贯志丹县东境，沿途以"条"命名的村庄比比皆是：安条、杨条、李条、何条、周条、刘条、新胜条、胶泥条等。它们都是位于直道沿线的居民点。

秦直道在志丹县境内经永宁、双河、候市、杏河四乡镇三十六村，分为安条、白杨树湾、新胜条三段，全长105公里。

直道自志丹县永宁镇柏树畔村以南进入志丹县境内，经过松树坪村、任窑子、安条、马湾子、牛棚圪崂、土门等村落，进入志丹县双河镇境内。由云山寺至安条，为灌木林区。现在志丹县安条林场的林区道路，基本上是在"圣人条"的旧路基上修筑的。安条林场南侧马头山、柏树畔附近的直道遗迹保存完好，路基宽38米。（见图3-12）

据《读史方舆纪要》卷五七记载，志丹县东境"圣人条"所经行的山梁称"艾蒿岭"，在县东六十余里，即子午岭之异名。因此，秦直道南起淳化县甘泉宫故址，北至志丹县与延安市安塞区交界处，均属于子午岭山系范围。这段直道路面较为平缓，坡度起伏不大。最宽处在土门村南1公里处，宽达50米。牛棚圪崂村西的秦直道垭口，宽达40米。由于水土流失严重，部分直道路面残宽仅5米左右，且部分路面由于早已废弃，已长满古树，但路迹仍

---

① 〔清〕赵本植修纂，庆阳市地方志办公室整理，张玺、王立明、齐社祥、马啸点校：《乾隆新修庆阳府志》，中华书局2013年版，第135页。
② 〔清〕赵本植修纂，庆阳市地方志办公室整理，张玺、王立明、齐社祥、马啸点校：《乾隆新修庆阳府志》，中华书局2013年版，第140页。

图 3-12　安条林场直道路迹

清晰可辨。在任窑子村西，发现了一处大型的秦直道行宫遗址。现在新修的新崾岘至柏树畔一段乡间公路，基本上和直道保持平行方向。

任窑子秦直道行宫遗址，位于志丹县永宁镇任窑子村西约 200 米处，现存一处高出地面 15 米的夯土台基，南北长约 350 米，东西宽约 80 米，俗称"营盘山"。秦直道即位于遗址西侧。土台为夯土构成，夯层厚 7 厘米、8 厘米、9 厘米、10 厘米、11 厘米、12 厘米、15 厘米不等，其西侧断面呈垂直状，其余三面皆呈三级台阶状。现遗址已被辟为耕地。四周断面及地表均可发现大量的建筑遗物，其中有砖、瓦、陶管道、陶井圈等。

直道进入志丹县双河镇境内后，经南梁村，穿过延（安）志（丹）公路，经杨洼塌村、陈庄科、杨湾、东沟、白杨树湾、花园寺村进入侯市乡。此段直道依山而筑，劈山为路，杨洼塌村北至白杨树湾段（见图 3-13），直道路面保存较为完整。北段路面最宽处达 30 米，最窄处 27 米，长约 4 公里。直道双河境内段，从南梁

图 3-13　白杨树湾垭口

至白杨树湾，仍为南北走向。自白杨树湾后，折向东北，经花园寺村，进入杏河镇。

直道由花园寺村进入杏河镇境内，经侯窑子、中庄湾、新胜条、何条、周条、小河湾等地，在小河湾村北下山后，过长尾沟水，在王南沟村，北复上山，经南崾岘、员山、寺湾，在张沟门下山，过杏子河。沿杨崖根沟西二级台地延伸，至太平崾岘村上山，经曹老庄村北进入延安市安塞区境内。

秦直道在杏河镇境内最宽处达 60 米，其余为 50 米、32 米、20 米不等。大部分路迹保存较好，部分路面被冲毁。秦直道志丹县境内沿线还发现了南崾岘遗址（52000 平方米）、垭口遗址（5000 平方米）、新胜条遗址（1000 平方米）、杨崖根遗址（150000 平方米），以及白杨树湾、百草湾、柠条湾、杨崖根等 4 处烽火台遗址。

志丹县有秦汉遗址 15 处，分布在双河镇高新庄，张渠乡崖畔沟，杏河镇老虎头峁、侯家河湾、墩梁圪、杨家湾、前阳砭、石嘴山、元坨山、老坟湾、新庄科、前阳台、免平台、后台、新集山等处。在县北与吴起县交界处，有秦昭公二十五年（前282年）修筑的战国秦长城遗址，由西南向东北延伸经金丁镇和纸坊乡的8个自然村，全长15公里。现存烽火台6座，多依山构筑。

4. 安塞段

秦直道在延安市安塞区境内，可分为4段，长约65公里。

秦直道由志丹县曹老庄村北关道山进入延安市安塞区境内，随后下山，沿着鹰嘴子沟南侧二级台地，经圆峁、背台、草圈台过杏子河支流岔路川。又经后陵湾，在枣村阳湾复上山，经堡子山、阳山湾、桃嘴崾岘、卧虎湾、圣人条等地，进入化子坪镇红花园村。这一段直道由于水土流失严重，路面多被冲成沟壑，但路迹依稀可辨。保存较好的是堡子山南侧一段，路面残宽10~25米。

出延安市安塞区圣人条后，经红花园、白家畔、扣崾岘、杀人崾岘、七垧地崾岘、同沟等地，过延河支流新庄沟水。在新庄沟北岸的河西沟以西，直道路线分为东、西两条。东边一条经哈巴崾岘到达冯岔村，路线较直，但坡度较大。西边一条经阳山梁村，路线呈弧形，但坡度较平缓。两条路线在冯岔村交汇。到冯岔村后，直道即沿着延河西岸二级台地向北延伸，经徐家坪进入镰刀湾境内。河西沟以南一段直道路面保存较好。杀人崾岘一段修凿的垭口宽达55米，一般路面宽为18~30米。（见图3-14）

在红花园村，发现了一处大型秦直道行宫遗址。该遗址位于延安市安塞区化子坪镇红花园村东，秦直道路基东侧，面积约10万平方米。现存夯土台基高达10米，夯层厚10~30厘米。地表存有大量的绳纹筒瓦、板瓦、葵纹瓦当、回纹铺地砖、几何纹条砖、空心砖、陶水管、大型柱础石等建筑材料。瓦片及瓦当上有"官""工""水""左""右"等陶文。

图 3-14　延安市安塞区杀人崾岘直道遗迹

秦直道由徐家坪北上进入镰刀湾镇境内后，仍沿着延河西岸二级台地延伸，在罗居村南过延河，沿着张家沟西侧台地北上，经石窑滩、康家河等地，在前火石洞上山，沿着山梁北上，经麻地渠，到达鸦巷山。此段直道长约 20 公里，在鸦巷山凿有一深 70 多米、宽 16~20 米、长 70 米的巨大垭口。（见图 3-15）镰刀湾镇一段秦直道路面因水土流失破坏严重，但其走向基本清晰可辨。

图 3-15　安塞鸦巷山大垭口

据民国年间编撰的《安塞县志·地理志》记载："望路台，在城北一百五十里，即秦始皇北望阴山处也。"有人认为望路台可能就是鸦巷山。这座山高于四周群山，有可能是一座人造山，是由成千上万的民工为秦始皇北望阴山而专门建造的。安塞至伊金霍洛旗有250公里，秦始皇为何要在这里建造这样一座望路台，其可靠性有待进一步证实与探究。

秦直道穿过鸦巷山后，在黄草塌村西北拐了一个"之"字形弯，复入镰刀湾镇境内，经宋家洼，在宋家洼村东北和丁嘴梁西北继续向北延伸，进入靖边县小河镇郑石湾村境内。此段直道路面最宽处36米，最窄处18米。

秦直道安塞境内沿线还发现了曹嘴遗址（6500平方米）、毛塌台遗址（80000平方米）、罗居遗址（30000平方米）、瓦碴梁遗址（3000平方米）、鸦巷山遗址（15000平方米），以及堡山、东里畔、贺庄、阳山梁、高山岇、新庄、宋家坬处烽燧遗址。

秦直道在延安境内全长约385公里。其中的黄陵段，已于1992年4月20日，被陕西省人民政府公布为第三批省级文物保护单位。2003年9月24日，陕西省人民政府公布秦直道遗址富县、甘泉、志丹、安塞段为第四批省级重点文物保护单位。此段秦直道的保护范围，于其路面两边分别向外延伸50米。

（四）榆林境内的秦直道

秦直道出志丹县境子午岭支脉进入横山山脉后，它的走向和经地，史志文献未做记载。由于榆林市所辖定边、靖边地区多为梁岇、沙漠区，经历数千年农业开垦与风沙侵蚀，直道惨遭破坏，路迹多已不清，无法辨认。对榆林市内秦直道的走向，由于榆林的地貌大致以明长城为界，北部为风沙草滩区，属毛乌素沙漠的南缘，沙丘、沙地延绵不断，相对高差在10~50米，经过两千多年自然和人力施加作用，要找到秦直道遗迹，确实不易；南部为黄土丘陵沟壑区，梁峁起伏，地面支离破碎，水土流失非常严重，再加上历代的开垦，秦直道踪影难寻。秦直道是从哪里进入榆林境内？走向如何？当前史学界主要有三种不同的说法：分别为定边说，阳周、上郡说和靖边说。这里重点介绍定边说和靖边说。

1. 定边说

主张西线说的学者，认定秦直道的路线是由今陕西定边县折东北转入横山山脉北侧，达内蒙古包头市西，即秦直道离开华池、吴起、定边三县交界的墩梁后，向北进入定边县南界的张崾先镇所在地左崾岘。这里东西两侧山脉之间自然形成一个很大的壑口，高约200米，宽近百米，长约千米。壑口两侧山顶部各有一座烽火台。子午岭在过了张崾先镇不远处，又改称钻天岭，除此之外，都以梁相称，不再使用岭名，但子午岭主脊仍在。秦直道仍然沿主脊蜿蜒向北部平地伸展而去，经张崾先镇、樊学镇等地后转向东北，经安边镇进入靖边县境。在靖边县宁条梁镇向东北沿无定河（黄河中游支流，在陕西省北部，古名奢延水）西侧，经过乌审旗南境至红庆河。此为西线说的主要走向。

2. 靖边说

根据志丹县境内圣人条的走向，及《史记》《汉书》有关记载，认为秦直道出志丹县东北境后，是沿安塞、靖边、横山，过榆林西境，进入鄂尔多斯草原，复经内蒙古鄂尔多斯市东胜区西侧，昭君坟东侧至包头市西。持秦直道自安塞进入靖边说的代表人物是靳之林先生，但他只是确定了大致走向与方位，具体如何行进，没有标明。2005年7月，榆林市文物保护研究所王富春副所长实地踏勘了秦直道的走向，在《榆林境内秦直道调查》中认为，秦直道在榆林境内所经过的路线大致是：由延安市的安塞县镰刀湾乡宋家圪村进入靖边县的小河乡郑石湾村，向北经柳湾村、石峁则村，进入龙洲乡的老庄村西，经坪庄村进入沙漠地区，再经高家沟乡的常塔村东，再经杨桥畔镇西的贾家沟村西，再经草沟村西进入横山县境内，经塔湾镇的清河村东，经庞庄到赵石畔镇的水掌村，穿越秦长城，到英塌村，穿过横山镇的张家沟村、曹家畔村，再经雷龙湾乡酒房沟村东、沙峁村西，再经榆阳区红石桥乡的肖家峁村西北的柳卜台村，经闹牛海子村西，再经巴拉素镇的白家海则村西，经大旭吕村东，北上再经小纪汗镇大海子村东，最后进入马合乡，经杨家滩村西，从达拉什村东邱二小宅西侧入内蒙古境，穿过乌审旗黄陶鲁盖乡黄陶鲁盖村，斜东北向达红庆河。榆林境内的秦直道经过了3县12乡（镇）23村，全程长约151公里。①

张泊在《秦直道在榆林境内的遗迹与走向》一文中提出了一条路线：秦直道由靖边县小河乡进入龙洲乡，再北上进入位于杨桥畔乡乡政府附近的龙眼水库边，称龙眼古城。从龙眼古城即阳周（见图3-16）出发，进入横山县境，走完秦长城以东、芦河以

图3-16　阳周故城遗址

① 王富春：《榆林境内秦直道调查》，载《文博》2005年第3期。

西的狭长地带，越过战国秦长城，便抵达了无定河畔。在无定河北岸红石桥乡肖家峁村西有一条山梁叫硬地梁（见图3-17）。其走向恰好与子午岭段和内蒙古段的秦直道的连接线相吻合。本着"正南北相直道"的秦直道最主要特征，用直尺在地图上将内蒙古段直道向南延伸，又从子午岭向北延伸，南北两条直线恰好在榆阳区的马合乡交汇。在这个交汇点上有一个叫"瓦碴梁"的地方，曾是一处秦汉古城的遗址，叫杨家滩古城遗址。初步确认，这里是陕蒙直道的相接点。

图 3-17　硬地梁直道遗踪

榆林市榆阳区马合镇（原为乡现改为镇）的瓦碴梁，也叫瓦片梁。瓦片梁的命名，只有五十多年。原先这里是一座寸草不生、一物难寻的沙丘。约五十多年前，地表的流沙被风逐渐刮走，暴露出层层叠压的大量瓦片、陶片和各种文物，这才被人们称为瓦片梁。紧挨瓦片梁的是杨家湾村，不少村民收藏有各种文物。据说也有人去当地采集和收购各种文物，估计流失的文物比收藏的还多。鲍桐在《鄂尔多斯秦直道遗迹的考察与研究》中认为：瓦片梁无疑是一座汉代古城遗址。而且又恰好处于上述鄂尔多斯高原秦直道遗迹分布的城梁、二顷半、掌岗图、公尼召外加红庆河的一条直线上。那么，秦直道从马合镇或其附近北上，穿过鄂尔多斯高原，尔后北渡黄河，直抵秦九原郡治所在地九原，今包头市郊麻池古城，不就是"正南北相直道也"么？鲍桐对于自己提出的观点似乎并不确认，在结尾写道："当然，这是鄂尔多斯高原境外的问题，不在本文范围之内，是对是错，只能留待陕西榆林地区的同行们去查证。"

明清以来，由于人们不顾自然规律，代代乱垦乱伐，造成县域内水土流失严重，梁面植被稀少，沟谷切割严重，风蚀作用强烈，以致黄土裸露、沙地连片的景象比比皆是。直道被纵横的沟谷和茫茫的风沙连年侵蚀而几乎消失殆尽，像子午岭那样明显的道路遗迹没有能保留下来，使得考察工作更加困难。从现状来看，因为没有组织大规模的专业考察，现得出的结论仅基于个人对秦直道和对某些局部地域的认识，不仅众说纷纭，也没有被多数学者接受。看来，要想达到认识上的统一，必须通过考古工作者今后的继续努力才能实现。

二、甘肃境内的秦直道

正宁、宁县、合水、华池四县，属甘肃省庆阳市所辖。秦直道在这四县境内，沿子午岭主峰由东南向西北延伸。最南端的前马原村两女寨与旬邑县石门关段秦直道相连接，最北段与定边县长官庙乡白涧秦直道相连（沮源关以南部分路段与陕西黄陵、旬邑有重叠），全长 311.16 公里，其中现存道路长 283.825 公里，占总长的 91.2%；消失道路长 27.335 公里，占总长 8.8%。[①]

（一）正宁县境秦直道

秦直道由旬邑县北界进入甘肃正宁县境前马原村两女寨，这里是子午岭主峰，林茂草盛。直道沿山脊蜿蜒前进。由于修建旬（邑）铜（川）公路，两女寨到刘家店之间的秦直道遗迹断断续续被破坏。刘家店林场以南约 1500 米直道，保存基本完好，路面宽 6~7 米。这一地段虽被林草覆盖，但直道痕迹至今仍很明显。"正宁县境内秦直道总长 49.61 公里，整体呈'一'字走向，介于东经 108°34′23.8″~108°32′10.9″，北纬

---

① 引自杜荞惠主编：《甘肃秦直道调查》，中国文史出版社 2015 年版，第 19 页附表。

35°19′57.0″~35°36′37.6″之间。秦直道沿陕甘两省交界处的子午岭主山脊由南蜿蜒北行，自陕西旬邑杨家胡同入正宁界后，经国营刘家店林场、中湾林场、西坡林场、秦家梁林场东部（刘家店、黑马湾、杠树峁、椿树庄、南梁峁、四十亩台、雕翎关、石窑、亮马台、桦树湾、车皮坡、高庄、土地岔、油坊庄、南五里墩、艾蒿店），进入宁县北五里墩，直道全在子午岭林区，路面海拔在1522~1746米之间。"①

1. 刘家店段

此段秦直道起自正宁县三嘉乡刘家川行政村刘家店自然村（刘家店林场住址西侧），由西南—东北走向行12.6公里，至五顷塬回族乡龙咀子行政村。刘家店位于三嘉乡东端子午岭主峰之南，海拔1664米，群峰起伏，山形如簸箕状，东与旬邑县马栏镇相连，西通正宁县城，南到石门关，北达雕岭关。直道路迹中心区在半山腰的两层台地内，坐北向南，避风向阳，地势险要且开阔，约有百亩。现存古代窑洞近百孔。这里可能是当年军营辎重仓库，或为过往军旅驿站。此处地面遗址散布大量粗、细绳纹板、筒瓦残片，应为当时地面建筑的遗骸，现为正宁县林场分场住址。

据了解，林场兴建时，挖出过许多陶器和铁器，或为饮食器，或为建筑材料，抑或生产工具及武器之类。主峰顶端原有烽燧，烽燧四周粗、细绳纹板、筒瓦残片甚多。秦直道从烽燧西侧山腰间向北而去。（见图3-18）

直道从刘家店北行至黑马湾，这里林密草茂，直道保存较好，部分路段被今人修为便道，但基本保持原貌。黑马湾山顶有烽燧，今已成为冢状。直道从烽燧西侧北行，道宽约5米。沿坡行至杠树峁，从峁的东侧沿山梁北行。杠树峁顶有一烽燧。直道沿山脊再北行

---
① 引自杜养惠主编：《甘肃秦直道调查》，中国文史出版社2015年版，第21页。

图 3-18 刘家店直道路迹

至椿树庄。椿树庄直道左侧,有一深沟槽与直道并行。其间林草更茂密,人行很困难。沟槽底宽 2.2 米,上宽 4.5 米,深 2 米。因地形所致,沟槽时断时续。对此沟槽的形成有两种看法:一是认为,这是最早期的直道,因年久自然破坏而弃用,改行现存直道;另一种看法认为,这是修直道时取土垫道形成的深沟,当时还起着排洪护道的作用。两种看法,以谁为准,还待考证。椿树庄山顶也有一烽燧,与南边的两处烽燧遥遥相望。烽周有大量的粗绳纹瓦残片。直道从烽燧西侧北行,经南梁峁到调令关。这段直道宽约 5 米,保存相当完好,有些路段车辙痕迹尚十分清楚,与直道并行的深沟一直向北延伸,这里树林稠密,人行很困难。[①]

刘家店段有烽火台 3 座。分布间距大多在 6000 米之间。整体保存差,大多呈土丘状,平面形状有长条形、椭圆形、圆形、不规则形,剖面大多为弧拱形,少数呈梯形,受风雨侵蚀、自然坍塌、耕地蚕食、修路铲削等破坏严重。

刘家店烽火台,位于三嘉乡刘家川行政村刘家店自然村(刘

---

① 引自甘肃省文物局:《秦直道考察》,兰州大学出版社 1996 年版,第 10—11 页。

家店林场场部北约300米的山顶上），东邻刘家店林场旧场部，直道从烽火台西侧通过，南邻刘家店林场，北邻黑马湾烽火台，距直道内（西）侧约300米处，北距黑马湾烽火台5000米，古烽燧原为夯筑圆台，今改建为刘家店林场瞭望台。

黑马湾烽火台，位于刘家店林场黑马湾护林站北山顶上，直道从烽火台东侧通过。烽火台西邻沟，南邻刘家店烽火台，北邻杠树峁烽火台，距直道内（东）侧约400米处，北距刘家店烽火台6000米，周围为林地。烽火台平面呈圆形，剖面呈梯形，底边直径45米，残高7米。该烽火台整体保存较完整，为黄土夯筑，夯土层清晰，烽火台周围及其顶部散见零星粗细纹残瓦。

杠树峁烽火台，位于刘家店林场黑马湾北6000米的杠树峁山顶上，据《秦直道考察》载："杠树峁顶有一烽燧，南距黑马湾烽燧约2.5公里。"① 烽火台为夯筑圆台，残高8米，底周45米，顶径3.5米，以当地黄土夯筑构成。直道从烽燧西侧通过，此次调查发现，烽火台已被石油勘探井场埋没。

2. 南梁峁段

此段秦直道起自椿树庄，终至中湾林场雕岭关，全长约12公里。直道北行到南梁峁，"在道路东侧相距200米处，有一宽阔平坦的山梁，因名四十亩台。山梁南北长约500米，东西宽约200米，东南山势陡险，西北坡度平缓"②，四周丛林密布，蒿草丛生，文化层厚1~2米。从此段秦直道捡到的标本有残云纹瓦当，中间为方格纹，半径16厘米、回纹残片；子母口残瓦，残长26.5厘米、宽15.5厘米、厚2厘米，钉峁高2厘米、宽2厘米、凹眼长5厘米、宽4厘米。出土的砖有空心砖、素面方砖、几何纹方砖；瓦分板、筒两类，一些

---

① 引自甘肃省文物局：《秦直道考察》，兰州大学出版社1996年版，第10页。
② 引自杜葆惠主编：《甘肃秦直道调查》，中国文史出版社2015年版，第34页。

板瓦外面和筒瓦内面刻有"好""上"等戳记,反映了当时工程质量管理的严密性。地面20厘米以下残砖破瓦很多,文化层堆积比较集中。从采集的标本看,当初这里的地面建筑规模比较大,而且建筑标准亦比较高,当属直道线上一处重要机构之所在。

南梁峁的地理位置很险要,东西面为悬崖,南有直道崾岘,北至调令关约2公里。从地形看,这里是调令关关隘的一个重要组成部分,可能是军需品储存仓库,或为重要官员的驻所。在南梁峁的西南约5公里的孟家河源头山坡上,名称"南梁殿",可能与南梁峁有密切的关系,有待做进一步考证。直道从南梁峁遗址西北一小崾岘直通调令关,这是一段咽喉孔道。[①]

南梁峁段有两座烽火台:椿树庄烽火台位于中湾林场椿树庄山顶上,东邻沟,直道从烽火台西侧通过,南邻杠树峁烽火台,北邻南梁峁烽火台,距直道内(西)侧约150米处,北距南梁峁烽火台约7000米,周围为林地。烽火台平面呈圆形,剖面呈梯形,底边直径50米,残高8米。该烽火台整体保存较完整,为黄土夯筑,夯土层清晰,烽火台周围及其顶部散见粗细绳纹瓦残片。

南梁峁烽火台位于中湾林场椿树庄北7000米的南梁峁北山梁高地上。据《秦直道考察》载:"烽火台残高5米,底周30米,夯筑、夯层8厘米,地表散存大量粗细绳纹瓦片、回纹砖、瓦当、建筑部件残件,直道从烽燧西侧通过。"[②]2012年9月,中湾林场在原址上恢复新建了以防火瞭望、旅游观光为一体的仿秦式烽火台1座,烽火台东邻沟壑,直道从烽火台西侧通过,南邻秦一号兵站,北邻雕岭关烽火台,距直道内(西)侧约200米处,北距雕岭关烽火台约5000米,周围为林地。

---

① 引自甘肃省文物局:《秦直道考察》,兰州大学出版社1996年版,第11页。
② 引自甘肃省文物局:《秦直道考察》,兰州大学出版社1996年版,第67页。

图 3-19 雕岭关直道路迹

3. 雕岭关段

　　此段秦直道由正宁县中湾林场雕岭关起,呈西南—东北走向,止于西坡林场亮马台,长 9.68 公里。直道自雕岭关窑洞前转西北穿省道正(宁)铜(川)公路北上,沿子午岭主峰山脊经石窑到亮马台,这段道路几乎被林木覆盖,人迹稀少,路途平缓,道路保存较好,路基清晰,但这段明显比前段窄了许多,路基为 10~20 米,路面宽度为 3~5 米。(见图 3-19)"调令关又名雕岭砦,位于正宁县东南子午岭主峰上,海拔 1756 米。"[1]清折遇兰《正宁县志》记载,此地名为雕岭关。如《正宁县志》卷三《地理志(一)》"疆域"载:"东界雕岭关、子午岭、刘家店、西渠里、桥山。"[2]《正宁县志》卷三《地理志(一)》"山川·雕岭"载:

---

[1] 引自甘肃省文物局:《秦直道考察》,兰州大学出版社 1996 年版,第 11 页。
[2] 〔清〕折遇兰纂修,王立明点注:《正宁县志》,甘肃文化出版社 2005 年版,第 26 页。

"在县东九十里，即子午岭别阜，上有秦筑驰道（应为直道）。"[①]意即地形险峻，唯大雕才能飞越。明代在此设巡检司，驻防兵马。另据民间传说称，秦始皇巡游至此，有一大雕在上盘旋，随行大将蒙恬欲张弓射之，始皇阻之。须臾，一雕翎飘落于始皇手中，始皇以此赐予蒙恬，又称雕翎关。近年来有人又称调令关，因附近有秦直道兵站一处，意谓处此雄关，秦军发号施令，调兵遣将，故官方近来大有以调令关取名之势。陕西方面有称此关为凋灵关的，不知因何为据，并误以其地为旬邑所辖。实际是民间使用，转相传呼，音同而字讹，所以产生了多种写法。依清代县志记载，应以雕岭关为规范用名。

这里有一条东西向的孤崾矗立于雕岭关。从此向西可通罗川，向东可达陕西铜川一带。遗址重点区在一山崾的南侧。现存孤崾窑洞三层数十孔。窑洞前均有比较宽阔的台地。直道从第二层窑洞前台地向西北侧而去。山崾西南侧残存一段城墙，长约 30 米，残高 3~7 米，基宽 6 米，夯土层厚 6~7 厘米。此外可能原有碉堡，修建公路时将一部分破坏。地表散布粗、细绳纹板、筒瓦残片和唐、宋至清代的陶、瓷器残片。较完整的瓦，长 31 厘米，宽 19 厘米，厚 2 厘米，外面光平，内有粗布纹。从遗物看，这处遗址从秦沿用至清。遗址断面暴露文化层厚约 3 米。

这里东西向一条古道与直道呈"十"字交叉状于雕岭关。古道东至旬邑，西去正宁。这条古道可能是直道线的重要军事供应线。可惜修建公路时，将古道大部分破坏，残余断面仍可看出古道的痕迹，道宽 7~8 米，路面上蒿草树木丛生。

雕岭关有烽火台 1 座。该烽火台位于"中湾林场雕翎关，东北邻正铜公路，南邻雕岭关古城墙，西邻明雕岭关巡检司旧址、

---

① 〔清〕折遇兰纂修，王立明点注：《正宁县志》，甘肃文化出版社 2005 年版，第 29 页。

古村落遗址，直道从古村落西侧通过，距直道内（西）侧约400米处，北距桦树湾烽火台约6000米，周围为林地、公路"①。该烽火台今成冢状，平面呈圆形，剖面呈梯形，顶宽4.5米，残高7米，底径12.4米。该烽火台整体保存较完整，为黄土夯筑，有台阶13个、石板2块，烽火台周围生长小灌木，古柏参天，便道西边4米处发现直道老路基痕迹，路面有石块铺垫，烽火台周围及其顶部散见粗、细纹板和筒瓦等残片。

4. 车皮坡段

此段秦直道起自西坡林场亮马台，终至西坡林场油坊庄，长11.25公里。此段道路崎岖，坡度较大，坡度约35°以上，道宽3～5米，路面完全被林木覆盖。（见图3-20）"遗迹位于南北长百米、

图3-20 车皮坡直道路迹

东西宽40米的崾岘内，四周高峻，中间低平，犹如一座天然城堡。其范围70×30米。地面散布粗、细绳纹板、筒瓦残片。筒瓦外面多为细绳纹，内面为麻点纹，直径13厘米。从遗物分布及地貌看

---

① 引自杜养惠主编：《甘肃秦直道调查》，中国文史出版社2015年版，第30页。

出,原地面建筑坐东向西,南北为一字形。直道从遗址西侧通过。崾岘两侧为深谷,地势十分险要,是一个重要军事防守要塞。"①

在车皮坡西南约半公里处,有一坐北向南的山窝,叫高庄,现存残窑洞数十孔。地表布有大量粗、细绳纹板、筒瓦残片。在窑洞西南有一块台地。地表散存周代夹砂陶片。足见先秦时期,这里已是先民们往来和居住之地。②

5. 艾蒿店段

此段秦直道起自油坊庄,呈西南—东北走向,终至西坡林场艾蒿店,直道继续沿子午岭主峰北行,此段道路平缓,路迹清晰,道宽 5 米左右。(见图 3-21)南五里墩至北五里墩段现为林区防火通道,汽车可以通行,此段全长 4.08 公里。

图 3-21　艾蒿店直道路迹

艾蒿店地处子午岭山脊两个山岇崾岘之南,海拔 1689 米。直道西侧山岇原有烽燧,后被林场拆除改建为瞭望哨台。有一条东

---

① 引自甘肃省文物局:《秦直道考察》,兰州大学出版社 1996 年版,第 13 页。
② 引自甘肃省文物局:《秦直道考察》,兰州大学出版社 1996 年版,第 13 页。

西古道，在艾蒿店与直道呈"十"字状交叉，东通陕西黄陵，西达正宁县城，可见这里是一处十分重要的交通要冲。遗址坐东向西，现存古窑洞三层近百孔。直道从第一层窑洞门前约300米×100米处的台地上通过。断面所见文化层厚2米，内涵相当丰富，有大量粗、细绳纹板与筒瓦片以及唐以后各时代瓷器残片。第二层窑洞前台地较小，约有3亩。地面遍布秦至清时的大量陶、瓷器片。遗址南端有百米长、10~15米宽的崾岘。遗址东南台地东侧，有一条用石条垒砌的石墙（见图3-22），长约300米，残高1~1.5米，宽1米。这种厚度、长度的石墙，从外形看，不是一般的房屋建筑，很可能是具有军事防御体系功能的建筑物。[①]

图3-22 艾蒿店直道路迹石条垒砌的石墙

直道从艾蒿店北行3200米即到宁县龙池口。至此，直道进入宁县境内。

该段有烽火台3座：桦树湾烽火台位于西坡林场桦树湾南北走向的山峁上，直道从烽火台东侧通过，烽火台西邻沟，南邻雕

---

① 引自甘肃省文物局：《秦直道考察》，兰州大学出版社1996年版，第13—14页。

翎关烽火台，北邻车皮坡遗址，距直道内（东）侧约400米处，南距雕翎关烽火台约6500米，北距南五里墩烽火台约7500米，周围为林地。该烽火台今成冢状，剖面呈梯形，平面呈圆台形，夯土层约8厘米，残高3米，底边直径15米。该烽火台整体保存较完整，为黄土夯筑，烽火台周围及其顶部散见粗细绳纹残片，在烽火台东南侧有一椭圆形平台，地面有零散的粗细纹瓦片。根据地形和烽火台的关系判断，此处可能是一兵马、人员歇息或补充粮草之所，相当于今天高速公路的服务区。

南五里墩烽火台位于西坡林场南五里墩，直道从烽火台东侧通过，烽火台西邻沟，南邻桦树湾烽火台，北邻艾蒿店烽火台，距直道内（东）侧约300米处，北距艾蒿店烽火台约6000米，周围为林地。该烽火台剖面呈梯形，平面呈圆台形，底边直径30米、残高5米，夯层8厘米。[1] 该烽火台整体保存较完整，为黄土夯筑，东侧残存一窑址，埋大量灰迹和残瓦片，烽火台周围及其顶部散见粗细绳纹残片。

艾蒿店烽火台位于西坡林场艾蒿店林业检查站西北约200米的山峰上，古烽燧为黄土夯筑圆台，今已毁，现被林场改建为防火瞭望台。

（二）宁县境秦直道

唐元和年间编撰的《元和郡县图志》在宁州襄乐县下记曰："秦故道，在县东八十里子午山。始皇三十（五）年，向九原抵云阳，即此道也。"[2] 史念海研究上述记载后指出，唐襄乐县即今甘肃宁县湘乐镇。[3] 湘乐镇东侧的子午岭地段，距秦甘泉宫旧址，至少有

---

[1] 引自杜荞惠主编：《甘肃秦直道调查》，中国文史出版社2015年版，第31页。
[2] 〔唐〕李吉甫：《元和郡县图志》卷三《关内道三》，中华书局1983年版，第66页。
[3] 史念海：《秦始皇直道遗迹的探索》，见史念海：《河山集》（四），陕西师范大学出版社1991年版，第441—449页。

七八十公里远,方向已稍向西北偏移。这条史料应该是史念海复原直道走向最重要的依据之一。

"秦直道在宁县东部,总长40.3公里,整体呈南—北走向。介于东经108°33′~108°30′,北纬35°35′~35°49′之间。秦直道沿陕甘两省交界处的子午岭主山脊由南蜿蜒北行,从正宁县艾蒿店北上,进入宁县境内,经龙池口、南五里墩、烧锅梁、五里墩、芦邑庄、吊庄、芦堡、南桂花园、北桂花园、兴隆关、兔儿崾岘、七里店到三里店,进入合水境内,北与合水县午亭子遗址相连。直道全在子午岭林区内,路面海拔高度基本一致,均为1680米左右。"①宁县境内"直道沿线共有烽火台9座,经过崾岘9处,豁口3处,堑山堙谷痕迹明显。境内山势起伏不大,路面平坦,线路平直。大部分直道已被拓修成4米多宽的汽车土路。部分直道遭破坏,已长满灌木,但路迹仍清晰可辨,路面呈凹形,宽约5米"②。

1. 龙池口段

由正宁县艾蒿店向北3.2公里即到宁县龙池口。此处为崾岘路段,路面宽度32米。由此西望,沟壑纵横,群山连绵,南北两沟对峙。沟下为九龙河的发源地(龙池)。(见图3-23)甘、陕以直道为界,

图3-23 九龙河源头

---

① 引自杜养惠主编:《甘肃秦直道调查》,中国文史出版社2015年版,第83页。
② 引自杜养惠主编:《甘肃秦直道调查》,中国文史出版社2015年版,第83页。

东为陕西,西为甘肃;而正宁、宁县又以此沟——九龙河为界,南为正宁界,北为宁县界。从直道沿坡下沟3公里左右,在南面山崖下,有一汩汩清泉,清澈见底,清冽甘甜,俗称龙池口。①

2. 南五里墩段

"由龙池口向北1.1公里,到达烧锅梁。此处东为陕西黄陵县界,西为宁县石斜子沟界,路宽20~30米,直道东侧有一岔路,为原沙场便道。"② 岔口以东多为石头山,以西多为黄土山,因此又被称作"分水岭"。

3. 烧锅梁段

由烧锅梁向北3.3公里,到达五里墩。此处西临长梁沟,东临烧锅梁沟,地形平缓而宽阔,便道东侧转弯处有直道遗址,现已长满灌木,但路迹仍清晰可辨,路面呈凹形,宽约5米。东侧崖下平台上现存古窑洞二十余孔,破败不堪。遗留地道一眼,漆黑幽深,寒气逼人。据当地向导说,这里原为一座酒坊,故有烧锅梁之名。③(见图3-24)

图3-24 烧锅梁直道遗迹

---

① 引自杜养惠主编:《甘肃秦直道调查》,中国文史出版社2015年版,第84页。
② 引自杜养惠主编:《甘肃秦直道调查》,中国文史出版社2015年版,第85页。
③ 引自杜养惠主编:《甘肃秦直道调查》,中国文史出版社2015年版,第85页。

4. 五里墩段

由五里墩向北4.5公里,到达芦邑庄。这里山坡平缓,地势险要,路宽60~80米。经在一崾岘处开挖深1.5米、宽0.5米的断槽试探,夯层明显,证实现在便道叠加在原来直道的路基之上,且只利用了其中的一小部分。其北为陕西省延安市大岔林场五里墩瞭望哨卡,南为椒树园沟。此处距离宁县67公里,距离黄陵91公里。直道在此与宁黄公路呈"丁"字形交汇于陕西省大岔林场五里墩检查站门前,后与直道沿宁黄公路向西重叠100米,为崾岘路段,转又向北沿山脊延伸。①(见图3-25)

图3-25 五里墩直道路迹

五里墩有烽火台(海拔1630米)1座,呈圆形,高3米,底周约30米,采取夯筑方式建成。烽燧四周较为平缓,面积约10亩。烽火台顶部凹凸不平,四周垮塌严重,长满杂草,陕甘6号界碑矗立在烽火台上,周围散布砖瓦、瓷器碎片等。直道从烽火台西侧通过。(见图3-26)

---

① 引自杜养惠主编:《甘肃秦直道调查》,中国文史出版社2015年版,第86页。

图 3-26　五里墩烽火台

5. 芦邑庄段

由芦邑庄向北 2.5 公里，到达芦堡，直道沿一山峰西面下坡，东边山崖上长着两棵百年以上树龄的大柳树（见图 3-27），故此处又名"柳树湾"。此段直道宽约 5 米，分布于"山脊小崾岘南北两端。南段残存古窑洞两层，北段残存古窑洞四层百余孔。断

图 3-27　百年老柳树

面文化层厚 1~2 米，内存秦至清各时期的砖、瓦、瓷器残片"①。梁顶原先有数口水井，现均已填埋。

据芦邑庄住户介绍，南面芦邑庄，在古时的建筑十分宽敞，可能是一处重要的物资储存库或军旅驿站，来往商贾络绎不绝，每天要从芦邑庄运出两驮金银，可见当时此地的繁华。

而芦邑庄北面的百余孔窑洞，年代相对要近一些。在革命战争年代，刘志丹率领游击队曾在此驻扎过一段时间，期间因大雪封山，战士们饥寒交迫，迫不得已在芦邑庄南面沟里的核桃树林里挖埋在雪地发霉的核桃充饥，从而导致许多战士因为食物中毒而牺牲。之后由于国民党部队的步步紧逼，刘志丹在撤离前，命令队伍将打土豪所得的两槽银子和一批枪支及原关中报社的大量文件一同放在某孔窑洞里，而后将窑口炸毁。新中国成立后，原关中报社的工作人员曾多次遣人回芦邑庄寻找当年的窑洞，但终因年代久远，农场开荒而致使地形地貌发生改变而无果。当地住户还介绍，1960 年左右，劳改农场的劳教人员在基建过程中，曾挖出了两个封口的石槽，因在场劳教人员众多，怕引起哄抢，又将其原封不动地掩埋在房基下面。现在芦邑庄还流传着"房根下有银子"的故事，不知有多少人曾在月黑风高的夜晚挥汗如雨，挖掘寻觅，笔者曾在建房的废墟上见到多个新挖的深坑。据说 1965 年，林场工人在开荒时还挖出了两个石碑，将其放置在场部食堂门前，充作饭桌用，后又用这两块石碑封压了院里的枯井。

芦邑庄有烽火台（海拔 1616 米）2 座，一座位于芦邑庄山顶部，呈圆形，高 5 米，底周 40 米，采用夯筑手段，夯层 10 厘米。烽火台四面地势平缓，视野开阔。烽火台呈不规则土丘状，顶部凹凸不平，四周垮塌严重，长满杂草，四周残存大量粗细绳纹瓦

---

① 引自甘肃省文物局：《秦直道考察》，兰州大学出版社 1996 年版，第 14 页。

片和宋元瓷器残片。[①]直道从烽火台西侧通过。

另一座为吊庄烽火台（海拔1644米），位于芦邑庄北2公里直道东边的山顶部，烽火台呈圆形，高3米，底周30米，采取夯筑手段筑成。烽火台坍塌呈土丘状，顶部凹凸不平，四周垮塌严重，生长大量黄刺梅，直道从烽火台西侧通过。在烽燧西侧发现一处盗洞，直径约1米，深4米。

沿着吊庄烽火台东洼向东南翻越3座山梁，行走在约3500米的山崂上，发现一处寺庙遗址（海拔1622米），当地人称"高庙"，现已瓦砾遍地，初步确定为清代或清代以前的寺庙遗迹。现存清代嘉庆年间石碑一块，碑身保存较为完整，两面均有字迹，因年代久远，除发现明显"宁州""大清嘉庆"等字外，其他字迹需经专业处理才可见，受条件限制，没有取得其拓片。

6. 芦堡段

由桂花园林场的芦堡向北5公里，到达罗山府林场的南桂花。此段直道经一小崾岘，"地势开阔，东为临庄沟（陕西）、西为猪场沟、北为南桂花，路面宽约5米，路基两侧均梢林密布"[②]。（见图3-28）遗址区的三层台地均散存一些秦至清代的遗物，可见当年此地建筑群落是非常密集的。山崖上现存两层古代窑洞数十孔，文化层1~2米。靠山坡窑洞前土层下面，有小方块花纹砖，应为铺地面所用。从地理位置和地面遗物看，这也应该是另一处重要关隘。

据居住在此地的住户讲，芦堡在古时作为一处重要关隘，一度相当繁华。烽燧下的平台上，有戏楼一座。到20世纪60年代时，戏楼的根基还在，之后由于林场建房需要，就将戏楼根基挖掉了。现在住户居住的窑洞山墙，均是用原来遗址上拆下的方砖砌成的。

[①] 引自杜养惠主编：《甘肃秦直道调查》，中国文史出版社2015年版，第92页。
[②] 引自杜养惠主编：《甘肃秦直道调查》，中国文史出版社2015年版，第87页。

图 3-28 芦堡直道路迹

在直道西边一处开阔地上，有一寺院遗址，四周散落大量古代瓷片及硕大的门柱石，现已开垦并栽植了油松。

芦堡有烽火台（海拔 1671 米）1 座，呈圆形，高 3.3 米，底周 28 米，顶直径 2.1 米，为黄土夯筑。烽火台三面为崖，一面为陡坡。烽火台坍塌呈土丘状，顶部凹凸不平，四周垮塌严重，为荆棘笼罩。（见图 3-29）站在烽火台上，视野开阔，可看见金村梁掌林场的瞭望塔。

图 3-29 芦堡烽火台

7. 南桂花段

由南桂花北行 4.3 公里，为北桂花。"直道向西有一条岔路，可通金村乡蔡家坪、木瓜塬。在金村乡红旗沟的老庄村有一绣花楼遗址，相传为'昭君出塞'居住过的地方。"① 据《汉书·匈奴传》和《后汉书·南匈奴列传》记载：竟宁元年（前33年），匈奴呼韩邪单于第三次朝汉，元帝"礼赐如初，加衣服锦帛絮，皆倍于黄龙时（前49年）。单于自言原婿汉氏以自亲。元帝以后宫良家子王嫱字昭君赐单于"。在直道考察中，沿途居住的村民，不仅能绘声绘色地讲述"昭君出塞"的故事情节，而且能毫不含糊地说出昭君下榻的绣花楼在何地何处。随着时光流逝，现在的绣花楼仅剩下一处土堆，残存三孔窑洞坍塌在泥土中，听当地人讲，窑洞墙壁上留有精美的壁画。"在南桂花对面山顶有窑洞一层，十余孔。山腰有平台一处，五亩左右，植被较少。南桂花是一崾岘路段，长86米，宽32米，高40余米，夯层明显。为了证实我们的推断，我们在南桂花崾岘东边挖断面一处，断面宽1米，长约4米，深1.2米，碾压层可辨。直道在此处呈70°迂回。"②

"南桂花园山顶有烽火台一座（海拔1612米），呈圆形，残高4米，底周40米。夯筑、夯层8厘米。烽火台坍塌呈土丘状，顶部凹凸不平，四周垮塌严重。"③ 直道从烽火台西侧通过。

8. 北桂花园直道

由北桂花园向北约2.6公里，到达兴隆关。此段有一条人工开通的豁口，长约200米，底宽3米，上宽6米，深10~15米，有坡度，不足30°，人工挖掘痕迹依稀可见。直道从豁口通过。（见图3-30）在其西侧50米处，现存古代窑洞20余孔。从地理位置看，

---

① 引自杜荞惠主编：《甘肃秦直道调查》，中国文史出版社2015年版，第88页。
② 引自杜荞惠主编：《甘肃秦直道调查》，中国文史出版社2015年版，第88页。
③ 引自杜荞惠主编：《甘肃秦直道调查》，中国文史出版社2015年版，第93页。

图 3-30　北桂花园直道路迹

这里是兴隆关南部的重要咽喉，属守护关隘营地。据当地住户介绍，南北桂花园，原称东西桂花园，20 世纪 60 年代，河南知青来后才改成南北桂花园。①

北桂花东侧山顶有一烽燧（海拔 1685 米），呈圆形，高 5 米，底周 50 米，顶径 3 米，为夯筑。烽火台坍塌呈土丘状，顶部凹凸不平，周围有大量粗、细绳纹瓦和筒瓦残片。②直道从西侧通过。

9. 兴隆关（沮源关）段

由兴隆关北行 1.3 公里，至椿树塬，有一条东西向古道在此与直道交叉，西通宁县罗山府，东沿子午岭支脉分水岭一直绵延向富县，故称"古道岭"。③古道宽 4~5 米，深 1 米左右，保存较好。沿古道岭东行，可达黄陵县，再折东北而行，可达富县。持东线说的学者认为，秦直道由此而达富县、甘泉。坚持西线说的学者认为，直道由此向西北方向继续沿子午岭主脊北行。东西线之争的分歧点主要发生在这一段。"兴隆关位于北桂花园以北半公里

---

① 引自杜养惠主编：《甘肃秦直道调查》，中国文史出版社 2015 年版，第 89 页。
② 引自杜养惠主编：《甘肃秦直道调查》，中国文史出版社 2015 年版，第 93 页。
③ 引自杜养惠主编：《甘肃秦直道调查》，中国文史出版社 2015 年版，第 89 页。

的崾岘北端，海拔 1687 米。遗址重点区在山峁东侧两个相连处的山窝内，坐北向南。崾岘西有 200×100 米的台地内，有大量秦汉瓦片，断面文化层厚 2 至 3 米。直道从兴隆关遗址区西侧坡上通过。在这弧形的山窝里，现存古代窑洞五层百余孔。窑洞前的台地都比较窄小，遍地散有秦汉砖瓦残片。西侧山梁顶部 150×100 米的范围内，有周代大量夹砂灰陶、红陶片。"①从地理位置和地面遗物看，周代时先民就在这里繁衍生息，至秦这里成为重要军事交通枢纽，是一大型军事重镇。

兴隆关向北，直道沿子午岭主峰经椿树原、杏树原、七里店、三里店到午亭子。这一带林稠草密，可谓林海茫茫。沿直道穿行，密林蔽日盖天，犹如在一条绿色的隧道中行进，即是盛夏时节，也觉得凉气袭人。这里直道保存良好，宽 5 米，深 1 米，与直道并行的深沟一直延伸到这里。②（见图3-31）

图 3-31 椿树原直道路迹

椿树原有烽火台 1 座，位于兴隆关北 1600 米处山顶。呈圆形，高 3 米，底周 30 米，为黄土夯筑。烽火台坍塌呈土丘状。直道从烽火台西侧通过。

---

① 引自甘肃省文物局：《秦直道考察》，兰州大学出版社 1996 年版，第 15 页。
② 引自甘肃省文物局：《秦直道考察》，兰州大学出版社 1996 年版，第 15 页。

10. 七里店段

由兴隆关向北9公里,至七里店,此段道路平坦,路面宽约6米,路西侧为斜坡,布满梢林。(见图3-32)路体保存状况一般。从地理位置看,七里店应是午亭子南哨门。"在山梁西侧现有古代窑洞两层30余孔。此处地势开阔,在山崄下第三层台地发现遗址,面积200×80米,有大量秦汉砖瓦碎片。断面露出灰层1至2

图3-32 七里店直道路迹

米。"① 据钟圣祖等学者判断,这里应是一处重要军营和物资存储集散之地,下山后即可通往罗山府。

七里店东侧山顶有烽火台1处(海拔1655米),呈圆形,高3米,底周30米。夯筑、夯层8厘米。烽火台坍塌呈土丘状,四周散存大量粗、细绳纹瓦残片和瓷器残片。直道从烽火台西侧通过。

11. 三里店段

由七里店向北至三里店,向西有一条便道可通罗山府。"据《宁县志》载:罗山府原名为罗山邬,数度为镇,民国初年镇始废。现名是谐音讹传。其地处湘乐河的上游源头处的两支流交汇处的

---

① 引自杜养惠主编:《甘肃秦直道调查》,中国文史出版社2015年版,第89页。

一级阶地上，阶地平坦而又宽阔，四周青山环抱，绿水环流。这里有一处秦汉时代的古城遗址，尚有少量城墙残存，残高约1至2米，长约12米。城郭遗址内外遍地砖石碎片，其中较多见的是粗绳纹板瓦和大型空心砖的残块。这处古城址的范围约有两万平方米。"①从这里沿湘乐河而下，即通秦北地郡和汉湘乐县治所。

三里店有烽火台1座，位于三里店北1.5公里的山顶。呈圆形，高3米，底周30米，为黄土夯筑。烽火台坍塌呈土丘状，顶部凹凸不平。周围散见大量粗、细绳纹瓦残片及空心残砖。直道从烽火台西北通过。

（三）合水县境秦直道

合水县秦直道主要分布于东北部，"总长103250米，整体呈东南—西北走向，介于东经108°19′56.6″~108°30′04.3″，北纬35°52′02.5″~36°08′05.1″之间。直道路迹起于宁县与合水县交界处三里店三岔路口，沿子午岭主脉，经固城乡、太莪乡、太白镇至蒿咀铺乡，途经三十多个村寨，都在林区，具有沿子午岭主脊行走、不下沟底、不绕山脚的特点与优势。中段午亭子至涧水坡岭之间，岭下有葫芦河、县川河及其支流，山地与河流相连，易守难攻；后段沿线亦为子午岭山脉，越过青龙山、木瓜岭，延伸到华池县境的麻籽崾岘，地形险要。此处直道沿线景色瑰丽，地形多姿多态，树种丰富多样，鸣禽走兽种类繁多，生活有金钱豹、梅花鹿、狐狸、鹿、野猪、黄鼬、獾、兔、松鼠、蛇等野生动物150余种。"② 林区路段现已封山禁牧，几乎无人居住。全段目前车辆可以通行路段达60000米，路面宽5~9米，夯土层3~6厘米。

---

① 引自甘肃省文物局：《秦直道考察》，兰州大学出版社1996年版，第16页。
② 引自杜荞惠主编：《甘肃秦直道调查》，中国文史出版社2015年版，第117页。

路面基本为混合土填筑，有些路面还采用了三合土，至今不长乔木，部分路段经过修整已成现代临时或简易道路。

1. 午亭子段

该段秦直道起于宁县与合水县交界处三里店护林防火碑三岔路口，止于合水县固城乡午亭子。长 2 公里，整体呈东南—西北走向。路面宽 4~6 米，为黄土修筑，东边临沟，西边堑修的断面痕迹清晰可见。路面平缓，保存完整，车辆及行人可以正常行驶。（见图 3-33）

图 3-33　午亭子直道路迹

午亭子有四条古道在这里与直道相交：第一条从合水县太白镇东的五里铺南，沿子午岭支脉山梁南行至午亭子；第二条从合水县固城乡经大山门向东行至午亭子；第三条从宁县湘乐（古为襄乐县）经罗山府三里店至午亭子；第四条从陕西富县槐树庄沿川道西行至午亭子。这四条古道汇集到午亭子，又辐射到四面八方，使午亭子成为一个交通中枢。[1]

---

[1] 引自杜荞惠主编：《甘肃秦直道调查》，中国文史出版社 2015 年版，第 90 页。

午亭子段有烽火台 3 座。西寨烽火台位于固城乡大山门林场午亭子西南 1000 米处山梁梁顶，为制高点，易守难攻，周围林木生长茂盛，视野开阔。秦直道从烽火台东侧通过。烽火台平面略呈椭圆形，剖面呈不规则形。顶东、西 2.7 米，南、北 5 米，底东、西 3.5 米，南、北 6.4 米，东高 2.63 米，西高 2.25 米。夯层厚 0.06~0.08 米。该烽火台整体保存差，自然坍塌严重，呈不规则土台状。顶部遭风雨侵蚀较重，坑洼不平，生长有杂草及蒿草类植物，并有大量的昆虫洞穴；四周有牛羊踩踏痕迹，四壁遭风雨侵蚀，地震、冻融等破坏蚕食，还有明显的人为铲削痕迹，夯土层暴露在外。

中寨烽火台位于午亭子中寨山梁梁顶。烽火台圆柱体，底部大，向上逐渐缩小，顶部圆形，黄土夯制，夯层 0.08 米，残高 2 米。底周长 40 米。顶直径 2 米。四周长有松树 6 棵，南面有国务院 1998 年所立甘肃省、陕西省界碑一通，桩号为 5 号。秦直道从烽火台西北侧通过。该烽火台整体保存相对较好，人畜践踏、风雨侵蚀、植物生长、啮齿动物打洞、蚂蚁筑穴等对台体造成一定影响。烽火台表层黄土风化严重，长满杂草，但结构、形制清楚。（见图 3-34）

图 3-34　中寨烽火台

东寨烽火台位于午亭子东寨山顶。烽火台底部大，呈圆形，剖面为梯形，逐渐缩小，顶部已坍塌。残高 1 米，底边周长 28 米，呈坡状。[①] 该烽火台黄土夯筑，土质疏松，黏结性差。由于长期风雨侵蚀，表层黄土风化严重，长满杂草，整体遭羊畜践踏破坏严重，四周凹凸不平已看不清形制。烽火台整体保存差，圆心有盗挖洞口，整体坍塌呈斜坡状。结构不完整，形制模糊不清。

2. 槐树原段

该段秦直道起于固城乡午亭子，止于固城乡午亭子槐树原。长 2.35 公里，整体呈东南—西北走向。槐树原段直道经土桥、条囤湾、槐树原，路面宽 6~9 米，东边临沟，堑修的断面痕迹清晰可见。[②]

直道过条囤湾时，有 S 形小弯，弯度在 30°以内，无坍塌断面。条囤湾西面有一罗圈形大湾，地表平整。（见图 3-35）靠山处有人工挖掘痕迹，是一通道，道下有窑洞多孔。窑洞多已坍塌，现无人居住。槐树原在路东有数层多孔残存窑洞，无人居住。

图 3-35 槐树原直道路迹

---

① 引自杜养惠主编：《甘肃秦直道调查》，中国文史出版社 2015 年版，第 123—124 页。

② 引自杜养惠主编：《甘肃秦直道调查》，中国文史出版社 2015 年版，第 119 页。

土桥有烽火台 1 座,遗址位于合水县固城乡大山门林场子午岭西峁山巅。烽火台东、西临沟,南、北接山梁。1989 年,大山门林场平田整地将烽火台彻底推毁,现夷为山耕地。①

3. 喂子坪段

该段秦直道起于固城乡午亭子槐树原,经梨树湾止于固城乡午亭子喂子坪。长 2.1 公里,呈南—北走向。路面宽 4~9 米,保存完整,无坡度,基本平整,有 S 形小弯,弯度在 60° 以内,无坍塌断面状况。路基两旁林木茂盛,绿树成荫,空气清新。(见图 3-36)

图 3-36 梨树湾直道路迹

梨树湾直道路东 200 米山梁处发现烽火台 1 座,保存基本完整。秦直道从烽火台西侧通过。

喂子坪有 30° 坡度路面一处。路西临沟,路东有堑修的断面。喂子坪地处三岔路口,路南口下坡处,有旧庄基 1 处,窑洞 6 孔,现临时居住放牧人员两家。②

---

① 引自杜荞惠主编:《甘肃秦直道调查》,中国文史出版社 2015 年版,第 119 页。
② 引自杜荞惠主编:《甘肃秦直道调查》,中国文史出版社 2015 年版,第 119 页。

梨树湾有烽火台1座，位于固城乡午亭子梨树湾东端山顶。烽火台为黄土夯制，夯层0.08米，残高3米。底周长30米。底部大，呈圆形，剖面为梯形，逐渐缩小，西边被人盗挖，秦直道从烽火台西侧通过。

4. 庙湾段

该段秦直道起于固城乡午亭子喂子坪，止于固城乡午亭子庙湾。长3.2公里，呈东—西走向。路面宽7~8米，保存完整，无坡度，车辆及行人可以正常行驶。（见图3-37）路两旁树木茂盛，人工修筑，路面距庙湾西南300米处有古窑洞约30孔，东南方向2000米处有庙宇遗迹3座，庙内有泥雕塑像，至今仍有香火。

图3-37 庙湾直道路迹

庙湾段有烽火台2座。庙湾烽火台位于午亭子庙湾山嘴边，南、北两边临沟。呈圆形，黄土夯制。高6米，顶部南、北向长方形，长2.1米，高1.2米，底部圆形，周长58米，面积约270平方米，夯土层厚8~10厘米。

二午亭烽火台位于固城乡大山门林场午云寨西南3公里处的胡家岔黑山山顶，此处为制高点，易守难攻，当地人称此地为二午亭、二峁子。该烽火台在其他资料上没有记载,是合水县秦直道调查的重要新发现。[①]烽火台为黄土夯筑,夯土层厚 0.1 米,平面呈圆形,剖面为梯形,残高 5 米,底边周长 30 米。由于风雨侵蚀和蚁穴残蚀,东边台体已经坍塌,西、南、北边已塌陷为坡状,顶部平整,结构形制清楚,夯土层清晰可辨,保存较完整。(见图3-38)

图 3-38　二午亭烽火台

5. 马莲崾岘段

该段秦直道起于固城乡午亭子庙湾,经马莲崾岘南湾止于太白镇连家砭林场马莲崾岘。长 7.6 公里,呈东南—西北走向。路面宽 6~8 米,路面无杂草,保存完整,无坡度,有 S 形弯度。(见图 3-39)车辆及行人可以正常行驶。

马莲崾岘东侧 50 米处有庙宇遗址 1 处,150 米处有庄院 3 处,西南 300 米有古窑洞约 30 孔,东南方向 200 米处有庙宇遗址 3 间。道路两边树木生长茂盛,植被生长良好。

在崾岘处有一三岔路,北至太白镇曹家寺川,西至朱家老湾。地表有大量砖瓦和器皿残片。

---

① 引自杜养惠主编:《甘肃秦直道调查》,中国文史出版社 2015 年版,第 125 页。

图 3-39 马莲崾岘直道路迹

马莲崾岘有烽火台 1 座，位于太白镇连家砭林场马莲崾岘北崀之巅。根据合水县全国第二次文物普查资料记载，烽火台原高 7 米，顶部呈南北向长方形。长 2.2 米，宽 1.5 米。底部圆形，周长 50 米，面积约 196 平方米。夯土层厚 8~10 厘米。本次调查时，该烽火台已被夷为平地，仅留遗迹 1 处。

6. 夏家岭段

该段秦直道起于太白镇连家砭林场马莲崾岘，经夏家岭止于太白镇连家砭林场断崾岘。长 1.8 公里，呈东南—西北走向。路面宽 5~7 米，保存完整，道路西边临沟，东边堑修的断面痕迹清晰可见。（见图 3-40）

路南坡下有一条道路，约 100 米的低洼处有遗存庄基 3 座，现残存窑洞 10 多孔，其中 5 孔保存较好，门窗均完好，窑内有土炕、锅台等，是护林防火人员住所。

图 3-40　夏家岭直道路迹

沿途有土桥 2 处，车辆及行人可以正常行驶。断崾岘路面较窄，宽约 3 米，西边临沟，断崾岘两头因填筑崾岘取土，呈两个大平台，沿途堑山堙谷，断面痕迹清晰可见。

7. 娘母子湾段

该段秦直道起于太白镇连家砭林场断崾岘，经太莪乡拓儿塬林场朱家老湾和冯家梁止于太莪乡罗儿塬娘母子湾，长 9.5 公里，路面宽 5~6 米，路迹保存完整。在朱家老湾呈东—西走向，该路段发现土桥 2 处，道路南边临沟。在该路段三岔路口东南侧约 100 米低洼处，发现遗存庄基 3 座，现残存窑洞 10 多孔，其中 3 孔保存较完整，修建时间不详，现有护林防火员居住痕迹。窑洞前右侧有一大平台，现存废油井一口。

直道在冯家梁呈南—北走向，路基时而临沟，时而依山，堑修的断面痕迹清晰可见。路面西侧遗存有庄基 1 座，现残存窑洞 3 孔，其中 1 孔已坍塌废弃，其余 2 孔无人居住，修建时间不详。

直道在娘母子湾又呈西南—东北走向，弯度较大。两边堑修的断面痕迹清晰可见。（见图3-41）

图3-41　娘母子湾直道路迹

道路转弯处遗存有庄基1座，现存窑洞10余孔，其中6孔保存较完好，为放牧人圈养牛羊的场所，其余窑洞已经坍塌废弃，修建时间不详。

冯家梁有烽火台1座，位于太莪乡罗塬行政村南头自然村东山顶上。烽火台残高1.5米，底部呈圆形，周长35米。面积约100平方米。夯土层厚8~10厘米。烽火台所在地东、西、北三面临沟，南接崾岘通塬面，据形制及夯土层分析为宋代军事设施遗址。

8. 熊家岭段

该段秦直道起于太莪乡罗儿塬娘母子湾，经墩台山、油坊庄，止于太白镇曹家寺行政村熊家岭。长5.1公里，整体呈南—北走向。墩台山路段有一丁字路口，西面有通往蒿咀铺乡的土路一条，正北方向现存窑洞4孔，保存较完整。路基弯度较大，宽5～8米，保存完整。路两旁树木茂盛，路西南侧有庄基1处，现残存窑洞3孔，无人居住，修建时间不详。

距离娘母子湾北3公里处有墩台山，直道从烽火台西侧通过。

油坊庄直道北侧有庄基3层，窑洞30余孔，多数坍塌废弃，修建年代不详。底层庄基院内原有水窖一口，现已废弃。直道东北侧还有一条道路，通往太白镇老虎寺。

熊家岭路基因降雨量大，部分路面边沿地带出现坍塌，路面保存不甚完整，路基两旁树木茂盛。

墩台山有烽火台1座，位于蒿咀铺乡陈家河行政村柳沟自然村墩台山峁之巅。南距村部2公里，四面临沟，为制高点，易守难攻。烽火台黄土夯制，底部呈圆形，高12米，周长96米，顶部呈东、西向长方形，长5米，宽3米，底部有一高2.5米、宽2米的小洞1孔。夯土层厚15~20厘米。（见图3-42）

图3-42　墩台山烽火台

9. 黑虎梁段

该段秦直道起于太白镇曹家寺行政村熊家岭，止于太白镇曹家寺行政村黑虎梁。长5.2公里，呈南—北走向。路面东侧为山梁，直道缠绕西面山腰上部而过，宽7米左右，保存完整，车辆及行人可以正常行驶。（见图3-43）黑虎梁东侧有旧庄基1处，现已废弃。

图 3-43　黑虎梁直道路迹

10. 涧水坡岭段

该段秦直道起于太白镇曹家寺行政村黑虎梁，经王原岭、田家沟掌，止于蒿咀铺乡涧水坡岭。长 4.5 公里，整体呈南—北走向。（见图 3-44）

图 3-44　涧水坡岭直道路迹

连家砭林场王原岭，路面宽 6 米，平坦无坡度，路面保存完整。直道东侧 300 米处，遗存古庄基 1 处，现存窑洞 5 孔，修建年代不详，原来的窑洞已被修葺，焕然一新。现已经成为合水县林业总场连家砭林场王原岭林业管护站办公驻地。

蒿咀铺乡田家沟掌路东侧为山梁，路面绕西边山崾而过，路西侧为沟壑地带，西边名希拉沟，北边为田家沟，沟内树木茂盛，植被生长较好。

蒿咀铺乡涧水坡岭，路面宽7~8米，保存完整，车辆及行人可以正常行驶。

涧水坡岭为分水岭，从岭上北上可到达青龙山。岭下有隧道3条，309国道经蒿咀铺乡通过隧道到达太白镇。另外两条为雷西高速（陕甘界的雷家角—甘肃省庆阳市西峰）双向隧道。

直道东侧建有"秦直山庄"，占地面积约9.6亩，建筑面积达2431平方米。

涧水坡岭段有烽火台2座。田家沟掌（希拉沟）烽火台位于蒿咀铺乡陈家河行政村芋子沟自然村希拉沟东山崾上。烽火台高8米，底部周长62米，底部呈圆形，占地约100平方米。夯土层厚10~15厘米。顶部东、西向，长方形，长2米，宽1米。[①]（见图3-45）

涧水坡岭烽火台位于合水县蒿咀铺乡陈家河行政村芋子沟自然村涧水坡岭上。烽火台东接山岭，南、西、北三面临沟。其高6米，顶部呈东、西向长方形，长3米，宽2米，底部周长75米，并有直径24米的平台，台高2米。夯土层厚8~10厘米。[②] 该烽火台东、西各有1棵杜梨树，直径25厘米。（见图3-46）周围散布有零星陶片。烽火台东100米为林业站，东60米有电信及移动塔两幢。南距309国道500米，并有林站道路可通山下，交通便利。

涧水坡岭段另有城障遗址1处，位于蒿咀铺乡梨树湾北4公里山顶。城障圆柱体，底部大，周长41米，残高2米。底部向上逐渐缩小，顶部圆形，直径2.04米。整体黄土夯制，夯层0.1米，护沟约2米，自然因素侵蚀和动物打洞破坏对城障造成严重损害。[③]（见图3-47）

烽火台周围长满杂草，烽火台右侧有多个兔子打的洞穴，边

[①] 引自杜养惠主编：《甘肃秦直道调查》，中国文史出版社2015年版，第127页。
[②] 引自杜养惠主编：《甘肃秦直道调查》，中国文史出版社2015年版，第127页。
[③] 引自杜养惠主编：《甘肃秦直道调查》，中国文史出版社2015年版，第122页。

图 3-45　田家沟掌烽火台

图 3-46　涧水坡岭烽火台

图 3-47　涧水坡岭城障

沿蚂蚁窝较多，常年经风雨侵蚀表层风化严重，四周有修筑的护沟，周围灌木茂密，东、西 2 公里处发现有周、秦、汉代窑洞遗址 4 处，窑洞多数坍塌破损。

11. 黄草崾岘段

该段秦直道起于蒿咀铺乡涧水坡岭，止于蒿咀铺乡黄草崾岘，长 3.7 公里。路面走向先为东—西，后转为南—北走向，弯度较大，路面宽 6~8 米。途中有 3 个岔路口。

黄草崾岘两边临沟壑，崾岘长70米，路面宽6米，两头有40°的坡度，中间平坦。经探测，可见夯土层，为人工修填夯筑的路面。（见图3-48）

图3-48　黄草崾岘直道路迹

12. 青龙山段

该段秦直道起于蒿咀铺乡黄草崾岘，止于蒿咀铺乡青龙山。长5.3公里，呈南—北走向。东、北边临山，西面为沟壑。直道绕山而行，弯道较大，路基宽4~6米，保存较好，车辆通行顺畅。（见图3-49）

图 3-49　青龙山直道路迹

13. 正麻子湾段

该段秦直道起于蒿咀铺乡青龙山，止于蒿咀铺乡正麻子湾。长 5.3 公里，呈东—西走向。路面宽 4~5 米，沿山环绕，时而上，时而下，大部分路基在阳面山坡。经过 3 个 C 形大湾到达正麻子湾，每个大湾长度在 800~1000 米。正麻子湾为人工夯筑小土岘子，两边临沟。（见图 3-50）

图 3-50　正麻子湾直道路迹

14. 木瓜岭段

该段秦直道起于蒿咀铺乡正麻子湾,止于蒿咀铺乡干湫子安置林场木瓜岭。长 4.25 公里,呈东—西走向。路面宽 5~9 米,弯度较大,保存完整。部分路基因雨水冲蚀,边沿地段出现坍塌,现已经过蒿咀铺乡及干湫子安置林场工人人工拓宽修筑,车辆及行人可以正常行驶。路两旁树木茂盛,植被生长较好。(见图 3-51)

图 3-51 木瓜岭直道路迹

木瓜岭段有烽火台 1 座,位于蒿咀铺乡干湫子安置林场杨岔队木瓜岭山巅上。烽火台高 7 米,形似覆斗状,黄土夯筑,底部周长 52 米,顶部长方形,南、北长 3 米,东、西宽 2 米。夯土层厚 8~10 厘米。[①] 烽火台西北两侧长有杜梨树 4 棵。该烽火台四壁长满杂草,长期经风雨侵蚀,整体遭羊畜践踏坍塌,表层黄土风化严重,夯土层暴露在外。

该烽火台南侧 20 米处,有旧庄基 1 处,窑洞 3 孔,西侧有传说中的穆桂英练兵教场——跑马梁。据说,相对应的圆形山峁为穆桂英当年练兵调将的点将台。

---

① 引自杜养惠主编:《甘肃秦直道调查》,中国文史出版社 2015 年版,第 128 页。

15. 宋家沟垴段

该段秦直道起于蒿咀铺乡干湫子安置林场木瓜岭，止于蒿咀铺乡干湫子安置林场宋家沟垴。长 4 公里，呈东南—西北走向。路面弯度较小，路基宽约 2 米，加之山梁上灌木、乔木长势茂盛，荆棘丛生，车辆无法通行。部分路段因雨水冲蚀，出现坍塌，行人只可徒步行走，路面状况较差，濒临消失。（见图 3-52）

图 3-52 宋家沟垴直道路迹

16. 西湾段

该段秦直道起于蒿咀铺乡干湫子安置林场宋家沟垴，绕蒿咀铺乡干湫子安置林场东峁山梁，止于蒿咀铺乡西湾。长 38.7 公里，整体呈东南—西北走向。该路段路况保存较差，沿途经过大湾 3 处，最大的 1 处长度达 10 多公里，路面宽窄不一，最宽处 5~7 米。直道绕山梁而过，到达西峁时为陡坡，山梁上荆棘、灌木、杂草丛生，行走困难，车辆无法通行。

该路段只有护林员及其猎户行走的痕迹，未发现放牧人及居住人口。

17. 麻籽崾岘段

该段秦直道起于蒿咀铺乡西湾,止于合水县与华池县交界处麻籽崾岘丁字路口。长 0.65 公里,呈南—北走向。此段道路崎岖,弯度和坡度较大,路面宽 3~4 米,保存基本完整,车辆及行人可以正常通行。

合水境内秦直道通过麻籽崾岘丁字路口进入华池县境内。丁字路口东南 4000 米处有一养羊场,现有大批羔羊在养羊场内养殖,养殖户为华池县居民。

麻籽崾岘段有烽火台 1 座,位于蒿咀铺乡陈家河行政村蒿咀铺林场子午岭东南 40 公里的麻籽崾岘之北。据全国第二次文物普查资料记载,烽火台原高 7 米,顶部南、北走向呈长方形,长 2.4 米,宽 1.3 米,底部圆形,周长约 51 米,面积约 204 平方米。本次调查,烽火台已被毁,仅存遗址 1 处。(见图 3-53)

图 3-53 麻籽崾岘烽火台遗址全景

(四)华池县境秦直道

华池县内秦直道呈东南—西北走向纵贯华池县南部、中部、北部与西北部,长 118 公里。介于东经 107°29′~108°33′,北纬 36°07′~36°51′之间。直道进入华池境后从小刘峁向西北经麻籽崾岘梁至大何庄崾岘，折北至瓜籽崾岘岔路口，转向西北至大塌山，折北至樊大梁，这一段属子午岭次林区，森林覆盖率在 90% 以上，此段农耕地较少，依稀可见放牧痕迹，直道保存比较好，有部分路基被现在森林防火通道沿用。从樊大梁向西北至染花崾岘，折北经鸾庄岭至老爷岭庙崾岘，这段属子午岭残次林区，为亦林亦农亦牧区，农耕生产痕迹明显，大多数直道已被现在通村公路覆盖。从老爷岭崾岘向北经老户湾、齐沟垴至三里畔，又从黄蒿地畔折西北经深崾岘、郝大梁至打扮梁，这一带多为农区、油区。山大沟深，植被覆盖率低，沿路可见油气污染，直道沿子午岭主峰前行，多有破坏。从打扮梁折西经五里湾至大路湾，又折西北经丁崾岘至大树盖梁进入陕西前老庄，又从陕西后老庄进入华池境内，从大树梁向西北经丁崾岘至林沟崾岘折西南至营盘梁，折西北经大渠崾岘、箱子湾至白洞，向北跨越长城出华池境。白洞是战国长城和直道交叉分离之处，长城西行，直道北去。也属农区，海拔较高，人烟稀少，农耕生产条件差。直道痕迹亦不明显，岔路多，只能从分水岭行进方向探查直道走向。[①]

1. 樊大梁段

秦直道从合水县太白镇的宋家沟垴进入华池境内城壕镇的麻籽崾岘，止于城壕镇的樊大梁，整体呈东南—西北走向，长 21 公里。（见图 3-54）"直道沿子午岭主峰北上，在麻籽崾岘处有一岔路口，东南方向有一羊肠小路，西南方向有一土基路通往合水县北川，此处林木茂盛，杂草丛生，树木有杏树、白桦树、杨树、青杠树等，动物有豹子、鹿、野猪、野鸡等。距麻籽崾岘 1400 米处，有一处古庙遗址，地上有残存的清代残瓦，庙院北侧有一破旧砖窑。直道

---

① 引自杜养惠主编：《甘肃秦直道调查》，中国文史出版社 2015 年版，第 165 页。

图 3-54　麻籽嶜岘直道路迹

向西北延伸，路过大何庄，在距直道 20 米的北面，有十九口残损窑洞，据说是古时的马场遗迹。"①直道道路向北延伸至瓜籽嶜岘，是一交通枢纽，在嶜岘处有一岔路口，向东可通大凤川，向西北延伸至梨树庄，向正北、西北延伸至樊大梁。②这里现保存一处旧庄院，有破损窑洞两口。此段直道路基大多数为原始土基路面，路面宽度 3~6 米，只有大何庄至瓜籽嶜岘因接现在的通村道路，用砂石覆盖，其余全部为土基路面。此段直道多数保存较好，并沿用至今。③

2. 老爷岭段

直道从樊大梁向西北延伸，止于柔远镇的老爷岭，整体呈东南—西北走向，长 21 公里。距樊大梁 1000 米处有一垭口，全长 343 米，进出口坡度为 10° 左右，垭口西北侧有一窑庙遗址。④向西北延伸至庙嶜岘，此处人烟较少，有放牧者，在嶜岘北侧 10 米处有一山神庙遗址。又向西北方延伸至墩梁，此处有民居和农耕地，该路迹南侧 300 米处为墩梁烽火台。路迹延伸至赵梁，周

---

① 引自杜养惠主编：《甘肃秦直道调查》，中国文史出版社 2015 年版，第 167 页。
② 引自杜养惠主编：《甘肃秦直道调查》，中国文史出版社 2015 年版，第 167 页。
③ 引自杜养惠主编：《甘肃秦直道调查》，中国文史出版社 2015 年版，第 167 页。
④ 引自杜养惠主编：《甘肃秦直道调查》，中国文史出版社 2015 年版，第 167 页。

图 3-55 张湾庙崾岘垭口

围有农耕迹象,植被覆盖较好。该路迹南侧 800 米处为赵梁烽火台。路迹向西北延伸至陈阳湾,周围植被以人工栽植油松为主,该路迹西南侧 1200 米处为大树塬烽火台。向西北方延伸至张湾庙崾岘,此处有一垭口(见图 3-55),垭口全长 180 米,进出口坡度为 10°左右。此处植被茂盛,也有农耕迹象,但民居较少。距崾岘西南侧 500 米处为张湾崾岘烽火台。"向西北延伸至老爷岭,此处民居多,路迹西南侧 20 米处现存有完整老爷庙一处。向西北延伸 400 米,为老爷岭垭口,垭口全长 242 米,西北侧 400 米处为老爷岭烽火台。"①

直道路基大多数为原始土基路面,路面宽度 3~6 米,只有老爷岭和老爷岭垭口附近为砂石路面和柏油路面,其余全部为土基路面。此段直道多数保存较好,并沿用至今。②(见图 3-56)

老爷岭段有烽火台 4 座。

墩梁烽火台位于城壕镇张川村墩梁,筑于直道南侧 300 米处,烽火台整体保存较好,结构、形制清楚,为明代修筑。烽火台长期经风雨侵蚀,表层黄土风化严重,长满杂草,整体遭羊畜践踏

---

① 引自杜养惠主编:《甘肃秦直道调查》,中国文史出版社 2015 年版,第 168 页。
② 引自杜养惠主编:《甘肃秦直道调查》,中国文史出版社 2015 年版,第 168 页。

图 3-56 老爷岭直道路迹

破坏严重；植物生长、啮齿动物打洞、蚂蚁筑穴对台体有一定影响。该烽火台黄土夯筑，土质疏松，黏结性差，夯土层暴露明显，西南两侧坍塌严重，夯层厚 7~12 厘米。烽火台形似覆斗状，剖面呈梯形，平面呈矩形，顶呈圆形，底径 19 米，高 8 米，占地面积 283 平方米。烽火台四周散布有黑釉、白釉、青花瓷片。（见图 3-57）

图 3-57 墩梁烽火台

赵梁烽火台位于城壕镇张川村赵梁，筑于直道南侧 800 米处，烽火台夯土层暴露明显，四角分明，整体保存较好。烽火台长期经风雨侵蚀，表层黄土风化严重，长满杂草。烽火台黄土夯筑，底长

7米，高7米，夯层厚9~12厘米。南侧有宽4米、长9米古烽道。东侧有宽0.7米、长4米的上烽便道。根据其形制，为明代所筑。烽火台四周散布有明清时期的黑釉、白釉、青花瓷片。（见图3-58）

图3-58　赵梁烽火台

大树塬烽火台位于城壕镇王沟门村大树塬，筑于直道西南侧1200米处，烽火台夯土层暴露明显，四角分明，结构、形制清楚，整体保存较好。底长7米，高12米，占地面积250平方米，夯层厚9~12厘米。根据其形制，为明代所筑。烽火台四周散布有明清时期的黑釉、白釉、青花瓷片。（见图3-59）

图3-59　大树塬烽火台

老爷岭烽火台位于华池县山庄乡老爷岭墩儿梁，筑于直道西南侧400米处，烽火台高7.1米，底面积230平方米，夯土层厚10~15厘米。烽火台顶可望周围15公里范围，东与雷圪崂烽火台相望，北与长虫梁烽火台相望，保存较完整。秦直道与烽火台擦肩而过，相距不到500米。根据建筑形制，此烽火台为秦代所建，四周均是耕地，向东、西30米是地畔，周围住有多户农家。（见图3-60）

图3-60 老爷岭烽火台

3.黄蒿地畔段

直道从老爷岭至紫坊畔乡高庄行政村的黄蒿地畔，整体呈东南—西北走向，长19公里。直道从老爷岭垭口向西北延伸至老户湾嶑岘，路基为砂石路，此处有一岔路，直道向东北侧沿土基路行进，此处植被覆盖较少，有民居、耕地。直道向西北延伸至齐沟垴，此段路程经过分水岭，也是紫坊畔乡和柔远镇的交界之处，周围居民、耕地少，植被覆盖率低。直道向北延伸至黄蒿地畔，此处有一垭口（见图3-61），垭口全长412米，垭口呈S行，中间有200米保存较好，但有一半路基被现在所修村组便道压埋。该路迹东北800米处为黄蒿地畔烽火台。[①]

[①] 引自杜养惠主编：《甘肃秦直道调查》，中国文史出版社2015年版，第168—169页。

图 3-61　黄蒿地畔垭口全景

此段直道路基大多数为原始土基路面，路面宽度 3~6 米，只有老爷岭至老户湾崾岘段为砂石路面，其余全部为土基路面。直道两旁可见大量油井，海拔较高，民居少，耕种条件较差。此段直道保存一般，多作为乡村便道利用至今。

黄蒿地畔段有烽火台 2 座。

紫坊墩儿梁烽火台位于紫坊畔乡高庄村川畔自然村黄庄梁上，筑于直道东南侧 1000 米处，烽火台呈圆锥状，基本保持原貌，顶部较平，高 8 米，底径 14 米，建筑面积 196 平方米。夯土层暴露不明显，没有其他遗物。烽火台地处紫坊畔乡最高山峰，可与大顺城、黄蒿地畔烽火台、安疆寨城相望，保存完好。此烽火台为秦代建筑，周围住有许多农户，以坡地为主，林地较少。（见图 3-62）

黄蒿地畔段烽火台位于紫坊畔乡黄蒿地畔村，筑于直道东北侧 800 米处，烽火台高 8.8 米，底面积 23 平方米，夯土层厚 10~15 厘米。烽火台顶可望周围 15 公里范围，东与雷圪崂烽火台相望，北与长虫梁烽火台相望，保存较完整。秦直道与烽火台擦肩而过，相距不到 1000 米。根据建筑形制，推断为秦代所建。四周均是耕地，向东、西 30 米是地畔，周围住有多户农家。（见图 3-63）

图 3-62　紫坊墩儿梁烽火台

图 3-63　黄蒿地畔段烽火台

4. 打扮梁段

此段直道起于黄蒿地畔止于乔河乡的打扮梁，整体呈东南—西北走向，长 15000 米。直道从黄蒿地畔垭口向西北延伸至深崾岘，此段属陕、甘两省的交界之处，以路为界，崾岘西南侧 400 米处为樊洼子畔烽火台。向西北延伸至墩儿山，此处有一岔路口。直道继续向北延伸，此路段加宽成为通村要道，向西南的一条路通往墩儿山村村部。路迹向西南 200 米处为墩儿山烽火台。向西北延伸至郝大梁崾岘，此段已铺为柏油路面。郝大梁周围民居、农耕地较多，植被覆盖较好。直道从郝大梁崾岘向西北延伸至打扮梁，此段也为柏油路面，植被覆盖较好。

直道路基几乎已无原始土基路面，只有黄蒿地畔至深崾岘这段有原始路基存在，其余路面在直道原基础上都被加宽6~8米。其中深崾岘至墩儿山段为通村砂石路面，墩儿山至打扮梁段为通村柏油路面。直道痕迹亦不存在，但直道走向还是清晰的。（见图3-64）

图3-64　打扮梁直道路迹

打扮梁段有烽火台3座。

樊洼子畔烽火台位于乔河乡武家河村樊洼子自然村山顶上，筑于直道西南侧400米处，烽火台呈圆锥形，底径15米，高6米，面积177平方米；夯土层暴露明显，厚15~20厘米，东可与黄蒿地畔烽火台相望，西与打扮梁烽火台相望，周围散落有宋代瓦残片，保存较为完整。根据建筑形制推测，此烽火台为宋代所建。（见图3-65）现四周均是耕地，向东、西30米是地畔。此处树木稀少，植被覆盖率低，农户较多，周围均为农田，以坡地为主，主要种植小麦、玉米、胡麻等作物。在东梁山峁上有两个电信信号塔，周围多油井，环境污染严重。

墩儿山烽火台位于乔河乡墩儿山村，秦代建，筑于直道西南200米处，烽火台底径24米，高8米，面积452平方米；夯土层

图 3-65　樊洼子畔烽火台

暴露明显，一般在 7~15 厘米；地处周围最高山顶，北侧陕西省吴起县境以烽火台北侧为界，向东可看到打扮梁烽火台，周围散布有残瓦砾等，保存较完整。此处树木稀少，植被覆盖率低，周围均为农田。（见图 3-66）

图 3-66　墩儿山烽火台

打扮梁烽火台位于乔河乡打扮村，秦代建，筑于直道西南侧 300 米处，烽火台夯土层暴露明显，结构、形制清楚，整体保存较好。烽火台长期经风雨侵蚀，表层黄土风化严重，长满杂草，整体遭羊畜践踏破坏严重；植物生长、啮齿动物打洞、蚂蚁筑穴等对台体有一定影响。（见图3-67）

图3-67　打扮梁烽火台

5. 薛山畔崾岘段

此段直道起于打扮梁止于乔河乡薛山畔崾岘，整体呈东—西走向，长13公里。直道路迹从打扮梁向西延伸至五里湾，此段属陕、甘交界之处，有201省道经过该路段，山顶有打扮梁烽火台。向西北延伸至墩掌，路迹西北80米处为墩掌烽火台。直道向西北延伸至丁崾岘，有一岔路口，向西一条路通往怀安乡政府，西北一条为秦直道，此处植被覆盖差，民居、耕地都少。（见图3-68）向北延伸至薛山畔崾岘，此处亦有一岔路，向北一条路通往陕西吴起县白豹镇，西北一条为秦直道，路迹西南300米处为薛山畔烽火台。

此段直道几乎已无原始路基，只有墩掌至薛山畔段为原始土基路面，沿用至今，有部分路迹已被修改，但直道必然经过分水岭崾岘。沿途可见石油油架，岔路众多，植被覆盖率低。随着此段海拔的逐渐增高，耕种条件随之变差，故居民逐渐变少。直道

图 3-68 薛山畔崾岘直道路迹

从此段沿西北方进入陕西省吴起县长官庙乡。

薛山畔崾岘段有烽火台 2 座。

墩掌烽火台位于柔远镇田庄村杨庄自然村墩掌山山顶,明代建,筑于直道西北侧 80 米处,烽火台底径 24 米,高 8 米,面积 452 平方米;夯土层暴露明显,一般在 7~15 厘米;地处周围最高山顶,陕西省吴起县以烽火台北侧为界,向东可看到打扮梁烽火台,周围散布有残瓦砾。烽火台夯土层暴露明显,四角分明,结构、形制清楚,整体保存较好。(见图 3-69)

图 3-69 墩掌烽火台

薛山畔烽火台位于怀安乡小城子村薛山畔山峁，筑于直道西南侧300米处，烽火台高6米，底直径20米，顶部呈椭圆形，直径3米，夯土层暴露明显，一般厚度10~15厘米。烽火台顶可望周围15公里范围，与墩掌烽火台相望。根据建筑形制推测，为秦代所建。该烽火台整体保存较好，结构、形制清楚。烽火台长期经风雨侵蚀，表层黄土风化严重，长满杂草，整体遭羊畜践踏破坏严重；植物生长、啮齿动物打洞、蚂蚁筑穴等对台体有一定影响。（见图3-70）

图3-70 薛山畔烽火台

6. 大庄科沟掌至白涧段

此段直道起于元城镇老庙咀村的大庄科沟掌，止于陕西省吴起县庙沟镇的白涧，整体呈东南—西北走向，长29公里。从陕西省吴起县长官庙镇曾岔村沿西北方进入华池县元城镇老庙咀村的大庄科沟掌，此处直道并行于长城内侧。直道向西延伸至董涧崾岘，此处有一岔路，向北一条砂石路通往陕西省吴起县，向南一条路通往华池县元城镇，向西一条土基路为秦直道。直道向西延伸至林沟崾岘，此处地势较低，民居、耕地少。直道仍并行于长城内侧，向西延伸至营盘梁，周围有民居，耕地多，从遗存物判断，这里原来有古城障，而且规模较大，但由于多年的自然侵蚀及垦殖耕种，已遭破坏。直道沿西北方向并行于长城内侧，经过多个崾岘到达陕西省吴起县庙沟镇的白涧。

白涧段有烽火台6座。

大庄科沟掌烽火台位于元城镇老庙咀村，筑于直道西南侧600米处，烽火台高8米，底直径26米，顶部呈椭圆形，直径3米，夯土层暴露明显，厚8~15厘米。① 烽火台顶可望周围15公里范围，与薛山畔烽火台相望。根据建筑形制推测，为秦代所建。台体保存较好，结构、形制清楚。（见图3-71）

图3-71 大庄科沟掌烽火台

西梁烽火台位于元城镇老庙咀村，筑于直道西南300米处，烽火台高10米，底直径26米，顶部呈椭圆形，直径3米，夯土层暴露明显，厚8~10厘米。② 烽火台顶可望周围15公里范围，与大庄科沟掌烽火台相望。烽火台周围残留秦代瓦片，根据建筑形

---

① 引自杜荞惠主编：《甘肃秦直道调查》，中国文史出版社2015年版，第175页。
② 引自杜荞惠主编：《甘肃秦直道调查》，中国文史出版社2015年版，第175页。

制推测，为秦代所建。台体保存较好，结构、形制清楚。烽火台长期经风雨侵蚀，表层黄土风化严重，长满杂草。（见图3-72）

图 3-72 西梁烽火台

林沟崾岘烽火台1号位于元城镇吕沟咀村。筑于直道西南侧200米处，烽火台高8米，底直径30米，顶部呈椭圆形，直径3米，夯土层暴露明显，厚8~15厘米。①烽火台顶可望周围15公里范围，与西梁烽火台相望。西北方向10米处还有明代烽火台1座。烽火台周围残留秦、明两代瓦片，根据建筑形制推测，为秦代所建。烽火台夯土层暴露明显，四角分明，台体保存较好，结构、形制清楚。烽火台长期经风雨侵蚀，表层黄土风化严重，长满杂草，整体遭羊畜践踏破坏严重。（见图3-73）

林沟崾岘烽火台2号位于元城镇吕沟咀村。筑于直道西南侧200米处，烽火台高13米，底直径38米，顶部呈椭圆形，直径3米，夯土层暴露明显，厚8~15厘米。烽火台顶可望周围15公里范围，与西梁烽火台相望，保存较完整。②该烽火台东南方向10米处还

---

① 引自杜养惠主编：《甘肃秦直道调查》，中国文史出版社2015年版，第175页。
② 引自杜养惠主编：《甘肃秦直道调查》，中国文史出版社2015年版，第176页。

图 3-73　林沟崾岘烽火台 1 号

有一秦代烽火台，在烽火台周围残留秦、明两代瓦片，根据建筑形制推测，为明代所建。烽火台长期经风雨侵蚀，表层黄土风化严重，长满杂草。

营盘梁烽火台位于元城镇吕沟咀村。筑于直道西南侧 300 米处，烽火台高 9 米，底直径 23 米，顶部呈椭圆形，直径 3 米，夯土层暴露明显，厚 8~10 厘米。[①] 烽火台顶可望周围 15 公里范围，与林沟崾岘双烽火台相望，保存较完整。烽火台周围残留秦、明两代瓦片，根据建筑形制推测，为秦代所建。烽火台长期经风雨侵蚀，表层黄土风化严重，长满杂草。（见图 3-74）

大渠崾岘烽火台位于元城镇吕沟咀村。筑于直道西南侧 500 米处，烽火台高 10 米，底直径 16 米，顶部呈椭圆形，直径 2 米，夯土层暴露明显，厚 8~11 厘米。[②] 烽火台顶可望周围 15 公里范围，与林沟崾岘双烽火台相望，保存较完整。此烽火台与长城相连接，在烽火台周围残留秦代瓦片。根据建筑形制推测，为秦代所建。

---

① 引自杜养惠主编：《甘肃秦直道调查》，中国文史出版社 2015 年版，第 177 页。
② 引自杜养惠主编：《甘肃秦直道调查》，中国文史出版社 2015 年版，第 177 页。

图 3-74 营盘梁烽火台

烽火台长期经风雨侵蚀，表层黄土风化严重，长满杂草，整体遭羊畜践踏破坏严重；植物生长、啮齿动物打洞、蚂蚁筑穴等对台体有一定影响。烽火台黄土夯筑，土质疏松，黏结性差，四角分明。[1]

三、内蒙古鄂尔多斯境内的秦直道

秦直道在陕西定边县南离开子午岭地区，进入陕北黄土高原，再往北去，就到了鄂尔多斯草原。鄂尔多斯草原位于阴山山脉下黄河之南，在秦王朝统治时期叫作河南地。当时的九原郡治所虽

---

[1] 秦直道甘肃庆阳段部分图片为庆阳市文化广播影视新闻出版局王志勇副局长、范明科科长提供，部分转引自杜养惠主编：《甘肃秦直道调查》，中国文史出版社2015年版，特此致谢。

在黄河北岸,但它的辖区实际包括鄂尔多斯草原。现在鄂尔多斯草原有相当多地方都已变成沙漠,可是远在秦王朝统治时期,此地却并非如此。当时新设的34个县(或44个县),就分布在这里的草原上。

鄂尔多斯草原和子午岭上不同。这里没有高山,却散布着丘陵台地。直道经过这里,还需要一番修建。子午岭上的直道遗迹断断续续埋没不少,由于子午岭主脉并未有所改易,直道路线还可借以探明。鄂尔多斯草原上的丘陵台地到处散布,又杂以大小不等的淖尔沼泽,欲在其间探寻直道的路线及遗迹,便较为困难。但经多年的调查探寻,鄂尔多斯境内秦直道的南端在伊金霍洛旗红庆河附近是确定无疑的,然后经公尼召、掌岗图、古路壕、二顷半、城梁古城、班家沟、布尔什兔沟、查罕沟、黄石崖渠、黑格尔沟等地,再从吴四圪堵略偏西北行,到昭君坟渡河,稍向东北经二道梁直到包头市南郊的麻池古城。内蒙古段秦直道长160多公里。(见图3-75)

图3-75 内蒙古直道遗迹

（一）红庆河段

秦直道从陕西靖边县宁条梁地区向东北沿无定河西岸进入内蒙古自治区鄂尔多斯大草原，由乌审旗南境向北，进入伊金霍洛旗南境，由公格苏木向北，到达红庆河古城附近。秦直道在乌审旗境内全长63公里。2005年，内蒙古自治区鄂尔多斯市组成联合调查队在红庆河古城西1500米的地方，发现了秦直道遗迹。这是一次重要发现，因为在红庆河镇内，由于农业生产，地表已经无法断定秦直道的存在，这次调查用考古钻探的方法证实了红庆河古城西侧秦直道的存在。

红庆河，原名红城河。从田地间明显的夯土墙痕迹和老乡从田里捡到的陶器碎片和陶瓦碎片看，可以断定这里曾是一处古代城址，俗称"三套城"。（见图3-76）据《中国文物地图集·内蒙古自治区分册》记述，红庆河古城可分为外城、内城和子城。

图3-76　红庆河古城遗址

外城墙已不存在。内城西墙呈土垄状。子城保存较好，平面呈长方形，长136米，宽130米，城墙为夯筑，基宽6~10米，最高处为4.5米，夯层厚5~12厘米。文化层厚1.2~3米。采集到的文物有泥质灰陶小口罐、陶甑残片及陶纺轮、绳纹板瓦、柱础石、"大泉五十"、"五铢"铜钱等。在内城北侧约1000平方米范围内发现厚1米左右的兽骨。这一带铜箭镞很多，据说，曾有一次挖出18斤之多，而铁制的箭镞却为数不多。这一发现，可以推断红庆河为古代一个重要的军事、交通要道。红庆河处于高原平台之上，直道修建时，地表无须很大改动，故遗迹难于寻觅，也在情理之中。依据史念海的观点，一般道路的修筑是和附近的城池有联系的，新筑的道路往往迁就旧有的城池，而新建的城池往往迁就已有的道路。所以把红庆河作为秦直道由陕北进入内蒙古境内的第一站，是有充分理由的。

（二）掌岗图段

自红庆河北去，经公尼召和张家湾，便是掌岗图遗址。掌岗图地区的秦直道遗迹不能与红庆河相比，很少有地表遗物。但这里的直道遗迹，却是人们认识秦直道结构的绝好观测点。

掌岗图是伊金霍洛旗内的制高点，海拔1399米。直道遗址从南面的豁口以缓坡状向北延伸，长约300米。掌岗图的秦直道遗迹，从岗顶的豁口以缓坡状向北伸延，距豁开口约200米处被雨水冲蚀出一条近10米深的沟壑，把直道遗迹断为南北两截；截面的填方和铺垫的卵石，都显现得很清晰。现有的一条乡间公路恰好在此拐弯，把拐角斜着插进这段直道南面的北端，把南面北端宽约50米的直道路面切去了近一半，并把南面直道东北角约13米宽的一段遗迹，侧悬于现行乡间公路拐角的西北侧，填方和卵石更加醒目。所以，掌岗图遗址，实在是了解秦直道路面结构的难得地点，既有横断面，也有纵剖面，还有斜切面，人们可以从几个不同角度进行观察。沟壑北面一截直道遗迹，路面呈拱形，特别是向北倾斜度较大的一段路面，两侧的水土流失虽然很严重，但依然能捕捉得到直道宽约50米的原始形状。（见图3-77）

图 3-77　掌岗图直道遗迹

（三）城梁古城段

近年，内蒙古考古工作者发现了一段秦直道遗迹，遗迹位于鄂尔多斯市东胜区西南二顷半村南约 200 米的地方。遗迹的两端早已断切下陷，残留可见长度仅有百米，路面残宽 22 米左右。路基断面暴露极为明显，现高 1~1.5 米，为当地红砂岩土修筑。遗迹北部的山冈豁口是人工开凿的，自这个豁口临高北望，可接连望见 3 个山冈豁口。在遗迹残段南望，也可见到 1 个山冈豁口，4 个豁口遥遥相对，连成一线。这虽然是一个孤立的遗迹，但从下面几个理由来观察，可以认为是直道的一段。（见图 3-78）

根据前面的论述，直道在定边县南下了子午岭主脉，而九原郡的治所则在包头市的西南。由定边县南到包头市西南引一条直线，以之为依据，来探寻直道的遗迹，相差当不甚多。当然在相当长的距离中，道路不会像直线那样笔直前进。但行人走路，总是会想方设法寻求两地之间的最近距离，也就是说期望能够接近像直线所标示的那条路线，愈接近，自然愈便捷。而海子湾发现遗迹的地方就在这样一条直线的东面，粗略估计，偏东只不过数十里。

图 3-78　城梁古城直道遗迹

在这条直道的两旁，虽无险峻的高山，却散布了许多沼泽，秦朝时是否就是这样，不可具知。据汉代史料记载，在著名的河南地，有金连盐泽和青盐泽。青盐泽可能就是现在杭锦旗北部的盐海子，蒙名胡落莽卓，迄今仍产青盐，结晶颗粒较大，为鄂尔多斯市的主要产盐地。这个盐海子实际很大，由于大部分干涸，现在看来很小。鄂尔多斯草原的湖泊以东胜区西南的巴汗淖和合同察汗淖最大，盐海子还要差一点。其形成时期似不能晚于盐海子。这两个湖泊虽大，湖水却是带苦味的。当时没有见于记载，可能是这个缘故。如果这样的推测不错，则东胜西南在秦王朝时就有湖泊分布。直道在这里经过，便会绕道而行。这就使海子湾的古路作为直道遗迹更有可能。

一般道路的修筑是和附近的城池有联系的。新路迁就旧有城池，而新城也迁就原有道路，城路相依，古今皆然。秦始皇取得河南地后，设了几十个县城，不能说直道和这些县城全都没有一点关系。可惜这些县城的具体数目尚难确定，具体所在地也不易逐一查清，但在海子湾遗迹的附近还有古城被发现。由遗迹北行，在山冈豁口旁，有一处古城遗迹，出土大量陶片箭头，其附近还曾发现汉墓，据此推断这是汉代城塞遗址。再往北约20里处，就是城梁村。

东胜西31公里处的城梁村有古城遗址一处，这里还是鄂尔多斯高原的最高点，海拔1553米。若以此为准，画一直线向南北延伸，直北可抵包头市，直南到红庆河镇，恰好似鄂尔多斯高原之脊背。城梁古城地表文物散布范围很广，在略呈方形的古建筑台基及其四周，各种陶器残片到处可见，尤其引人注目的是大型板瓦、筒瓦和铺地用的回纹空心砖、下水管残件。据考证，城梁古城为秦汉时期的行宫遗址。

城梁古城往西100多米处，有一处被当地居民称为"古路豁子"的遗址（见图3-79），应是当年"堑山堙谷"形成的直道通过小山丘时留下的豁口，此豁口宽约50米。登上豁口东侧制高点，向北极目眺望，一连三个宽窄一致、间距不一的豁口，相连成串。

图3-79 古路豁子遗址

转身向南，又有两个豁口，连同身旁的一个，在数十里之内，一连六个方向一致，宽窄相等而间距不一的豁口，贯通一气，不仅可以看出苏林所说"正南北相直道也"的秦直道雄浑状貌，就连秦始皇气吞山河的气势，亦能领略得到。而且更让人触摸到"堑山堙谷，直通之"的"直"，乃是秦直道最基本的特征。

循城梁遗址所能看到的三豁口，直北而上，途经班家沟、布尔什兔沟、查罕沟、黄石崖渠、黑格尔沟等地。沿途属高原丘陵，直道通过每一个山丘时，无不留下与处处"堑山"形成的豁口。豁口南北都保留有长短不一的一段直道路面遗迹，路面宽窄和豁口宽窄一致，均为50米左右。像布尔什兔沟豁口，南北都各有100多米的路面相连，从豁口缓坡爬上两侧山丘，南北都有相同的豁口收入眼底。身临其境，遥想当年嬴政、蒙恬们那种"堑山堙谷"开辟直道的气概，令人多少产生几许敬畏之情。

城梁村附近的地形也很能说明问题。城梁村是东胜区最高的地方，由城梁村向南向北地形颇高，南北联结成了一条梁的形状，这段古道就修筑在这一带的梁上。在高峻山梁上平坦易行的部分修路，这和子午岭主脉上那段直道的修筑道理相同。如今，鄂尔多斯草原的公路也多半依然是在梁峁通过，如东胜至鄂托克旗和东胜至准格尔旗的公路，就都是修建在由东向西的黄土梁上。如果路在梁下，就会到处遇到无法通过的深沟。

（四）库布齐沙漠段

吴四圪堵再往北就是宽度约15公里的库布齐沙漠。（见图3-80）"库布其"意为蒙古语"弓上的弦"，因其地处黄河弯道之南，像一根挂在黄河上的弦，因此得名。古称"库结沙""破讷沙"，亦作"普纳沙"。其位于鄂尔多斯高原脊线的北部，分属鄂尔多斯市的杭锦旗、达拉特旗和准格尔旗。库布齐沙漠的沙丘几乎全部覆盖在第四纪河流淤积物上，可见其形成已有二百多万年的历史，其西、北、东三面均以黄河为界，地势南部高，北部低。南部为构造台地，中部为风成沙丘，北部为河滩地，总面积约1.6万平方公里，流动沙丘约占61%，形态以沙丘链和格状沙丘为主。驻足于吴四圪堵以北的柳沟边北望，一片茫茫沙海，秦直道的踪迹再难寻觅。库布齐沙漠是秦直道必须穿越的天然屏障，秦直道至此是横穿沙漠，还是以弓形弧线绕过沙漠？若是横穿而过，两千多年前的库布齐沙漠有多大，穿越沙漠的直道又是什么面目？如果是沿川绕过，工程的难度自然减小，但这条道路又如何解决汛期大队人马的通过问题和防御敌军设伏袭击的问题呢？这些谜团亟待解开。

图 3-80　库布齐沙漠

秦直道自伊金霍洛旗的掌岗图北行至达拉特旗昭君镇吴四圪堵村，在伊金霍洛旗境内长约75公里，在达拉特旗境内长约30公里。从红庆河、掌岗图、城梁及其以北遗址可以看出，秦直道的修筑以取直为主，"堑山"和"堙谷"的目的都只是为了取直，"堑山"处形成豁口，开挖豁口的土方顺便推填于低洼处，挖多少填多少，不再另行取土。因此，现存鄂尔多斯高原的秦直道遗迹，南北顺直，成波状伸延。

（五）麻池古城段

秦直道从城梁村沿沙丘山脊向东北方向前进，进入达拉特旗境内的库布齐沙漠。从地理环境观察，直道北上经铧尖、柳塔店、龙头拐之间的谷口高地，北至黄河南岸的王昭君坟附近，渡过黄河到达麻池古城遗址。（见图3-81）麻池古城位于今包头市火车站南偏西8公里处。古城西北有一条从包头东海区到昆都仑河岸的长沙梁，南为黄河北岸的冲积平地，距黄河约5公里，北距大青山的昆都仑河谷口35公里。

麻池古城分南、北二城，两城近似正方形，南城偏东，北城的东南角城墙和南城的西北角城墙约有300米是连在一起的，城垣轮廓十分清楚。从两城遗物内涵看，可推测其为秦汉古城。北城内多为粗绳纹板、筒瓦残片，回纹铺地砖的纹饰及瓦当纹饰与陕西淳化县甘泉宫、甘肃正宁南梁峁出土的基本一致，且北城西南角东西并列两个夯土层基与甘泉宫的两个冢状土台基的排列位置、间距基本一致，可能都是为军事、祭祀所需而修筑。南城内瓦片也很丰富，但多为素面，内为细绳纹或布纹，粗绳纹的板、筒瓦残片少见。遗物证明，南城的修建时间稍晚于北城。麻池古城址就是当年秦代的九原郡址。绵延"千八百里"的秦直道，在此达到了终点。

图3-81　新修麻池古城门楼与麻池古城遗址

第四章 秦直道沿线的重要遗存

秦直道主线绵延千里，凡是当时设有重镇或者是重要关隘的地方，必有通往各地的古道。这些古道可能是当时用于物资运输，或者是塘报传递的通道。在直道主线及其向两侧辐射的古道上，至今保存着大量文化遗迹、遗址和遗物，它们既是当时历史足迹的见证，又是了解秦直道漫长历史及其演变过程的确凿资料。所以，要全面探究秦直道的历史，对其两侧文化遗存的了解是必不可少的。

一、直道主线上的遗存

（一）甘泉宫至兴隆关段

1. 甘泉宫遗址

甘泉宫遗址（见图 4-1）位于陕西淳化县，北靠庄子村，南到董家村，西邻卜家乡的米家沟畔，东至武家山沟。城前头沟于城址西部 1/3 处，将城切割成东、西两部分。1991 年出版的《淳化县文物志》对这座古城址的记述十分详细，现据调查综述如下：

图 4-1　甘泉宫遗址

东城墙，只存南北两端各百余米残迹，高 1 米左右，其余遗迹已难寻找。《淳化县文物志》载：东城墙全长 880 米。城墙东北角有两座大土墩。西边的土墩当地人叫"承水台"，高约 16 米，周长约 200 米。土墩东南侧平地处有石熊、石鼓各一个。石鼓高 1.5 米，直径 80 厘米，上刻晚期铭文；石熊高 1.5 米，雕刻形象古朴，似为早期遗物。东边的土墩当地人叫"望母台"，高 17 米，周长约 200 米。这两座土墩有可能就是当年汉武帝时出于军事或祭祀的需要所修筑的"通天台"。

西城墙，因米家沟和城前头沟两条冲沟所限，城墙呈矩形，沿米家沟东畔北长约 600 米，残高 1~4.5 米，至小沟岔处再东折约 450 米至城前头沟西畔，因冲沟积年，水土流失，断面处只见城基残迹，当初之长度已难估量。

南城墙，被城前头沟割为东、西两段，东段长约 600 米，残高 2 米左右；西段长约 300 米。南墙在城前头沟东沿向东 230 米处，有一壑口，宽 20 余米，其位于南墙中部偏东，应是南门遗迹。

北城墙，即凉武帝村北，有约200米长的残迹，其余已无迹可考。

这里遗物丰富，城墩内外遍布砖、瓦、石等各种建筑材料残件和建筑残迹。（见图4-2）在凉武帝村、董家村和城前头村约10平方公里范围内，最多见的是各种绳纹板瓦、筒瓦和大量回纹砖、素面砖块。还有少见的钉铆状砖块和横、竖相间的粗绳纹大

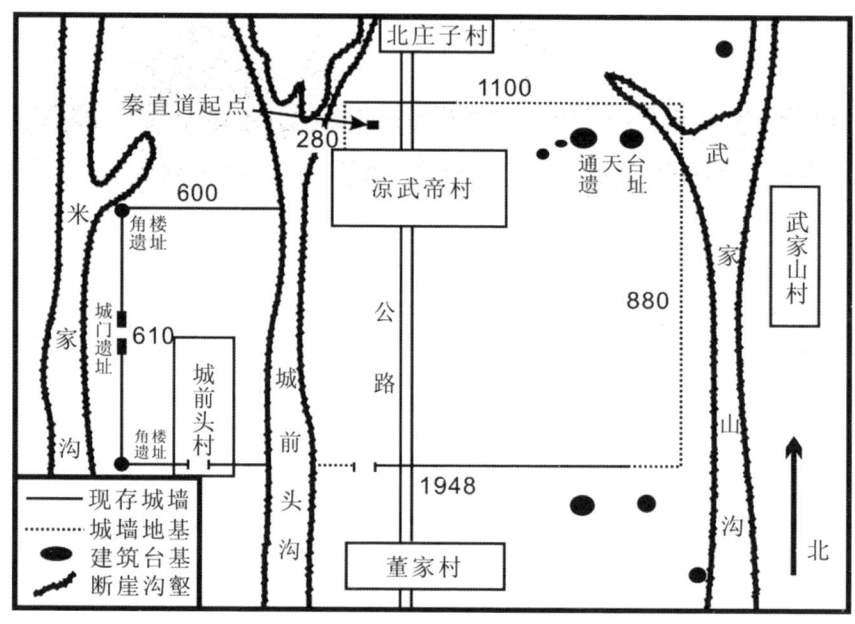

图4-2 甘泉宫遗址示意图

方砖。这里瓦当种类繁多，有云纹瓦当和"长生未央"文字瓦当。从地表散布的瓦片来看，城墙内东北部多为粗绳纹板瓦、筒瓦残片。淳化县文化馆收存的秦、汉瓦当达四百余件。带有文字的瓦当有"千秋万岁""甘村""卫""长生未央""益延寿""宣富贵当千金"；图案瓦当有：龟、蛇、雁纹、"蟾兔纹"、"马甲天下"、"云纹"等。这些瓦当上的文字书写变化多样，"长生未央"瓦当的字样多达30余种。据了解，这里出土的秦汉文物极多，有空心砖、陶水管、铁铲、铜镞等。从遗址断面看，文化层厚1.5~2米，足见历史悠久，内涵丰富。

以凉武帝村为中心的秦汉遗址，史学界普遍认为，就是秦代

云阳古城遗址。清乾隆年间的《淳化县志·土地记》有这样的记载："古云阳城在县西北五十里，……甘泉山前为古云阳县城。"清乾隆年间的淳化县治所，即今淳化县城。县志所载的古云阳城位置及距县城的距离，与今凉武帝村古城遗址的实际位置完全一致。所以，我们认定，史学界关于凉武帝村古城遗址就是秦代云阳县城的认定，是毫无疑义的。①

2. 石门关遗址

石门关，属旬邑县石门山（唐武德年间曾为县治所），南隔七里川与箭杆梁相望。（见图4-3）

图4-3 石门关

石关宫，据《汉书·扬雄传》"甘泉赋"云："甘泉本因秦离宫，……宫外近则洪厓、旁皇、储胥、弩陛；远则石关、封峦、枝鹊、露寒、棠梨、师得、游观屈奇瑰伟。"从游观诸宫记述文字顺序上看，石关宫是距甘泉宫较远的一列行宫中最近的一个。石关宫当然应

---

① 引自甘肃省文物局：《秦直道考察》，兰州大学出版社1996年版，第6—8页。

在旬邑县石门附近。

在石门关东峰之顶端,分布有秦代粗绳纹瓦片、菱形纹板瓦残片和空心砖残块等遗物。此处的直道过河爬山,山形险峻,道穿其间,可谓一夫当关,万夫莫开之险,故有石门之称。古之直道仍为今人所用,这里的秦直道因山势而行,斗折蛇行,呈胡同状,壁直壕深,宽6~8米,槽深5~10米不等。①

20世纪70年代,宜君县文化馆孙相武先生考察石门南峰及扶苏庙址(见图4-4)时,发现有"水波纹、菱形纹是秦瓦当"②此两种瓦当同时出现在一个很小的行宫遗址上,应属秦统一所造,这与三十五年"始皇欲游天下,道九原,直抵甘泉"的记载一致。考察秦直道全程发现,沿途秦汉行宫遗址皆在高亢之地,石关宫当在南峰峰顶无疑。峰顶尚不平坦,面积小于一个篮球场,毁圮之后,建为扶苏庙。站在南峰顶上,举目四望,群山环抱,绿茵如涛,石门胜景,一览无遗。石关宫设在峰顶,足显"主之得意"。

图4-4　石门南峰扶苏庙

---

① 引自甘肃省文物局:《秦直道考察》,兰州大学出版社1996年版,第8页。
② 孙相武:《秦直道调查记》,载《文博》1988年第4期。

石关宫在《汉书·司马相如传》"上林赋"中记载,"蹶石关、历封峦、过鳷鹊、望露寒"。张揖在《三辅黄图校释》卷二注云:"此四观,武帝建元中作,在云阳甘泉宫外。"实址考察后发现,扶苏庙顶未见到武帝时期建筑材料,当时对此庙是进行维修还是增建,难下结论。东汉京都东移洛阳,直道沿途行宫当废不用。

由石门沿秦直道北行2.2公里至石门关村。村舍北依石门关山,高20余米,亦位于直道西畔。该山梁梁顶下4米半腰处有一块6米×15米条形台地,其上避风向阳,紧扼直道,一目了然,车辆、行人动态,难逃监视。当地村民告知,台地耕地中曾有瓦片,经探测未得。但山梁小地名说明它可能是早于西汉的关址所在。该关址接近石门,石关由此得名。该山梁关址在其上,关山由此得名。秦石关宫又因先秦石关而得名。

3. 两女寨遗址

两女寨遗址位于陕西省旬邑县职田镇职田街村东北约2000米耕地中(甘肃省正宁县刘家店林场蔡头湾木材检查站通往旬邑县的省道306公路约2公里旁两大土冢处),两女寨东侧土冢残高4米,顶径2米,底围40米;西侧土冢残高3米,顶径3米,底围50米,两土冢间距8米,遗址周围散布有秦代残砖碎瓦残片。(见图4-5)

相传这两个土冢为秦始皇长子扶苏两个女儿的墓葬。据清乾隆年间的《旬邑县志》载:"两女寨,传说为秦始皇长子扶苏去上郡蒙恬屯军处监军途中,两女因故死去,葬与此。"同治版《三水县志》载:"秦扶苏二女墓在两女寨之麓,去县六十里。"《陕西通志》载:"两女寨山在三水县东北七十里,地势高耸。南望平衍,其麓有两冢,相传为秦扶苏二女葬处,其相近有神林山。"这一墓地原面积约百亩,后被农民毁为农田,现留墓地一亩余。

这两座土冢是烽燧还是扶苏之女葬地,尚有待进一步考证。

图 4-5 两女寨秦代残砖瓦与遗址全景

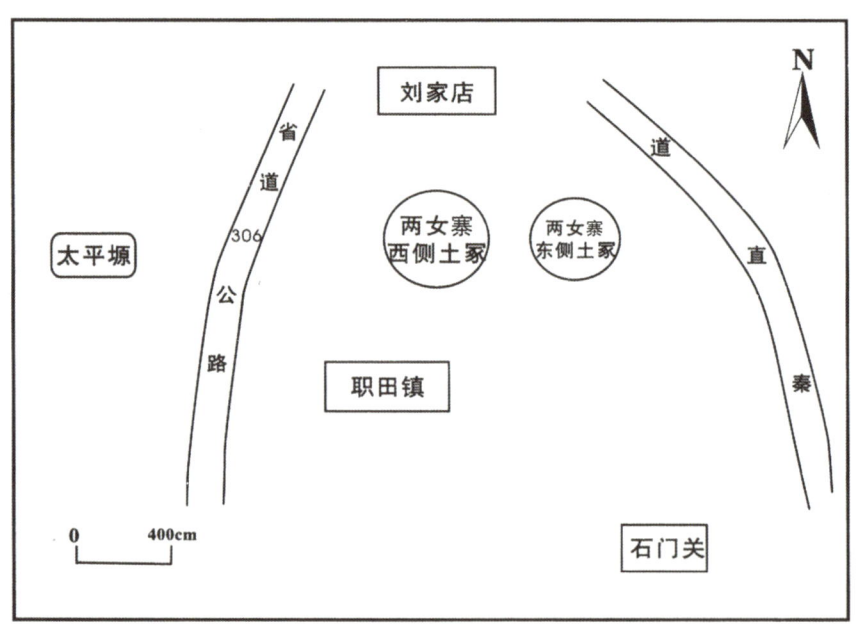

图 4-6 两女寨遗址示意图

但扶苏出使上郡监军确有其事。据《史记》载,始皇三十五年:"犯禁者四百六十余人,皆坑之咸阳,……始皇长子扶苏谏曰:'天下初定,远方黔首未集,诸生皆诵法孔子,今上皆重法绳之,臣恐天下不安,唯上察之。'始皇怒,使扶苏北监蒙恬于上郡。"可见,扶苏遭贬去上郡时,是经正在修筑的秦直道前行的。两女寨位于秦直道沿线，当然事出有因。

另据旬邑县秦直道考察报告载：此地南北两面临沟，东面沿子午岭直通刘家店，西面为后掌通往张洪的太平塬，南面能清楚地看到石门关，北面可看到甘肃境内。考古钻探认定，两个高台为黄土夯筑，高台周围秦汉瓦片随处可见。根据此地与石门关及刘家店的对应关系，判断此处为烽燧遗址。（见图 4-6）

4. 南梁峁遗址

南梁峁位于正宁县东南部，北至雕岭关约 2000 米。在道路的东侧 200 米处，有一宽阔平坦的山梁，名四十亩台。山梁上开阔平坦，南北长约 500 米，东西宽约 200 米，北窄南宽，形似葫芦，东南山势陡险，西北坡度平缓，北面约有 30 米宽的出口紧贴直道，地面散布大量绳纹瓦片和建筑材料，总面积约 7000 平方米。1986 年，在全国文物普查中，陕西省考古工作者首次对这里进行了全面调查。发现了用姜石铺成的院落地面和夯土墙基、素面方砖、几何纹方砖与绳纹方砖、瓦等 14 种建筑材料。同时还发现了瓦椁秦墓。瓦椁秦墓的椁室全用板瓦和筒瓦筑成，墓内尸骨无存，但有一对玉鹿、一对玉龙和一个纹饰细腻的玉璧，色泽依然纯正。经论证，此处为秦直道自云阳起第一个屯兵之所，故命为"秦一号兵站"。（见图 4-7）

经对遗址进行认真调查，发现该遗址文化层厚 1~2 米，捡到的标本有云纹瓦当、羊角纹瓦当、粗绳纹条砖、回纹方砖、子母口板瓦、建筑构件等残片。在被人挖掘的坑内清理出了两个硕大的空心砖，从摆放形制判断应为厅堂的台阶踏步，该建筑坐北向南。空心砖长 138 厘米，宽 38 厘米，高 28 厘米，壁厚 2~2.5 厘米。地面 20 厘米以下残砖破瓦堆积密集，从标本形制及其做工特点看，应为秦汉时期建筑材料。南梁峁的地理位置十分险要，东西面为悬崖，南有直道崾岘，北至雕岭关约 4000 米。从地形看，这里是雕岭关关隘的一个重要组成部分,可能是集屯兵、军需品储存仓库、重要官员驻所为一体的重要军事设施。在南梁峁西南约 5000 米的孟家河源头山坡上,有一地名叫"南梁殿",可能与南梁峁有密切的关系,有待进一步考证。(见图4-8)

图 4-7　秦一号兵站瞭望塔

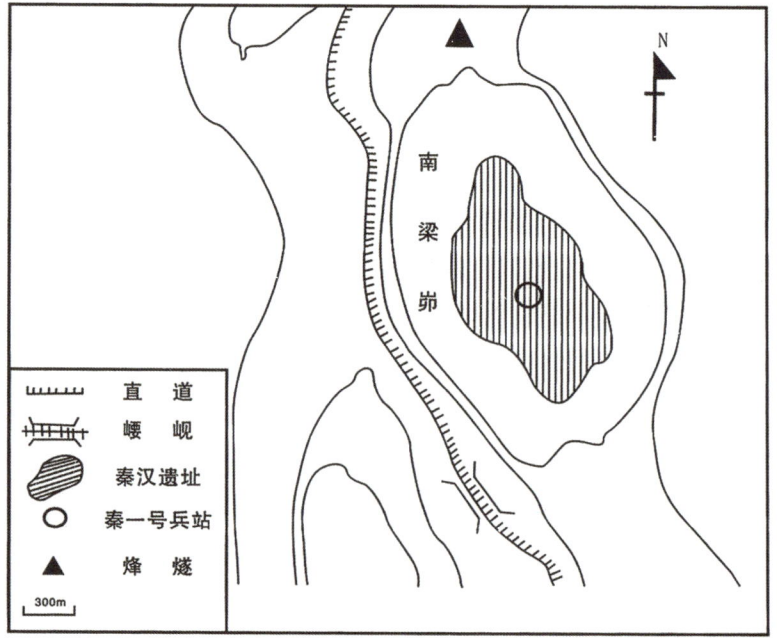

图 4-8　南梁峁遗址示意图

5. 雕岭关遗址

雕岭关位于正宁县东南子午岭主峰上，海拔1753米，今处正（宁）铜（川）公路0公里标志西南侧50米处，这里有一条东西向的古道与直道交叉于雕岭关，从此向西可通罗川，向东可达陕西铜川一带，可见此处是一重要的交通枢纽。雕岭关遗址东西长约600米，南北宽约400米，总面积约240000平方米，重点区处在一山峁的南侧，现存古代窑洞三层数十孔，山峁西南侧残存一段城墙，长约30米，残高3~7米，基宽6米，夯土层厚6~7厘米，可能原有城堡，修建公路时将一部分破坏。（见图4-9）在第二

图4-9 雕岭关遗址

层窑洞窑面东侧有一处古代砖瓦窑半剖面，剖面内积存大量唐宋至清代陶、瓷器残片。从标本堆积形式看，应为砖瓦窑停止生产废弃后，人们将生活垃圾倒入其内的。这就说明，此砖瓦窑为唐代以前所建，这个砖瓦窑应与修建雕岭关关隘有关。地表散布粗、细纹板、筒瓦残片和唐宋至清代的陶、瓷器残片。遗址断面暴露文化层厚约3米。从丰富的标本来看，此关秦时已置，唐宋时期

仍沿用，明关是在古关基础上设置的。明初，置雕岭关巡检司。民国三十六年（1947年），陕西省保安第六团在此设防。这处遗址从秦一直沿用至清。（见图4-10）

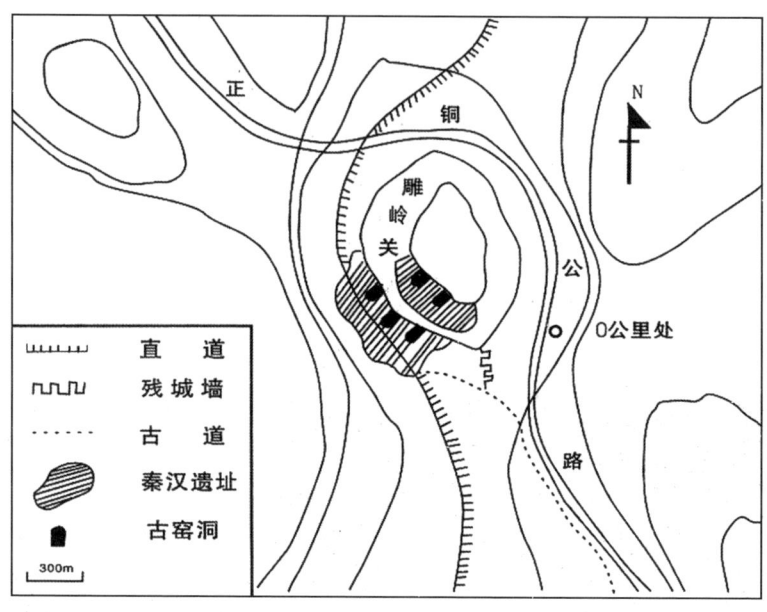

图4-10 雕岭关遗址示意图

6. 兴隆关（沮源关）遗址

兴隆关遗址位于宁县东部子午岭主脊北桂花园以北1.3公里的崾岘北端。（见图4-11）兴隆关西1000米山顶部有烽火台1座，呈圆形，为夯筑。遗址重点区域在山峁东侧两个山梁相连处的山窝内，坐北向南，崾岘西侧在200米×100米的台地内，散见一些秦汉瓦片，断面文化层厚2~3米。直道从遗址重点区西侧坡上通过。在这弧形的山窝里，现存古代窑洞五层百余孔。窑洞前台地都比较窄小，遍地散有秦汉砖瓦残片。西侧山梁顶部150米×100米的范围内，有周代大量夹砂灰陶、红陶片。一条东西古道在此与直道交叉，西通宁县罗山府，东沿着子午岭支脉分水岭一直绵延向富县，古称"古道岭"。古道宽4~5米，深1米左右，保存较好。参照地理位置以及现存的地面遗物，可以推测周代时

图 4-11 兴隆关

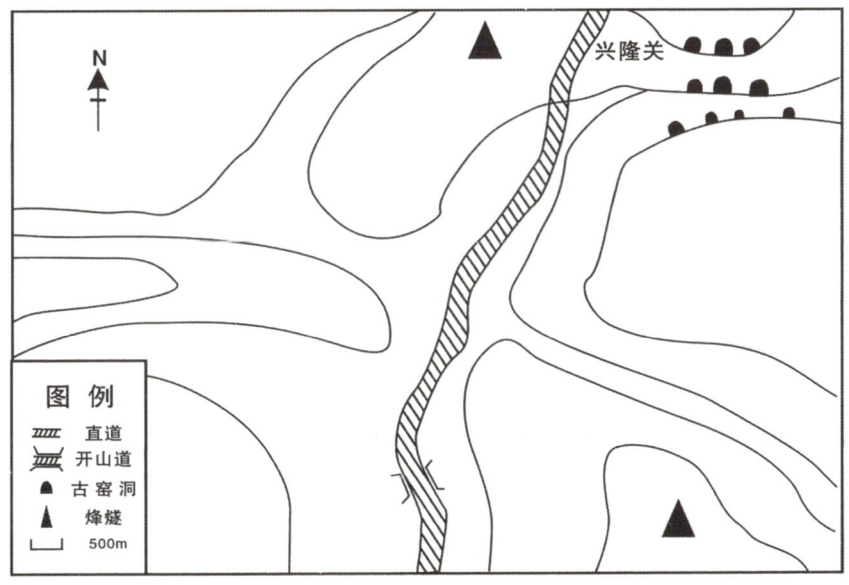

图 4-12 兴隆关遗址示意图

先民就在这里繁衍生息,至秦这里成为重要交通枢纽,是一大型军事重镇。(见图 4-12)

兴隆关也就是沮源关,民间原来也叫贵人关。这个贵人指的是李世民,据说李世民征突厥时从此经过,后来当地人念走了音,叫成鬼门关。20世纪60年代河南知青们在这里开荒种地,人气很旺,觉得"鬼门关"难听,所以改名叫兴隆关。当地老百姓只知道此处叫兴隆关,没人知道叫沮源关。①

(二)西线段遗址

1. 午亭子遗址

午亭子,古称午云寨,建于西周,由东、西、中3个小寨和4个烽燧组成。秦直道从寨中穿过,是直道沿线重要的兵寨之一。(见图4-13)西汉因战略、交通需要,设除道县。唐、宋改县为寨,人称"午云寨"或"午云镇"。古城遗址内曾出土"合水子午镇"铜风铃一件,"午云寨"石质匾额一方,清"道光十三年午云镇铸造"铁炮一门,烽火台的周围,还发现散落的瓷器、陶器、砖和秦代大麻点纹瓦片。②(见图4-14)

午亭子地处甘肃合水县、宁县和陕西省富县三县交界地带,是古秦直道交通枢纽。东北方向有一古道(东经108°31′27.3″,北纬35°52′30.2″),高程1563米,下坡到达陕西富县陈家河;西南有一古道通甘肃合水县固城乡,古称"旧大陆"。这里自古是交通要道,商贾聚集之地。

午亭子最早开发经营于何时,已不可考,但可以肯定的是,它一直是秦直道子午岭主脉上的重镇,其古城高高耸立于子午岭山顶,又处于十字交叉的路口,历代都看重其军事战略位置,都作为战略要塞反复修葺,驻重兵予以防守。从县治到镇、寨,由行政设置上发生的多次变迁来看,这些变迁固然跟王朝更替有关系,但更与午亭子的政治、军事、经济功能及地位相关。再者,

---

① 引自杜荞惠主编:《甘肃秦直道调查》,中国文史出版社2015年版,第91页。
② 引自杜荞惠主编:《甘肃秦直道调查》,中国文史出版社2015年版,第129页。

图 4-13 午亭子

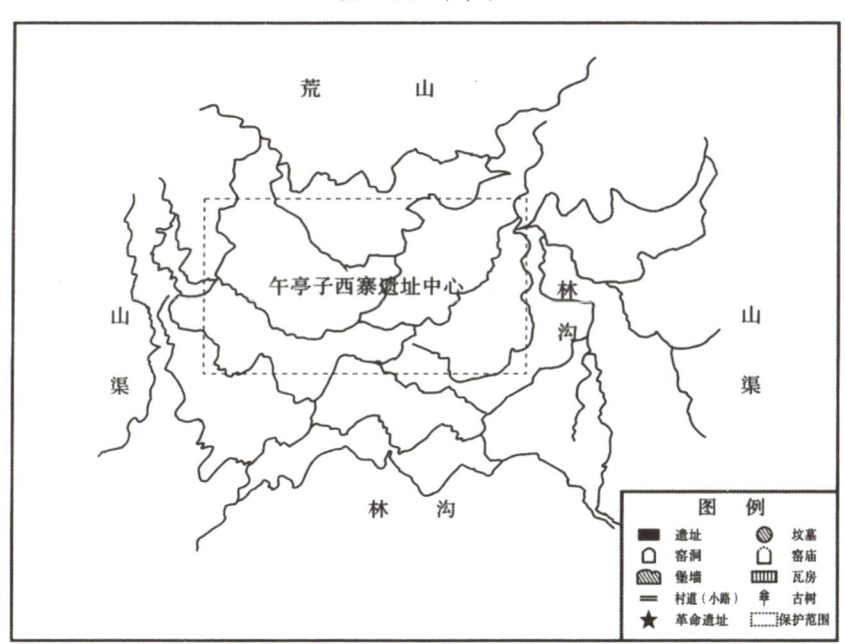

图 4-14 午亭子遗址示意图

据史料记载，清道光年间，午亭子就能够铸造铁炮，说明当时午亭子已经具备一定的军工铸造技术，并且达到较高的成就。解放战争期间，陇东与关中两个地区的党政机关，曾一度移住其附近的槐树庄。1947年3月13日，国民党军胡宗南部开始大举进攻延安的同时，驻扎宁县的敌新编第一旅第一团，从全团挑选四百余人，编成一个轻装精干的加强营作为先行部队，由一中校副团长亲自带领。3月19日出发。21日窜入子午岭的午亭子。敌一团的另两个营也尾随其后，向午亭子方向进犯。敌人的目的是：破坏中共后方机关，切断关中、陇东分区的交通联系，抢劫物资，切断中共后方供给，进而把午亭子作为向延安进兵的落脚点与出发点。警三旅五团奉命消灭进犯之敌。战斗于3月22日上午11时半打响，午亭子歼灭战共歼敌一百余人，俘敌副营长以下一百三十余人，缴获轻机枪四挺，掷弹筒七具，步枪五十七支，各类子弹三万余发，有力地打击了敌人的嚣张气焰，鼓舞了我军士气，提高了全体军民迎接全国解放的必胜信心。

　　山梁上还有几处古城遗址。登临中寨山顶，视野开阔，远山嵯峨。中寨山顶地形平阔，约有50亩大小，山顶北侧为午亭子中寨烽燧（海拔1636米），呈圆形，高3米，底周28米，顶径3米，为夯筑。烽燧半边被林场工人改建为窝棚，现已坍塌。东寨与中寨呈"q"型连接，东寨顶部有烽燧1座（海拔1638米），呈圆形，高4米，底周40米（参照物为"陕甘5号"界碑）。西寨与中寨之间被一不深的沟壑分开，顶部有烽燧1座（海拔1648米），子午岭隔开了陕、甘，也隔开了午亭子。岭东现在属陕西富县。午亭子成了"一山隔两省，鸡鸣闻三县"的地方。三县指甘肃的合水、宁县和陕西的富县。午亭子附近有一座古庙遗迹。说是古庙，早已不见庙宇踪迹，遗址上一地碗口粗的杂树，树下躺着一通残碑，几块砖石。残碑上的字大部分已不可辨认，只有"日、月、三圣母"等字依稀可见，这应是一座娘娘庙遗迹。据说20世纪60年代时还有香火，后来庙毁了，唯一残存的一块石碑，前些年也被人打断了。午亭子靠北边和东边山梁上还有两座庙宇，一个山梁遗址，曾经有过三座庙宇，以此也可以推想当年午亭子做"镇"、做"寨"的规模了。

2. 九层窑洞群

九层窑洞，地处午亭子中心地带的山岭下，遗址面积较大，可见当年建筑规模不小。从沟底到山顶共开凿窑洞九层，每排10~20孔，百余孔，现在仍然可以看到保存较好的窑洞数孔。（见图4-15）

图4-15　午亭子九层窑洞群

20世纪60年代林场开发时，林业工人们曾在此处居住。从上面几排窑洞来看，它们大小不一，职能也不一样。小窑洞大半用来住人，院落墙壁上还有养蜂的蜂窝遗迹。大窑洞则是用作开设作坊，有磨坊、碾坊，今石磨、石碾尚存。在这些窑洞中有一孔高大宽敞的老窑，据当地知情人说是过去开设的油坊，粗壮高大的油梁就架在窑洞里。窑洞洞壁泥皮许多已经脱落，从脱落的夹层上看，有的窑洞墙壁泥灰有涂过有六七遍的痕迹。目前，它是甘肃境内发现的最大的群窑建筑。

3. 老爷岭遗址

老爷岭遗址位于山庄乡大庄村老爷岭自然村墩儿梁，东至崾岘，西至沟底，南至地畔，北至沟底，基本呈圆锥形，长 800 米，宽 130 米，面积 104000 平方米；遗址保存较好，内涵丰富，采集标本有红陶盆、红夹砂陶盆口沿、灰陶盆口沿、灰陶盆底、尖底瓶残片等，还在灰坑中清理出一件完整的灰陶罐，在遗址断面处发现灰坑、烧土层多处，属仰韶文化。①（见图 4-16）

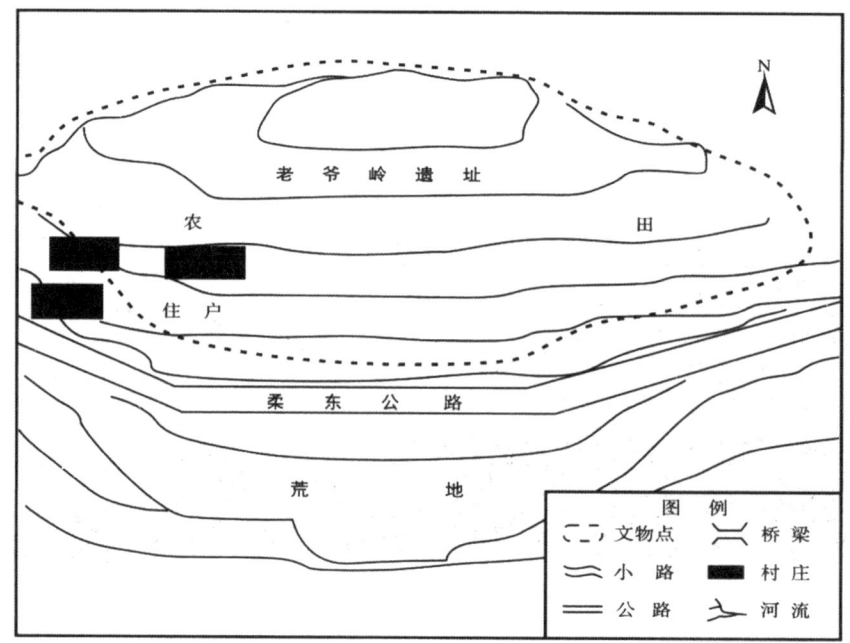

图 4-16 老爷岭遗址示意图

老爷岭遗迹附近有关圣帝君庙遗址，位于华池县山庄乡大庄村老爷岭自然村的崾岘。东临公路，西临沟畔，南、北靠大山，庙院基本呈正方形，东西长 52.8 米，南北宽 48 米，庙宇坐北面南，原建筑毁于"文化大革命"时期，没有原碑记。据新立石碑记载，在明万历年间、民国十二年（1923 年）曾有修葺。现建筑是近年当地群众捐资在原址上重修的，并立碑一通。

---

① 引自杜荞惠主编：《甘肃秦直道调查》，中国文史出版社 2015 年版，第 181 页。

4. 黄蒿地畔遗址

黄蒿地畔遗址位于紫坊畔乡高庄村黄蒿地畔自然村墩儿梁和北侧的山梁至沟底。植被较差，有一条乡村道路通往遗址，遗址内居住着3户柏姓人家。坐东南面西北，面积260000平方米；分别在两个山头至沟底，文化层厚约1米，遗址断面到处夹杂着大量的夹砂红陶、夹砂灰陶残片，红陶、灰陶残片，可辨器型有陶罐口沿、底、腹等残片，彩陶残片，纹饰主要有粗绳纹、细绳纹、刻画纹等，夹砂陶较粗糙，质地厚笨，红、灰陶较细腻。二普时采集有泥质红陶素面敛口钵、重沿尖底瓶等器物残片。20世纪80年代平田整地对遗址破坏较严重。①（见图4-17）

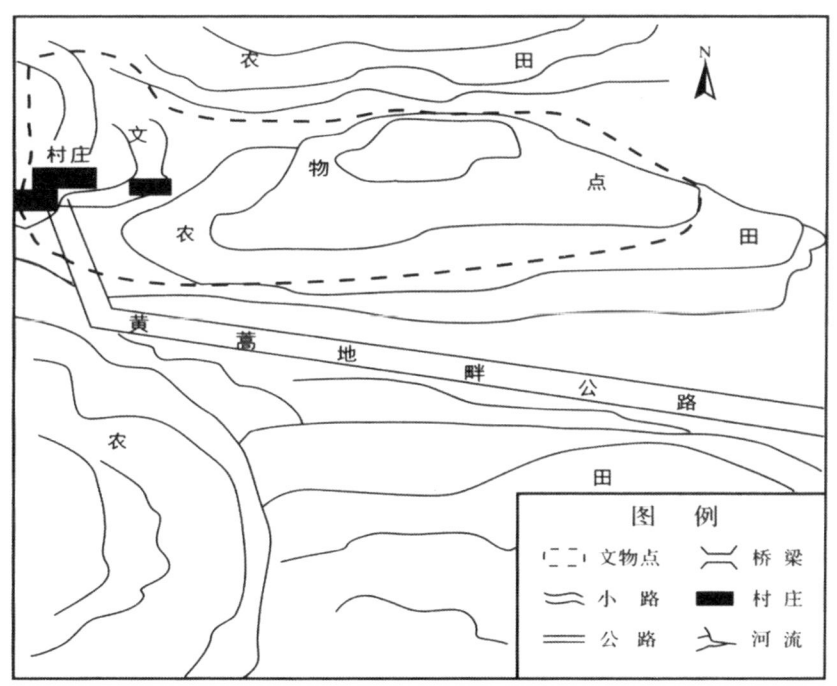

图4-17 黄蒿地畔遗址示意图

5. 打扮小马岔西山遗址

小马岔西山遗址位于乔河乡打扮村小马岔自然村西山的山坡上，遗址三面环沟，北靠山梁；坐北面南，长350米，宽215米，面

---

① 引自杜养惠主编：《甘肃秦直道调查》，中国文史出版社2015年版，第179页。

积 75250 平方米；遗址内均是耕地，暴露的遗迹有灰层、灰坑和住室。灰层厚 0.8 米，距地表 1.3 米，地面散布陶片有泥质红陶、夹砂红陶和少量灰陶。可辨器物有钵、盆、罐、尖底瓶、鬲，纹饰有绳纹、附加堆纹、蜂窝纹等。平田整地时对遗址有所破坏。（见图 4-18）

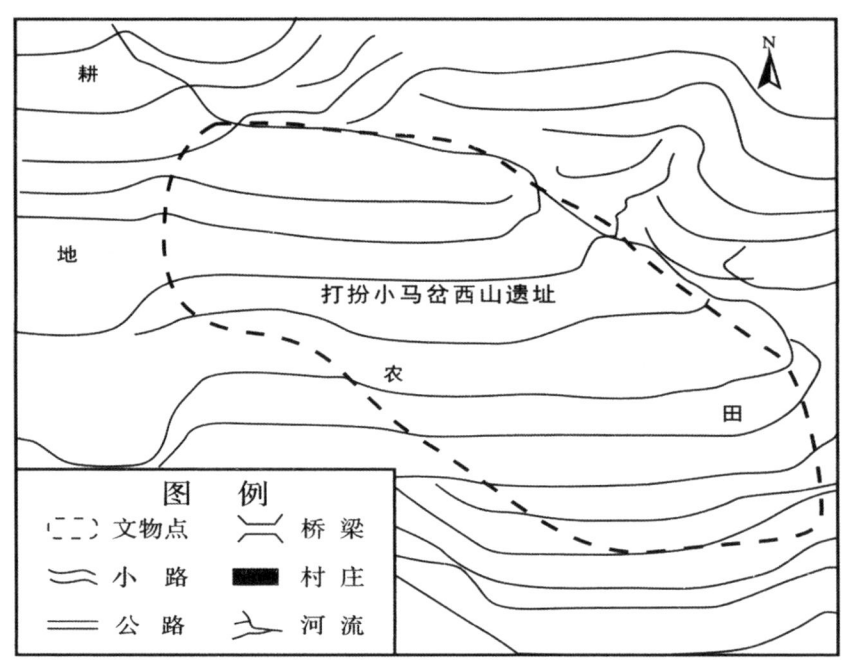

图 4-18　打扮小马岔西山遗址示意图

6. 打扮遗址

该遗迹位于乔河乡打扮村打扮梁半山至山顶。植被覆盖率很低，打庆公路从遗址中心穿过，群众住在遗址下方沟底。坐北面南，面积 118000 平方米，遗址标本主要在山顶上，山下较少，文化层距地表 0.5~1 米，采集到的标本主要有灰夹砂陶片，红夹砂陶片，红、灰陶片，可辨器形有陶盆、罐、钵等，纹饰主要是绳纹、刻画纹、圆点纹等。修筑打庆公路时将遗址割为两块，有所破坏，但遗址整体保存较好，属新石器时代仰韶文化遗址。（见图 4-19）

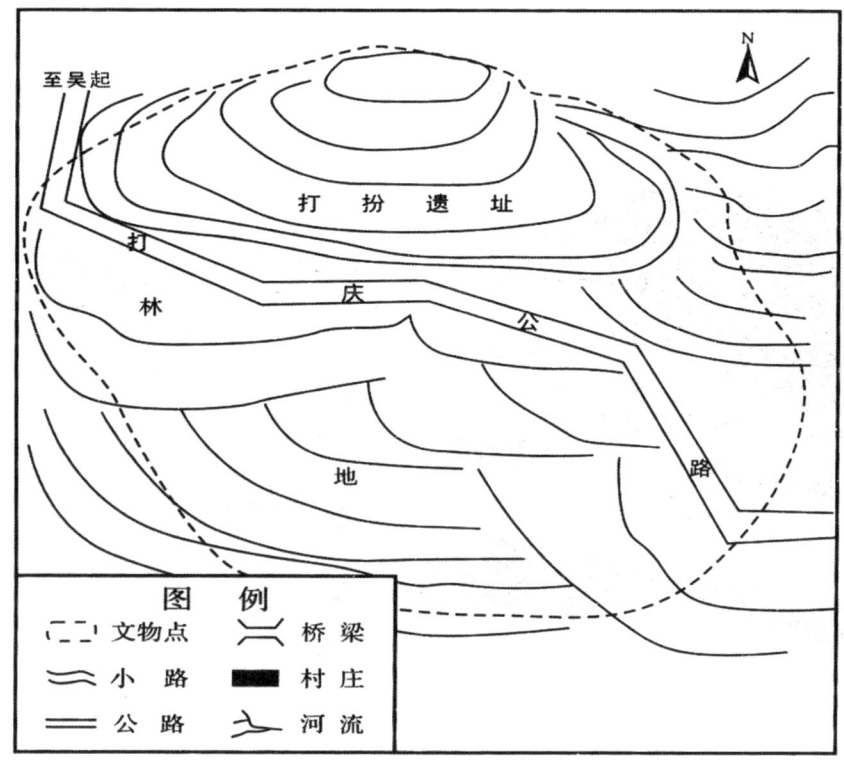

图 4-19 打扮遗址示意图

（三）东线段遗址

1. 桦沟口遗址

2009 年，为配合国家青（岛）兰（州）高速公路建设，陕西省考古研究院对全国重点文物保护单位秦直道遗址陕西富县桦沟口段进行考古发掘，同时，还调查了富县以南的陕西黄陵、甘肃合水的直道。这也是有史以来第一次大规模考古发掘秦直道，更是首次发掘秦直道盘山道，在直道路面上发现有三个时代的二十多道车辙，车辙两侧分布有较宽的路肩。在对该段秦直道发掘的同时，对其旁的同期建筑遗址的发掘也属首次。这为了解秦直道附属设施的分布和内涵，提供了重要资料。

此次发掘的桦沟口段直道位于富县张家湾镇五里铺村的陕、

甘交界处，是自南而北沿盘山道下子午岭支脉后过葫芦河前的一段，地处葫芦河与其支流桦沟河交汇地带，呈西北—东南走向，发掘面积约2050平方米。（见图4-20）

图4-20　富县桦沟口秦直道挖掘现场

直道路面上有二十多道车辙，车辙两侧分布有较宽的路肩。车辙间的辙梁经过反复碾压，土质发黑，质地坚硬。一些辙梁上还重叠着车辙印。特别重要的是，该直道多处路面上叠压有秦汉时期的绳纹筒瓦、板瓦，一处路面上还发现一枚西汉末年的"大泉五十"铜币，为道路绝对年代的断定提供了可靠依据。

古道路考古是中国考古的薄弱环节，此次发掘是秦直道考古的首次大面积发掘，也是秦直道盘山道的首次发掘，意义重大。尤其令考古人员兴奋的是，在4个探方和探沟里，共发掘出方向杂乱（有东、南、西、北、东北、东南、西南7个方向）的脚印21个，脚印按类型分属于成年男子、女子和儿童。脚印一般长20~25厘米，宽9~10厘米，深2~6厘米。其中最大者（成年男子）长28厘米，宽12厘米；最小者（儿童）长17厘米，宽7厘米。女子的脚印长19~22厘米，宽10~12厘米。脚印数量最多的是在编号为 T309 的探方内，该探方位于靠近直道关卡的下方，共有脚印 13 个。值得注意的是，以上脚印全部分布在上层路面。这些保存完整清晰的脚印是谁留下的？当时又发生了怎样的状况呢？

这些谜团可能永远都无法找到答案了，但考古人员的推测给我们还原了一个场景：在秦直道刚被废弃的一个雨夜，很可能是中原地区（汉族）的一两个家庭成员从这里匆忙走过，脚印随之留下。他们走后不久，山体滑坡，泥石流掩盖了直道。

2009 年，发掘中心区揭露出道路路面总长 71 米。路面车辙均呈放射状分布，下方有 11~13 道车辙辙梁，随着直道向上延伸，路面变窄，车辙辙梁合并减少。为了加强路面的强度，一些辙梁上还铺垫有经过加工的礓石碎块。不少辙梁上还残存有类似马、牛的蹄印，以及用金属工具铲挖的痕迹。

从成组或对称的车辙印判断，当时的车辆轮距有 1.1 米、1.3 米和 1.4 米 3 种。

该直道多处路面上叠压有秦代和西汉时期的绳纹筒瓦、板瓦，两处路面上还出土了铜镞和铜币，为道路相对年代的确定提供了可靠依据。发掘中心区直道最狭窄处两侧的建筑基址，可能是秦直道上规格较高的具有关卡性质的遗址。

在发掘区内还发现了与直道平行且规格很高的夯土护坡，以及五条上山的"之"字形盘山道。对盘山道勘探发掘印证了直道道路的三要素：路土（包括车辙）、夯土护坡和排水沟。

此次发掘至少发现三处明显的人为破坏直道路面的现象。由于处在黄土高原地带，地形间落差较大，山水冲刷的加速度很大，对地貌的形成起到很大的作用。在较短的时间里，人工沟引发了大面积的水土流失和山体滑坡，形成了最宽近 100 米，最深达 30 多米的深沟。发掘者推测，道路的破坏者，很可能是中原一方。

因为两汉至南北朝的数百年间，他们在与北方少数民族的对峙中，基本处于守势，另外，作为修路和道路养护的一方，他们更了解直道的弱点。根据出土文物分析，桦沟口段直道及其附属建筑应始建于秦代，沿用至两汉之间或稍晚，随后被废弃。该遗址曾被评为"2009年中国十大考古发现"之一。

2. 圣马桥遗址

圣马桥遗址位于甘泉县桥镇乡方家河村的洛河边。洛河是直道北行途中经过的最大的一条河流，当年建有渡桥，俗称"圣马桥"。秦直道在陕北被称作"圣人条"或"圣马条"，据说"条"在胡语里就是道路的意思。圣马桥如今仅残存北岸的一段引桥，高出现存河床大约20米，引桥断面犹如一块块砖坯累积而成，这就是当时筑路时的夯土层。夯土层由黑土、黄土、白灰和沙子相间夯实，与现代建筑中地基处理工艺几乎相同。由引桥继续北行，一条明显宽阔的大道顺着将台山山腰蜿蜒而去，可能由于千年的水土流失，造成了道路的东侧略微高于西侧，直道最宽处依然还有40多米。直道东侧大约有20米长、8米高的山体垂直于路面，截面如同刀削一般。在其底部有一个紧挨一个的小坑，那是遗留的开凿痕迹。大道的西侧有一段深约40米的深沟，考古人员在沟里发现几处10余米高类似锥形的土堆，也是由沙土夯击而成，与《史记》里"堑山堙谷"的记载相吻合。在直道裸露的石头上发现了无数直径在10厘米左右的圆孔，是当时筑路者将绳索固定在山上的木桩上，然后下到沟底一点一点用土将道路夯起的痕迹。甘泉境内秦直道洛河南段从箭湾至高山窑子保存较好，路基宽度一般为30~50米，最宽处达58米。直道沿途有垭口、兵站遗址多处。特别是"堑山堙谷，逢山开巷，遇石堑齐，过河架桥，遇沟填平"的修筑特点在洛河北段的方家河村得到了集中体现，号称秦直道博物馆。洛河引桥桥墩残存桥基宽82米，顶宽44米，高72米，长56米。2004年，此段秦直道被国务院公布为全国重点文物保护单位。

（四）鄂尔多斯段遗址

1. 城梁古城

在鄂尔多斯市东胜区以西30公里的城梁村有古城遗址一处，这里是鄂尔多斯高原的最高点，海拔1553米。

城梁古城址位于一沙丘长梁北侧地面的小山梁顶部，城已毁坏，残存城墙高不到1米，依山势筑成，城郭为方形，边长约500米。城址地面散布大量秦、汉时期的粗、细绳纹板、筒瓦残片，捡到的瓦当残片有三种：一种为云纹瓦当，其图案与甘肃正宁县南梁峁出土的瓦当纹饰基本一致，拓片半径为19米；一种为花叶状瓦当，是独特的少数民族文化风格（标本留存鄂尔多斯博物馆）；另一种为素面瓦当。铺地砖有两种：一为回纹铺地砖，与甘肃正宁县南梁峁和甘泉宫出土的完全一致，厚3厘米；另一种为素面铺地砖。从所见遗物和城址位置来看，此城址可能为秦的行营或是重要的兵营驻地。[①]

古城址西约200米处有一个豁口，长约150米，上宽约100米，底径约50米。远处还可见到两处豁口。从二顷半到城梁村共有四个豁口，明显都是人工开凿的。（见图4-21）四处豁口遥遥相对，连成一线，都是秦直道所经之地。由此我们再次看到"堑山堙谷，直通之"的宏伟壮观场面。[②]

秦直道从城梁村沿沙丘山脊向东北方向前行，进入达拉特旗境内的沙漠地带（沙带南北宽约12公里）。从地理环境观察，直道北上经铧尖、柳塔店、龙头拐之间的谷口高地，北至黄河南岸

---

① 引自甘肃省文物局：《秦直道考察》，兰州大学出版社1996年版，第22—23页。
② 引自甘肃省文物局：《秦直道考察》，兰州大学出版社1996年版，第23页。

图 4-21 城梁古城附近的直道豁口遗址

的王昭君坟附近，渡过黄河到达麻池镇的城梁村古遗址。直道从陕西定边、靖边，经鄂尔多斯草原到包头市，长达近千里，因多属沙漠、沼泽和丘陵草原地带，气候多变，风沙又大，因此秦直道两千年来在这种环境里遭到的破坏是十分严重的，不像子午岭上的道路保存得那样完好，只能从已发现的重点遗址和遗迹中去判断它的走向，寻觅它的路基。绵延"千八百里"的秦直道，在此到了终点。[1]

2. 麻池古城[2]

麻池古城位于今包头市火车站南偏西 8 公里处。古城西北有一条从包头东海区到昆都仑河岸的长沙梁，南是黄河北岸的冲积平地，距黄河约 5 公里，北距大青山的昆都仑河谷口 35 公里。

麻池古城分南、北二城，两城近似正方形，南城偏东，北城的东南角城墙和南城的西北角城墙约有 300 米是连在一起的，城垣轮廓十分清楚。（图 4-22）

---

[1] 引自甘肃省文物局：《秦直道考察》，兰州大学出版社 1996 年版，第 23 页。
[2] 引自甘肃省文物局：《秦直道考察》，兰州大学出版社 1996 年版，第 23—24 页。

图 4-22 麻池古城遗址

北城：南北长 690 米，东西宽 720 米，北墙中段有两个缺口，各宽 15 米左右，似为城门遗址。残存的城墙时断时续，最高 2~3 米，夯层 8~10 厘米。南城墙的西南角有两个土筑台基呈冢状，东西排成一线，两台基之间相距约 50 米（今两台基中间群众建成养猪场，台基成了猪场的围墙），残高约 10 米，底围约 200 米，夯层 7~8 厘米。城内地表散布大量粗绳纹板、筒瓦残片，细绳纹瓦片较少。捡到的回纹铺地砖厚 4 厘米。

南城：南北长 660 米，东西宽 640 米，南墙稍偏东南处有一缺口，似为城门遗迹。城池轮廓基本完好，城墙残高 7~8 米，基宽 9 米，夯层 10~15 厘米。城内残瓦片很多，主要是细绳纹和布纹瓦片；筒瓦有两种：一是细绳纹，近子母扣处为素面，内为麻点纹；一是外面为素面，内为布纹。粗绳纹瓦片较少。

从上述两城遗物的内涵可以看出，此两城均为秦汉时期的古城是无疑的，且北城稍早于南城，北城似为秦九郡的郡址。依据是：①北城内多为粗绳纹板、筒瓦残片；回纹铺地砖的纹饰及瓦当纹饰与陕西淳化县甘泉宫、甘肃正宁南梁峁出土的基本一致。②北城西南角东西并列两个夯土层基与甘泉宫的两个冢状土台基的排列位置、间距基本一致，可能都是为军事、祭祀所需而修筑。③南城内瓦片很丰富，但多为素面，内为细绳纹或布纹，粗绳纹的板、筒瓦残片少见。遗物证明，南城的修建时间稍晚于北城。

《水经注》记载：九原郡古城"其城南面长河，北背连山"，"西北接对一城"。这里所说的"城南面长河"是指黄河，"北背连山"是指阴山，"西北接对一城"，实指两城相连。黄河在古城址南5公里，阴山在古城址北35公里，与我们实地考察的麻池古城址地理位置完全一致。据此推断，麻池古城址就是当年秦代的九原郡郡址。

二、直道两侧主要遗存

（一）甘泉至兴隆关段

1. 石门关近侧大型秦汉遗址

石门关位于旬邑县甘泉宫之北20公里处，是秦直道自南向北的第二个关隘。石门两侧，石岩绝壁，如阙刺天，宽90余米，为子午岭南端的自然豁口。秦直道从中通过时，下切成宽50米的槽道。

石门关一带，山岭连绵，森林葱茏。素有春花、夏荫、秋果、冬雪的美景，而且古遗址错落分布，历来为访古探险者所重视。1997年5月，旬邑县文物工作者在石门近侧发现了大型秦汉遗址。据该县相关报告称，新发现的遗址位于石门东峰（应是南峰）东西两侧斜坡地，峰顶为扶苏庙址。"西侧斜坡地发现大量秦汉板瓦、筒瓦、云纹瓦当残片。这块耕地为斜坡地形，面积约5亩，在扶苏庙址不远的半山腰。各种砖块、瓦片均在耕地的10~15厘米浅表层，属当地农民犁地时翻出地表。散于地表的各种残瓦片，拱面均饰绳纹，内壁有的为素面，有的为布纹。……还有两个云纹瓦当残片，当面中心有一个圆圈，圈内为双线饰字……在扶苏庙遗址东侧（应为西北侧）下边的斜坡地上，发现了铺地砖、'长生未央'、瓦当残片、巨型板瓦、陶构件等多种遗物。"这块斜坡约有3亩。《咸阳报》于1997年6月17日头版以《旬邑县发现大型秦汉遗址》为题披露了这一发现。认为该遗址"是秦时屯兵、守关、传递信息、指挥作战的重要场所，汉时演变成皇帝避暑、度假、狩猎的重要场所，并为甘泉苑的重要组成部分"。

2. 正宁县塬岭上古文化遗址[①]

从秦直道重镇艾蒿店，沿古道西行，通过正宁县的湫头、山河到永正（原名岭上），距直道约40公里。

永正是一条东西偏南北走向的狭长塬面，古遗址在永正北侧1公里的塬岭上村一带。遗址区域较大，从村庄到西沟畔，到处可见灰坑，白灰面住室也有暴露。地表散布的陶片到处可见。捡到的标本内含：新石器时代泥质红陶折肩篮纹罐、盆，夹砂绳纹红陶罐、鬲，麻窝纹罐；周代泥质灰陶罐、盆，夹砂绳纹灰陶鬲，粗绳纹罐；秦、汉时期的灰陶罐、盆、甑和粗绳纹板、筒片，云

---

① 引自甘肃省文物局：《秦直道考察》，兰州大学出版社1996年版，第26页。

纹瓦当等。调查中收集到周代夹砂绳纹灰陶鬲和秦汉时的灰陶仓各1件。

遗址出土的器物表明，从原始社会起，这里一直是先民们的活动场所。秦汉时期更为繁荣，与秦直道有着密切的联系。

3. 罗川古城遗址①

调令关，是秦直道沿子午岭主脉由陕西省淳化跨入甘肃境内的第一个重要关隘。直道通过调令关北上。调令关有东往陕西铜川、西到甘肃正宁县罗川的古道。罗川古城是这条古道上的一处重要城邑。由调令关西行，通过五顷塬、湫头、永和，由永和下塬，过四郎河，即到罗川。距直道约50公里。

《正宁县志》记载：正宁古为雍州，春秋为义渠戎国之地，西汉置泥阳县，北魏置阳周县，隋开皇十八年（598年）更名为罗川，唐改名为真宁，清再更名为正宁县。罗川一直是正宁县址。民国十九年（1930年）始迁至山河镇。今罗川由镇降为村。

罗川古城，位于四郎河北岸，依山傍水，山清水秀，自然环境十分优雅。古城始筑无考。元至正六年（1346年）重修，城垣高三丈四尺，基宽四丈，顶宽二丈，池深一丈，周长三百九十五丈一尺，东西二门，东门称朝阳，西门称永春。明、清时多次做过加固维修。今古城虽已残缺，但城郭可辨。

具有两千多年历史的古城罗川，有不少珍贵文物遗存，最引人注目的是城内一座在街东、两座在街西，遥相对应的三座石牌坊。文献记载，这三座石牌坊是明代万历四十五年（1617年）十月，为邑人赵邦清所建（正宁罗川明代赵氏牌坊）（见图4-23）。街东的石牌坊最大，高10米，面开3间，全以打磨的石料镶砌而成，结构十分严谨。石坊通体精刻浮雕，画面表现赵氏生前狩猎、

---

① 引自甘肃省文物局：《秦直道考察》，兰州大学出版社1996年版，第25—26页。

图 4-23 正宁罗川明代赵氏牌坊

家宴乐舞以及林木房舍、山水云烟、花草禽兽等。造型生动逼真，具有一定的历史和艺术价值。新中国成立后，国家几经修葺，至今保存完好，现为省级文物保护单位。

4. 早胜春秋石家墓群

石家墓群位于甘肃省宁县早胜镇西头村一组石家沟畔以西，该墓地曾遭到盗掘。为了使该墓群免遭进一步盗掘破坏，以便科学保护和有效提取文物信息，甘肃省文物考古研究所于 2016 年初开始发掘，截至目前，共发掘东周时期墓葬 8 座、祭祀坑 1 座、车马坑 1 座。（见图 4-24）

图 4-24 春秋石家墓群

8座墓葬均为南北向竖穴土坑墓，墓圹方向介于348°～20°之间。墓葬平面大致呈长方形,四壁斜直,或口小底大,或口大底小。

依墓室底部面积、列鼎数量、棺椁数量等标准暂分A、B、C三型。

其中A、B两型即贵族墓，墓室底部多设棺椁，其中椁室构建上，在预先挖好的长方形墓圹底部置横向薄板铺垫，四壁置木板，上下叠压堆砌而成，侧板与前后挡板间套结方式多已不清。椁盖以木板横向搭建于东西侧壁或东西二层台上。随葬品分布组合上，丧葬仪器——铜翣成对出现，多置于椁盖之上墓圹东西两侧；车马器——铜马衔镳、铜车辖軎、铜横末饰、铜节约组成的络饰、铜带扣等分布无一定规律，多置于椁盖之上墓圹填土内；个别墓葬椁盖之上墓圹填土内发现殉车现象，以拆装的形式仅随葬车舆部分；青铜礼器——铜鼎、铜敦，漆器——漆盒、漆耳杯、漆盘等置于椁室北壁侧；以陶(石)磬为主,辅以石(泥)贝、陶珠、铜铃、(铜鱼)等棺饰遗存分布于木棺周围，且棺饰器物表面多附着髹红漆迹象，推测是其悬挂于髹漆棺罩所遗留之痕迹。个别墓葬椁室南壁侧置青铜兵器——铜戈、铜矛、髹漆木盾、铜(骨)镞等；棺盖板之上多发现石(陶)圭，棺内人骨颈部、腰部位置多发现玉器残件、绿松石玦等。殉狗习俗也仅出在贵族墓葬中。

C型墓即平民阶层，未构建棺椁，不曾出现棺饰遗存、铜翣、车马器、青铜礼(容)器等。人骨周围或身上仅随葬青铜戈、石圭等。

A型墓葬"一椁重棺"棺椁数量，符合《礼记·檀弓下》郑玄注："大夫一重"、《荀子·礼记》："大夫(棺椁)三重"大夫之身份；列鼎7～6，基本合乎诸侯"七鼎六簋"之礼制，但超出了大夫级别，有所僭越；用翣数量为6，符合《三礼通论》所载："天子八翣，诸侯六，大夫四，士二"中诸侯身份。棺饰组合北壁、东壁、南壁三面有，合乎《礼记·丧大记》中"君三池（孔颖达注：'三池者，诸侯礼也。天子生有四注屋，四面承霤，柳亦四池象之。诸侯屋亦四注，而柳降一池，阙于后一，故三池也'），三面有；大夫二池，两面有；士一池，一面有"中的诸侯身份。综合考虑相应墓葬形制及其他随葬品组合，显然都是大夫级别僭越了诸侯身份。

B型墓葬"一椁一棺及单棺"棺椁数量，大致符合《礼记·檀弓下》郑玄注："士不重"、《荀子·礼论篇》："士（棺椁）再重"元士之身份；随葬列鼎数量有3，亦符合元士"三鼎两簋"之礼制；用翣数量6，棺饰组合东壁、西壁两面有，显然都僭越了诸侯级别。

C型墓葬无棺椁，无铜礼（容）器随葬，无随葬丧葬仪器——铜翣，无棺饰组合等，应属于平民阶层。

祭祀坑1座，东西向分布。平面呈长方形，四壁斜直，口大于底。坑东南角发现2脚窝，上下分布，似是人为临时踩踏所致。坑底未构建棺椁，未见人骨。仅在西南侧发现一截动物骨骼，可能是盟誓或祭祀用牲之骨骼。

祔葬车马坑1座，东西向分布，土圹方向92°。车马坑平面大致呈梯形，东窄西宽，四壁斜直，口略大于底。车马同坑，殉车5辆，均为单辕，车与车东西向纵列，辕朝东。由东至西，第1辆车无马。第2、3、4、5辆车均为一车二马，马骨部分置于车辕两侧东西向坑内，其中第2、3辆车，第4、5辆车间距较小，马骨多压于前车车舆下。马头向东，呈一线排列，且马的双前腿、双后腿并在一起。另外，第4辆车南侧马匹前腿填土内侧发现裹布痕迹，综合迹象表明马是被捆绑杀死后随葬的。马坑底部最西端由北至南挖东西向两小坑，内各设一棺罩，腐朽严重，南北两侧板紧贴墓两壁，未发现底板。棺内各殉一人。其中北侧殉人侧身屈肢葬，头朝东，面向北，下肢弯曲，双手绑缚于头端前侧。南侧殉人仰身屈肢，下肢大腿与小腿骨折成一线。此外，车马坑内有殉狗现象，置于车舆之下。

目前发掘的 8 座墓葬，墓葬形制上南北向竖穴土坑墓，墓圹周围流行设二层台。随葬品组合上以车马器、铜礼（容）器、丧葬仪器——翣、棺饰组合等为主。随葬器物特征上，如铜礼器——鼎腹部由深变浅，由圜底趋向平底，纹饰流行重环纹、蟠螭纹；车马器如车軎、衡末饰均为圆筒形，纹饰均为蟠螭纹；青铜兵器如铜戈直内中胡三穿，圭形锋，内与援基本等宽。铜矛銎口处以钉孔的固柲方式；丧葬仪器中翣、棺饰的流行时间等，均符合春秋时期墓葬特点。祔葬车马坑车、马同坑，整车随葬，车与车东西向纵列等埋葬特点；随葬器物如车軎、衡末饰均为圆筒形，纹饰均为蟠螭纹等，亦体现出春秋时期车马坑时代特征。

族属上，墓葬呈南北向，随葬品的组合特点等，有周人墓葬之特点。不过，中小型贵族墓葬殉狗比例较高；葬式上流行侧身屈肢葬；车马坑内有殉人、殉狗现象，整车随葬，车马作驾乘状等特点均与周人埋葬习俗相差甚远，大致符合春秋秦墓特征。①

5. 秦北地郡遗址

据史书记载，商代时，古陇东地区即为游牧民族西戎所据有。西周时期，仍为戎地。周平王东迁之后，义渠族在这一带自立为义渠戎国，筑郭以自守，雄踞一方。周显王四十二年（前 327 年），秦以义渠国君为臣，以其国为县（置义渠县）。周赧王三十五年（前 280 年），秦宣太后诱杀义渠戎王于甘泉，秦昭王起兵灭义渠，据有北地，设置北郡地。《史记·匈奴列传》中，对以上事实记述

---

① 甘肃省文物考古研究所王永安、郑国穆、张俊民：《甘肃宁县西头村石家墓群发现春秋秦墓》，载《中国文物报》2016 年 8 月 26 日第 8 版。

更详:"宣太后诈而杀义渠戎王于甘泉宫,遂起兵伐残义渠。于是秦有陇西、北地、上郡,筑长城以拒胡。"①就是说,秦经过与义渠数百年的鏖战,灭义渠,平魏、赵,奄有义渠故地置北地郡,完全控制了子午岭东西两翼地区,又北击匈奴,使之远遁阴山以北,几乎将原战国秦、魏、赵长城进行连接、整修、新修的同时,才下令开建秦直道工程,所以,有必要将义渠戎国历史略做介绍。

义渠戎国在今甘肃、陕西和宁夏毗连地区,从远古起就生活着许多名称各异的游牧民族。据《后汉书·西羌传》概述,"及平王之末,周遂陵迟,戎逼诸夏,自陇山以东,及乎伊、洛,往往有戎。于是渭首有狄、獂、邽、冀之戎,泾北有义渠之戎,洛川有大荔之戎,渭南有骊戎,伊、洛间有杨拒、泉皋之戎"。这些众多的戎、狄族,在春秋时期,尚处于向文明社会过渡的阶段,文化落后于中原地区,常以游牧为生。义渠戎,是诸戎中较强的一支。

商代,他们与居住在陇东及其北部的狄族后裔獯鬻相互为邻,又相互攻击,后来又与居住地的商属先周部落(姬姓)经常发生冲突,不断蚕食其领土。戎、狄人数虽少,但由于长期以打猎为生,剽悍好斗,战斗力极强,先周部落和他们进行过多次残酷的血战。周人南迁后,陇东地区全部被狄人占领。义渠戎又和狄人互相掠夺,互相征战,在狄强戎弱的情况下,义渠戎为了生存,暂归服于狄人猃狁。商武乙时代,季历在商朝的支持下,于武乙三十五年(前1113年)"伐西落鬼戎,俘二十翟王",迫使狄人放弃北豳远移蒙古草原。武乙三十年(前1118年),季历又伐义渠戎,迫使义渠等戎臣服于商周。

西周王朝建立后,从穆王到宣王,多次派兵攻伐义渠诸戎,时战时和,宣王三十九年至四十年,"乃料民于太原"②,采取安

---

① 《史记》卷一一〇《匈奴列传》,中华书局1959年版,第2885页。
② 《国语》卷一《周语上·仲山父谏宣王料民》,上海古籍出版社1978年版,第24页。

抚政策，将五戎安置于太原一带（今庆阳、固原地区）。这里地势平坦，土地肥沃，水沛草丰，宜耕宜牧，义渠戎和先周南迁后的遗民杂居，不断学习周遗民的农业生产技术，学习周族文化，在生活风俗上逐步与周族同化。他们定居陇东高原后，开始从事农耕，逐渐发展成为半农半牧民族，区别于其他羌戎的义渠族。《史记·货殖列传》云："……北地、上郡与关中同俗，然西有羌中之利，北有戎翟之畜，畜牧为天下饶。"①

西周末年，战败后逃往朔方的犬戎（即畎戎）叛周，率兵南下，杀幽王于骊山。周平王惧狄戎，乃迁都洛邑。义渠戎趁周室内乱，宣布脱离周王朝的统治，正式建立方国。从此，中国历史上出现了义渠国的名称。义渠建国不久即向外扩大疆域，其国界西达西海固草原，东抵桥山，北控宁夏河套，南达泾水。义渠戎经多年休兵养士，兵强马壮，力量空前壮大。

西周以后，建国于渭水流域的秦国也悄然崛起，长期和邻邦的戎、狄不断发生战争。大约在公元前600年前，义渠并吞了北地诸戎，力量空前壮大。为了进一步向东南发展，义渠首先把斗争的矛头指向秦国，于是上演了之后二百余年间义渠同秦国和平往来及相互攻伐的历史，最后导致了义渠国的灭亡。

秦与义渠争雄第一阶段：由余叛离，义渠失地。周襄王元年（前651年），义渠国收留晋国人由余为使臣，派他出使秦国，以缓和两国间紧张的关系。由余到秦国后，秦缪公以上卿款待，并向他请教治国之道。由余说："上含淳德以遇其下，下怀忠信以事其上，一国之政犹一身之治，不知所以治，此真圣人之治也。"缪公听了大为赞赏，便用离间计招降了由余。公元前623年，秦用由余计，攻北地义渠，"益国十二，开地千里"。义渠在战争中失败后，

---

① 《史记》卷一二九《货殖列传》，中华书局1959年版，第3262页。

吸取教训，养精蓄锐，筑城郭以自守。秦厉共公六年（前471年），义渠国王派使臣给秦王行贿赂，以求和平共处，此后二十七年两国未发生战争。

秦与义渠争雄第二阶段：厉兵秣马，义渠展威。秦厉共公三十三年（前444年），"秦伐义渠，虏其王"。秦躁公十三年（前430年），义渠发大兵攻秦，从泾北直攻到渭南。秦国战败退出渭河下游。此后30年内，是义渠国最强大的时期。它的地域东达陕北，北到河套，西至陇西，南达渭水，面积约20万平方公里。公元前403年，赵、魏、韩三家分晋。公元前408年，魏文侯命吴起伐秦，一举攻下秦国洛水以东五座城池，在那里建立了西河郡。从此义渠在东面同魏接界。在此后至公元前352年的五十六年里，义渠同魏以长城为界，双方从未发生战争。

秦躁公（前442—前429年在位）时，秦在与魏国的争斗中处于劣势，魏国占据了黄河以西的洛河以东地区。义渠戎国乘机而起，于秦躁公十三年大举攻秦，深入至渭水北岸，"义渠伐秦，侵至渭阳"①。秦军反击，将义渠驱逐到马莲河流域，由义渠戎主动出击秦国的情况这是第一次。此后，义渠与秦的斗争中大多处于下风，"其后义渠之戎筑城郭以自守，而秦稍蚕食"②。

秦与义渠争雄第三阶段：商鞅变法，义渠失利。秦自商鞅变法后，国家力量大大增强，国库收入充裕，百姓"家给人足"③。军功爵制的实行，使军队战斗力大大增强，秦国已成为诸侯畏惧的强国。而此时的义渠戎国还在相对落后的生产方式下蹒跚而行。义渠戎国面对敌国势力急剧上升，无法振作起来，被动挨打也就在所难免了。

---

① 《史记》卷一五《六国年表》，中华书局1959年版，第702页。
② 《史记》卷一一〇《匈奴列传》，中华书局1959年版，第2885页。
③ 《史记》卷六八《商君列传》，中华书局1959年版，第2231页。

秦惠文王（前337—前311年在位）是秦孝公的继承人。从他开始，秦的国君不再称公而称王。秦惠文王虽然车裂了商鞅，却承接了商鞅变法形成的机制、国威以及拓展疆域的计划，继续推行对外扩张的政策。秦惠文王十一年（前327年），秦夺取了魏国的上郡，国土已与义渠戎国接壤；又攻取了义渠戎国的郁郅（在今甘肃庆阳市），使义渠戎王臣服，并到北河（战国至秦汉河套地区黄河的别称）巡游，以炫示其威力。

秦与义渠争雄第四阶段：强秦崛起，义渠败亡。公元前314年，秦在中原战场取得胜利后，调集重兵从东、西、南三面入侵义渠，先后夺得二十五座城池，使义渠国土大为缩小。但是，由于当时义渠国全民皆兵，人自为战，郡自为战，奋勇抵抗，仍守住了部分领土，而未亡国。公元前310年，秦又伐义渠、丹、梨，未克。公元前306年，秦昭王被立为国君，昭王母宣太后摄政。她对义渠国改变正面征讨的策略，采用怀柔、拉拢的政策，以堕其志。她书请义渠王于甘泉宫，让其长期居住，以优厚的物质款待。后义渠国王同宣太后淫乱，生有二子，经常来往于义渠和甘泉宫，完全失去了对秦国的警惕。公元前272年，即秦昭王三十五年，宣太后诱杀义渠王于甘泉宫。接着发兵讨伐义渠，义渠国亡，在其旧地置北地、陇西、上郡。北地郡治义渠县，领土成为秦国的一部分。

义渠戎国的灭亡颇具戏剧性，引起了一些学者的质疑。有人认为这样的记载不实。马非百却认为："宣太后以母后之尊，为国家歼除顽寇，不惜牺牲色相，与义渠戎王私通生子。谋之达三十余年之久，始将此二百年来（自厉共公六年义渠来赂至昭王三十五年，约二百年）为秦人腹心大患之敌国巨魁手刃于宫廷之中，衽席之上。然后乘势出兵，一举灭之，收其地为郡县，使秦人得以一意东向，无复后顾之忧。此其功岂在张仪、司马错收取巴蜀下哉！"①宣太后将死之时，公然出令要以其男宠魏丑夫为殉②，足见其淫乱之事甚多。根据宣太后的行事风格，私通之事是有可能的，因此《史记》和《后汉书》的记载不能被否定。林剑鸣认为，"范晔的这一记载还是可信的。因为：宣太后与义渠王私通的开始是在昭王初立之时，那时宣太后还年轻，并不像顾先生所说的那样'白发翁妪相对言情'。而两人相通三十余年，义渠王已解除全部武装，这时宣太后虽年已七十，但早将义渠王玩弄于股掌之中。所以，也不会出现顾先生所担心的'此美人计不已行之过迟'的问题。再从宣太后本人的作风来看，她采取这种手段是十分可能的。本来，在春秋战国时期，贵族妇女对男女关系并不如后来的那么严肃、认真，嫂嫂和小叔子，继母和儿子，大伯和兄弟媳妇私通的、公开结婚的屡见不鲜。而宣太后在这方面更是十分开通。其开通的程度现在看来简直是无耻，但在当时却不以为非。……这样的女人，让他主动与义渠王为某种政治目的发生男女关系，又有什么不可能呢？因此，没有理由怀疑《后汉书·西羌传》对宣太后的记载"③。

义渠戎国对秦国的政治产生了很大的影响。秦昭襄王四十一年（前266年）曾对范雎说："寡人宜以身受令久矣，今者义渠之事急，寡人日自请太后；今义渠之事已，寡人乃得以身受命。"④义渠问题是宣太后牵制秦昭襄王的手段，而秦昭襄王在灭义渠之后才亲政。⑤有的研究者认为，秦灭义渠的行动至此才告结束。吕

---

① 马非百：《秦集史》，中华书局1982年版，第108页。
② 张清常、王延栋笺注：《战国策笺注》卷四《秦策二·秦宣太后爱魏丑夫》："秦宣太后爱魏丑夫。太后病将死，出令曰：'为我葬，必以魏子为殉。'"南开大学出版社1993年版，第114页。
③ 林剑鸣：《秦史稿》，上海人民出版社1981年版，第274页注21。
④ 张清常、王延栋笺注：《战国策笺注》卷五《秦策三·范雎至》，南开大学出版社1993年版，第127页。
⑤ 孙玉荣：《论秦汉时期北地郡的设置及变迁与西北少数民族的活动》，载《喀什师范学院学报》2009年第5期。

思勉先生说:"自厉共公六年,至昭王四十一年,凡二百有七年,义渠与秦之相持,不可谓不久矣。"① 义渠戎在与秦王朝的长期相持中也融入汉族,逐渐被汉化。

义渠民族从商代武乙年间建立部落方国算起,至秦昭襄王时共存在八百余年,其中以君国(前772—前272年)自立达五百年之久,几乎与周同时存亡。在政局动乱的春秋战国时代,它直接参加了与中原合纵与连横的政治、军事角逐,特别是先后同强秦经历了二百余年的反复军事较量,成为当时秦国称霸西戎的主要对手。史料中"记录义渠与秦的十次交往,四次是义渠的主动行动,其中三次败秦,但未造成严重后果。其余六次是秦攻义渠,虏其王,平其乱,臣其君,取其城,逐步蚕食,最后杀其君,灭其国"②。总之,义渠族是我国历史上一个重要的少数民族,也是最早融入汉族的少数民族之一。义渠国在同其他诸国的竞争中,共同创造了光辉灿烂的中华文明史,它在中国的文明史上占有重要的位置。

6. 义渠国都的考证与争论

义渠戎国国都,历代史志都说是在宁州西北。但在宁州西北何处,则说法不一;历代史志因何持此种说法,也没有说明立论依据,更没有人就此予以揭示。现将相关说法,罗列如下:

一是甘肃宁县庙咀坪(有学者也称庙嘴坪)说。《元和郡县图志》卷三宁州条:"禹贡雍州之域。古西戎地也,当夏之衰,公刘邑焉。周时为义渠戎国。"《大清一统志》宁州条也指出"义渠古城在州西北"。唐与清代的宁州即今天的宁县县城,而义渠古城的具体位置应在今宁县西北2华里的庙咀坪,这里具有建立城邑的地理条件。薛方昱认为,义渠都城在今甘肃宁县庙咀坪③。并认为,

---

① 吕思勉:《吕思勉读史札记》,上海古籍出版社2005年版,第412页。
② 金景芳:《中国奴隶社会史》,上海人民出版社1983年版,第415页。
③ 薛方昱:《义渠戎国新考》,载《西北民族学院学报》(哲学社会科学版)1988年第2期。

"义渠"一名,疑为古羌语,其意为"四水"。但薛文没有提出庙咀坪作为义渠都城的任何实物证据。刘治立在《庆阳通史》(上卷),也认为义渠都城应在宁县庙咀坪。

二是宁县焦村镇西沟村说。乾隆《庆阳府志》卷一一《建制·古迹》宁州条记载:"义渠古城在州西北五十里。"习生在《义渠故城考辩》[《庆阳师专学报》(社会科学版)1994年第5卷第4期]中,首持义渠国都在甘肃宁县焦村镇西沟村说。张耀民《义渠都城考证琐记——义渠国都在今宁县焦村乡西沟村》(《西北史地》1996年第1期),依据班彪《北征赋》所走路线,从文献上试图论证义渠国都在今宁县焦村镇西沟村。李仲立、刘得祯、路笛在《甘肃宁县西沟发现战国古城遗址》(《考古与文物》1998年第4期)认为,今属宁县焦村镇西沟和森王两个村,地处南北狭长的大塬,其间距东西约1000米,南北约1500米,遍地为秦砖汉瓦,当地群众称此为"瓦碴渠"。在此发现了故城北墙残基,墙基为东西向,底部平整,两壁垂直,距地表深1.5米,宽2米,内垫土均夯筑,夯土层厚6~7厘米,没有夯窝,东面小沟畔也有类似的城墙遗址。该遗址内出土了战国时期有代表性的褐色陶釜及肩有附耳的铁釜,文化层上部及整个遗址地表散布的均为秦汉时期的粗、细绳纹板、筒瓦残片。文化层堆积厚达1~3米,说明人们在此居住时间很长。该城址地形险要,西面以沟壑为险,未筑城墙,北到徐家堡,南到张家堡约1500米的沟崖上,多处有人工切削的痕迹,切削的断崖呈90°,有些地段至今高10米有余。据调查中所见的城基、文化层、遗物判断,其为义渠戎国都城。

三是合水固城说。有此一说的根据是,1958年在固城发现一块石匾,上书"义渠古国"字样。固城有五座古城,但匾额现在遗失不存。持此说的主要是寇正勤。寇正勤先生在《从合水固城看义渠戎兴衰》（《陇右文博》2010年第1期）中说"固城古城依山傍水，背风向阳，扼二川之口，视野开阔，地形险要。《庆防纪略》说该城是'义渠国都所在地'。……春秋后期，（义渠戎国）将都城迁到今天宁县的庙咀坪，固城作为陪都，地位依然非常显赫"。

四是宁县瓦斜乡说。持此说的学者主要是彭曦。彭曦的《战国秦长城考察与研究》（西北大学出版社1990年版）一书中提出义渠戎国国都在宁县瓦斜乡。

五是西峰说。此说是由于谭其骧主编的《中国历史地图集》将义渠国都标在西峰附近而产生的。图册明确将春秋战国时期的义渠古城标在宁县西北原上，即今西峰附近。史为乐主编的《中国历史地名辞典》中载有四条关于义渠的释义：第一条："义渠：春秋战国时西戎国。在今甘肃西峰市境。"第二条："义渠县，秦惠文君十一年置，后为北地郡治，治所在今西峰市东境，西汉改为义渠道。"第三条："义渠国，西戎国之一，春秋时立国，都义渠城（今西峰市附近）。"第四条："义渠道，西汉改义渠县置，属北地郡。治所在今甘肃西峰市东境。东汉废。"

六是宁县米桥镇蒙家村说。张多勇、李并成在《义渠古国与义渠古都考察研究》（《历史地理》2016年第1期）中认为，《北征赋》显示，班彪先到旬邑，再到赤须长坂，后经义渠，过泥阳（治所在今甘肃宁县）。明显义渠在泥阳与旬邑之间，在泥阳东南，不是在宁县西北。其认为，蒙家村古城遗址才是秦灭义渠时北地郡附郭义渠县、汉代义渠道治所。与此相对应，蒙家村古城遗址有可能是义渠国都。

以上几种说法中，都有提出者自己的根据和理由。义渠戎国的国都究竟在哪里，学术界现仍争论不休。但是，义渠戎国在陇东雄踞了数百年的史实谁也无法否认。秦灭义渠后设置北地郡,北地郡所辖地域无疑是原义渠戎国的领地,其治所也肯定是原义渠戎国的政治、军事、经济之中心——国都之所在。

7. 宁县庙嘴坪遗址

庙嘴坪,位于宁县城西北侧0.5公里处,地处城北河和马莲河交汇处的一级阶地上,属宁县新宁镇新宁村。庙嘴坪又称公刘邑、公刘坪。不仅有距今7000~5000年的仰韶文化,还有齐家、商周、春秋战国、汉、唐、宋、元、明、清至今一以贯之的深厚文化内涵。庙嘴坪三面临河,北靠太子冢北坡,南北长500米,东西宽500米。这里依山傍水,地势险要,是一座天然城堡。据调查,这里是一处丰富的古文化遗址,面积约30万平方米,暴露的文化层厚1~3米,住室、窖穴、灰坑均有分布。地表散布有各个时期的大量遗物残片,捡到的标本内含新石器时代仰韶、齐家文化的各种陶瓷,质地有泥质红陶、夹砂红陶和彩陶;周代有泥质灰陶和夹砂陶器;秦、汉时期的有陶器、粗绳纹板瓦、筒瓦和"万岁千秋"瓦当、云纹瓦当、回纹砖等。1991年宁县城内搞基建时,发现秦汉房基遗址,墙基多以石条砌起,挖出不少粗绳纹板、筒瓦和"长乐未央"、"万岁千秋"、云纹等各式圆形瓦当。另与庙嘴坪一河之隔的马莲河西岸王湾一带,也发现了秦、汉遗址,出土有粗绳纹板瓦、筒瓦、回纹砖和"万岁千秋"瓦当等。这些器物种类和制作特点与庙嘴坪出土的同类遗物基本一致,总之,以庙嘴坪为中心,向四周辐射的秦汉遗址范围很大。(见图4-25)

庙嘴坪北靠的大冢,当地群众称之为"太子冢",传说为扶苏墓,在其地表散布有大量秦汉残存瓦片。此冢虽无凭据可定为扶苏墓,但从侧面说明这里与秦代有某种联系。这里有一条人工开挖的壕沟,深8~15米,宽6~8米,长千余米,由太子冢一直通至山下河崖。

图 4-25　宁县庙嘴坪

上述情况表明，以庙嘴坪为中心的秦汉遗址范围，方圆约 16 平方公里，远比今宁县的县城大。同时发现有大面积的建筑轮廓和高规格的建筑材料。因此，在秦汉时期，这里绝不是一般城镇之所在，有可能就是秦代北地郡的治所，或义渠国的国都所在地。此意能否成立，尚须进一步求证和探索。

8. 冯西沟古遗址[①]

冯西沟古文化遗址，位于宁县罗山府林场以东、子午岭西侧解家川和冯西沟交汇处的台地上，东距秦直道约 5 公里。遗址面积约 15 万平方米，文化层 1~2 米，地表散布有大量彩陶盆、尖底瓶、泥质红陶罐、夹砂绳纹罐等器皿的碎片，另有灰陶环、残石斧等。属新石器时代仰韶文化。

罗山府林场周围曾发现多处战国和秦汉时期的古墓，出土有铜戈和不少大型空心砖。

---

① 引自甘肃省文物局：《秦直道考察》，兰州大学出版社 1996 年版，第 43 页。

9. 塔儿庄砖塔[①]

塔儿庄砖塔，位于宁县盘克镇罗山府林场以东、子午岭西侧密林深处的塔儿庄，东距秦直道2.5公里。

塔为阁楼式，空心，平面呈正方形，高三层，四面塔顶稍残，通高11.3米，无基座。砖经打磨镶砌，结构严谨，建造十分规整，工艺手法精致，至今保存基本完整。（见图4-26）

图4-26 塔儿庄砖塔

塔身第一层每面宽3.8米，高3.48米，正南开券顶式门洞，门两侧各设方形圆棂窗，其余三面各设有方形假门，门两侧各设一直

---

① 引自甘肃省文物局：《秦直道考察》，兰州大学出版社1996年版，第42—43页。

形棂窗，四周设有栏杆。第三层塔身每面宽2.75米，高2.68米，正面开券顶式门洞，门两侧各设一方形圆棂窗，其余三面各设有方形假门，门两侧各设一方形直棂窗，四周设有栏杆，栏额上浮雕牡丹、荷花、菊花、忍冬花和马、羊、象、鹿、鱼、鸭和羽人等画面。顶部每面斗拱两朵，一斗三升，四角各有一转角斗拱，上负塔顶。国家文物局古建筑专家罗哲文先生以照片初步认定，此塔为晚唐至五代的建筑。

从古塔可知，昔日这里必然十分热闹。而现在尽被森林掩没，早无人烟。游客欲观古塔，必须由向导带领穿林而入始可，否则是难以找到的。

10. 黄陵县石窟

子午岭东侧的石窟，以宋代的规模最大，水平也最高。主要分布在交通要道附近，地理位置分散，石窟形制和造像风格具有明显的地方特色和民族特色。

（1）千佛寺石窟

千佛寺石窟又称万佛寺、石空寺、千佛洞、双龙石窟等。位于黄陵县西40公里处的双龙镇峪村西，石窟开凿于半山石崖间。

此窟为单室窟，窟口处凿石为三开间雕石作仿木构窟檐，明间宽2.02米，通宽5.04米。檐柱为八角形，为宝装覆莲柱础。柱头之间以阑额相连，施四铺斗拱，栌斗出单抄，令供上施替木，上承檐枋。平柱上有3处宋崇宁年间（1102—1106年）游人题记。此窟窟檐为陕西石窟中保留完好的原物，是研究宋代建筑的珍贵资料。石窟平面呈凸形，坐西向东，窟口为方形，宽2.4米，深2.6米，有佛像60余尊。

窟口左、右有佛龛各一个，以二圆柱与洞口隔成三间，成檐廊。上有两层斗拱。这是仿宋代的建筑雕凿，极为壮丽。石窟中间是入口，走廊两壁浮雕观音菩萨像。石窟内高5.3米，宽9.3米，深12米。正中为佛龛，高3.38米，宽5.9米，深4.73米，内有大佛坐像12尊。中央坐释迦牟尼，两边站立文殊、普贤二菩萨和迦叶、阿难两弟子。窟顶正中雕有千手千眼观音一尊。窟内东、西两壁雕有高2.8米的立佛九尊，其中东壁有姿态优美的赤足持碗雕像。后壁有五百罗汉和一百徒从浮雕像，场面宏大，气势恢宏，并间以佛说法图、槃涅图。

菩提树下雕有悟道、普济众生等佛传故事。东南壁雕有佛像24尊，东北壁有16尊。雕像比例协调，刀法流畅，质感强烈，尤其是头、手、足的造诣达到了很高的艺术境界，是雕塑艺术珍品。窟北壁前侧为药师佛，高2.55米。药师佛左手持钵，右手施"疗病印"，旁为七级浮屠，塔下为两比丘，作昂首仰望状。药师佛上方为相向驭风而行的飞天像。一飞天右手托钵，一飞天左手托钵，均乘如意云朵。（见图4-27）据窟内题刻记载，该窟开凿于宋代绍圣年间，距今已千年，具有很高的考古和研究价值。

1956年8月6日，陕西省人民委员会公布千佛寺石窟为第一批省级重点文物保护单位。石窟现被茂林修木环围，夏秋之际，树荫婆娑，清凉无限，一派"禅房花木深"的超凡境界。

（2）香坊石窟

此窟位于黄陵县双龙镇香坊村东北约1公里处的陈家山崖壁上。现存洞窟1个，摩崖大

图4-27 千佛寺石窟

佛 1 尊,开凿于北魏时期。

摩崖造像位于石窟西侧 5 米处。崖壁开尖拱龛,高 5 米,宽 2 米,立姿。龛内有高浮雕立佛 1 尊,高 4 米。身着宽大的褒衣博带袈裟,衣纹刻画的写实感较强。肉髻,右手残,左手施与愿印。(见图 4-28)

图 4-28 香坊石窟

石窟为单室窟,面阔、进深均为 1.2 米,高 1.2 米。窟后壁正中浮雕弥勒佛造像,结跏趺坐,高 0.9 米。佛像上方两侧线雕二飞天像。左、右壁内侧雕二胁侍菩萨,高 0.7 米。在菩萨外侧的窟壁上,还刻有 10 尊男供养人像和 12 尊女供养人像,在每尊供养人像旁均刻有供养人的姓名,根据这些题刻可知,该石窟为盖姓家族所修凿。盖姓是北魏时期沮河流域匈奴族卢水胡的族姓,这为研究北魏时期少数民族的迁徙提供了重要史料。

（二）西线段近侧遗址

1. 九站寺洼文化遗址 [①]

秦直道南来，通过涧水坡岭蜿蜒北去。这里的秦直道，也是今天合水县蒿咀铺乡与太白镇的分界线。涧水坡岭是直道线上又一重要据点，远古以来岭上就有西往蒿咀铺、庆阳，东往太白、延安的古道。今天庆阳至延安宽敞的公路（全线为庆阳至临汾的高速公路），仍沿用古道的路线，由合水川通过蒿咀铺，翻越涧水坡岭，沿苗村河通过太白直往延安。20世纪80年代，国家在涧水坡岭底部，贯通了隧道，行人车辆全由隧道通行，解除了远古以来翻山越岭之劳苦。这条古道，无疑是秦直道上一条重要的军事物资运输补充线。

九站遗址，位于蒿咀铺西2公里合水川河北岸台地上，东西长约300米，南北宽约400米，墓葬区在北侧山腰间。文化层堆积较厚，一般为0.5~1.6米。暴露的灰坑很多，地表上散布的陶片俯拾可得。（见图4-29）

图4-29 九站遗址

[①] 引自甘肃省文物局：《秦直道考察》，兰州大学出版社1996年版，第27—28页。

这里出土有大量的陶器，器形有簋、豆、罐、鬲等，器壁较厚，器表多呈土黄色，马鞍型口双耳罐，是典型的代表器物。此遗址是甘肃省最丰富的寺洼文化遗址之一。1984年，甘肃省、庆阳地区、合水县文博部门与北京大学共同组织发掘队，在邹衡教授主持下，在此进行了部分发掘，并清理土坑竖穴墓80座，出土文物近千件。经碳14测定，其绝对年代距今3370年±110年。这种遗存可能是一种地方性土著文化，有人认为是羌文化，有待专家学者进一步考证。

2. 固城古城址

固城古城址位于合水县固城乡政府所在地东北半公里固城河北岸台地上，东北距秦直道25公里。由秦直道重镇午亭子西往合水、庆阳必经此城。

古城址高于河床30米，不规则的残缺城垣至今犹存，城郭可辨。城墙断面有清晰的夯窝。保存最好的北墙，残高12米，长53米，基宽3米，顶宽2米，夯层8厘米。城池约占地30亩。地表遗存大量秦汉时期的粗绳纹板、筒瓦和灰陶瓷残片，曾出土完整的秦汉时期的灰陶罐、盆、仓、灶和战国时期的铜刀、铜带钩等。

在古城东北部沟内10公里处，还有一处秦汉时期的古城址，名称项城，城呈长方形，城垣破坏严重，占地约15亩。东西城墙残高约15米，基宽10米，夯土层厚10~14厘米；南北墙残缺严重，高3~7米，基宽7米，夯土层厚6~7厘米，为五花土筑成，内含大量粗绳纹板瓦和夹砂红陶罐、鬲残片，秦在此建城，按地理位置来看，可能是为守护直道重镇午亭子而设的重要军事关隘。这里距午亭子约5公里。

3. 大山门遗址[①]

大山门属合水县固城乡辖地,位于午亭子西部15公里的山脚下,河床右岸为古道,在古道的转弯处有一由北向南的大鏊口,高40米,宽20米,恰似一大门(视情况,原有顶部,可能因地震,顶部塌陷,成为现在的鏊口),故群众称为"大山门"。(见图4-30)古道从鏊口中通过。由合水、庆阳前往子午岭和午亭子必经此处,实为古代一重要的军事关口。这里残存古窑洞数十孔,山坡上有不少秦汉时期的瓦片。山顶处有一座烽墩,残高3.3米,周长25米,夯层8厘米。

图4-30 大山门遗址

林场修建时,在大山门曾挖出不少秦汉时期的砖瓦,有的保存得很完整,其中:

方砖,灰色,素面,正方形,每边长27厘米,厚5.5厘米,其一角有一小孔,与卢邑庄出土的7方砖,如出一模。

[①] 引自甘肃省文物局:《秦直道考察》,兰州大学出版社1996年版,第40—41页。

回纹方砖，灰色，正方形每边长34厘米，厚4厘米，背面无纹，正面花纹从中对开，对角分别阴刻回纹和云纹，十分规整华丽。

云纹筒瓦，灰色，一头为圆形云纹瓦当，一头为收敛的子母口，全长52厘米，弧径25厘米。直径15厘米。瓦当正圆形，直径15厘米，内饰对称云纹四朵，中间为正方格网纹。瓦面为左斜细绳纹，内面为横向麻窝纹。子母口弧径17厘米，长4厘米，与正宁南梁出土的瓦当完全一致。

这里出土的文物，还有战国时期的铜车軎、铜刀、玉斧等。

4. 太白镇境内的重要文化遗址

中国古代的佛教遗存，往往依交通干线而设置，也往往因交通活动而繁盛。秦直道附近魏晋南北朝时期以及唐宋时代的石窟遗迹，也可以说明这条道路长期使用的历史事实。

从秦直道重要据点涧水坡岭东侧古道下山，沿苗村河东行30公里，即到古道上的重镇太白。太白往东2.5公里，即跨入陕西省的富县境内。

太白镇全境为子午岭林区，岭上层林密布，葱茏叠翠，岭下河水潺潺，田园如绣，地理环境十分幽雅。明代嘉靖年间诗人陈棐饱览此地自然美景后，欣然命笔题写了"碧落霞天"四个大字，以誉其美，至今完好地保存在苗村对面的石岩上。

太白镇址，位于苗村河、葫芦河交汇处。河傍川道地势平坦，水源充沛，气候相宜，出产水稻，被誉为庆阳地区的"小江南"。据庆阳地区博物馆、合水县博物馆多年考古调查和此次复查，太白境内保存的各类文物点十分丰富。早在五六千年前，太白就有原始人群生活，至今保存着丰富的新石器时代仰韶文化遗址。秦、汉以后，更是人群频繁活动的场所，众多的石窟寺、古塔和古城寨等足以证明当时的繁荣景象。宋代以后可能是战争的原因，开始萧条,这里的人烟较为稀少。20世纪30年代初,子午岭一带也是国民党政权最薄弱的地区,无产阶级革命家刘志丹、习仲勋等在这里发动群众,建立革命政权——陕甘边区苏维埃政府(亦称南梁政府),为中国革命做出了重大贡献。由于历史的原因,兼之森林区域不断延伸,从而使众多的文物得以保存,这是值得庆幸的。新中国成立后,这里人口迅速增加,特别在20世纪60年代,河南、山东、四川、陕西等省不少群众迁居于此,人口大增,今天已达五千多人。今日的太白,一改往昔冷落的情景,呈现出一派繁荣昌盛的景象。

太白镇境内的古文化遗址包括:

(1)东关仰韶文化遗址[①]

从太白镇沿公路东行半公里,就会发现公路两旁因修公路向下挖的断面上,有不少不规则的灰坑,这就是东关遗址区。遗址在葫芦河北岸,北起山岭山,南到河床,长约300米,东西两边临河,宽约200米,总面积约6万平方米。文化层厚1~2米,灰坑和白灰面住室均有暴露。地表上散有大量的遗物碎片,捡到的标本有红泥彩陶钵、彩陶盆、夹砂绳纹红陶罐、素面红陶钵、尖底瓶、泥质灰陶罐、灰陶盆,另有灰陶环、石弹丸等。这些遗物都是典型的新石器时代仰韶文化。社会形态上属于原始社会晚期母系氏族公社繁荣时期。就丰富的文化遗存看,原始人群早在五六千年前就在这里生产劳动,繁衍生息,长期定居,类似的文化遗迹,在太白王台村、八卦寺村还有发现。由此可见,太白的历史是相当悠久的。

(2)塔儿湾石造像塔[②]

从涧水坡岭东行10公里,就到了塔儿湾,再向东20公里就

---

① 引自甘肃省文物局:《秦直道考察》,兰州大学出版社1996年版,第29页。
② 引自甘肃省文物局:《秦直道考察》,兰州大学出版社1996年版,第29—30页。

到太白。造像塔坐落在苗村河北岸台地上，此地以塔而命名。

造像塔，以凿磨的红砂岩石条镶砌而成。平面呈八角形，密檐式，13层，高约12米，径宽1.4米。形体如锥，清癯纤细。塔身第一层高2米，第三层以上逐层急速减低，越向上越缩小缩短，塔顶为石制刹柱，刹基以上为相轮二匝，花盖一层，上置宝珠。二、四两层南面各设一假门。各层有塔檐，檐下出叠两层，檐角有仿木转角斗拱，檐下雕出仿木檐椽，檐上雕出筒状瓦垄。整个结构严谨，建造古朴清秀而华丽。（见图4-31）

图4-31 塔儿湾石造像塔

塔身第一层各面均有浮雕造像，像群疏密相间，满布壁间，十分壮观。据统计，每面雕像分作五幅，每幅雕像13~15身，塔身8面，共雕像40幅，600余身。造像内容多为佛说法图。例如，一佛居中，结跏趺或善跏趺坐，坐在莲花座或方形束腰座上，身披袈裟，有的袒露右胸和右膊，佛左、右两侧或立或坐数十罗汉，有的拱手踞坐，有的指手画脚，有的苦思冥索，有的倾心谈吐，有的匍匐跪拜，表现出对佛的无限虔诚。此外，还有以罗汉为主尊的画幅。塔南壁雕有文殊菩萨、普贤菩萨出行图各一幅。整个画面布局恰当，造像姿态栩栩如生，雕作技艺极为精湛。专家们认为，此塔为宋代所建。

塔四周有很多残砖碎瓦，可见这里当时必有相当规模的寺院，沿古道东来西往的佛教徒，络绎不绝到此敬香拜佛，以表虔诚。可见这里一度是相当热闹的。

（3）保全寺石窟①

从太白出发，沿葫芦河向西北行7公里，有一条折西向北小川，这就是平定川。平定川保存着不少石窟寺和单身石雕造像，著名的有：建于北魏的保全寺石窟、张家沟门石窟、千佛砭摩崖造像；建于唐、宋的莲花寺石窟；建于金的安平寺石窟等。

入平定川，沿川北上15公里处，即发现近左咫尺的道路西岸石岩上有不少大小不等的佛龛，这就是保全寺石窟。（见图4-32）岩面南北长约40米，共开窟龛30多个。中心部分的3号、4号、

图4-32 保全寺石窟

6号窟较大，高3米以上，余为圆拱形小龛，高1米左右。雕像题材多为北魏佛教徒崇拜的一佛二菩萨、一交脚菩萨两胁侍菩萨、释迦多宝并坐说法、千佛等。3号龛的龛眉为两龙相交，菩萨头戴

---

① 引自甘肃省文物局：《秦直道考察》，兰州大学出版社1996年版，第30—31页。

宝冠，袒胸，宽颈圈，肢体粗壮，下着裙坐在须弥座上。裙子衣纹的刻法与龙门石窟的古阳洞太和十九年（495年）丘穆亮夫人所造弥勒像十分相似。6号龛为马蹄形，穹隆顶，内雕一佛二菩萨。佛面方圆丰满，脖颈长，颈部前斜，两眼下视，著通肩袈裟，素面无纹，禅定印，半结跏趺坐，衣裙下垂作垂幕式。11号龛，两侍立菩萨，两肩明显下削，绕于脖颈的披巾特别宽敞，披巾的翼角时有翘起之势，且体形清瘦，站立姿态追求曲线变化，手势比较灵活等，均为北魏晚期的特征。

综观此窟的造像风格，专家们认为此窟建于北魏太和年间，部分造像稍晚。其绝对年代当在公元5世纪90年代至6世纪30年代。这一时期正是北魏孝文帝为了维持其封建统治，极力推行汉化政策，实行政治变法之时。保全寺石窟在造像风格上向晚期转化的这一情况，正反映了这一历史时期。惜此石窟建在红砂岩上，本身较疏松，加之千百年来乏人管理，长期风雨剥蚀，还有人为的破坏，致使造像大部分漫漶不清，或者残缺不全。

（4）张家沟门石窟[①]

石窟位于平定川的李家庄。李家庄，北距保全寺石窟12公里，南距莲花寺石窟3公里。这处石窟规模不大，只保存8个佛龛，造像共31身。佛龛均为圆拱形，龛眉两端凤头反上，喙大而长，冠曲而丰，颈部饰片羽纹。龛内均雕一佛二菩萨。佛面方圆，两颊丰满，眉细而弯，鼻直，两眼平视，肩宽平，脖颈粗短，下腭肥厚，袒右肩，半披肩袈裟，衣裙绕膝坐于台上，手做禅令印，结跏趺坐。菩萨分立于佛之两侧。左侧菩萨，头戴花蔓冠，宝缯及发辫垂于肩上，宽项圈，袒上身，披巾绕过臂向外飘扬，下着裙，两手拱胸前，站在低台基上。右侧菩萨的服饰与左侧菩萨相同，

---

① 引自甘肃省文物局：《秦直道考察》，兰州大学出版社1996年版，第31页。

左手置于胸前拈花,右手下垂提净瓶。5号龛外左侧浮雕7身供养人,男4身,女3身,均高30厘米。男供养人,长袍,细腰,窄袖,腰系带,长筒靴;女供养人,长袍下着裙,裙曳地不露足,皆袖手。这全是鲜卑族未改制前的服饰。与云冈石窟太和以前所雕供养人的服饰完全相同。(见图4-33)

图4-33 张家沟门石窟

需要特别提到的是,在2龛、3龛之间的岩面上,有阴刻题记一方,为"太和十五年太岁在未癸巳朔三月十五日佛弟程弘庆供养佛时造石坎(龛)像一躯"。这一题记的"太岁在未"使用的是岁星(木星)纪年,以代替太和十五年(491年)的干支纪年"辛未"。专家们认为,此窟虽规模不大,造像不多,但有造像的确切纪年,这为北魏的石窟造像的分期断代,提供了确凿的依据,可见是一处十分重要的石窟。

(5)莲花寺石窟[①]

石窟坐落在平定川南口、葫芦河北岸莲花寺村对面红砂岩岩面上。石岩高6.4米、长19米,岩面上部凸出,下部凹进,伸缩

---

① 引自甘肃省文物局:《秦直道考察》,兰州大学出版社1996年版,第32页。

弯曲极不规整。整个石窟依山形而开凿,以岩势而雕像,窟龛相连,群像密集,互相照应,无一空隙,其布局之巧妙,工艺之高超,实在令人赞叹不已。

岩面上摩崖雕刻的成排成列的五百罗汉形成四个中心:佛涅槃横卧、金棺涅槃、楼阁建筑、佛塔。佛涅槃横卧,位于岩面北部,佛右手枕在颈下,叠双脚,颈侧两弟子匍地大哭,周围众多弟子举首望佛,表现出难舍难分的心情。龛外两天王,轩昂而立,手持金刚杵,十分威严。金棺涅槃,位于中部,金棺前弟子跪拜在地,周围众多罗汉成排成列面佛,各自以手掩面,作哭泣状。楼阁建筑,位在中部,成排的罗汉,面向楼阁,向佛哀吊议丧。佛塔在南部,塔六面五级,中有腰栏,众罗汉列队拱手面塔,向佛吊唁。(见图4-34)

与五百罗汉相联系的是"八亿八千众生"赶来集结拜佛的各种场面,题材十分丰富,姿态极为生动,描绘出众生们不畏辛劳、

图4-34 莲花寺石窟

长途跋涉所经历的各种艰险场面。如一组攀登悬崖者的场面：在一陡壁上雕四人，一人已经越过险阻，回首环顾，一个双手抚摸，匍匐前进，另一人在其身后用力推扶，前呼后应，表现了跋涉之苦。另一组，雕刻一乘马者来到一座拱形桥上，童子已经过桥，全身后倾双手用力牵住马缰，马在桥上伸首缩躯后仰，不敢过桥，乘者在后面十分焦急而又无可奈何，充分表现了他（它）们的内在心理。

岩下部内凹，依岩势开大小不等的窟龛18个，内雕一佛二菩萨或三佛两侍或三佛等。

按题记，此窟分别建于唐咸亨、天宝和宋绍圣年间。惜千百年来自然侵蚀，现在不少造像漫漶不清，有的仅留残痕。

（6）安平寺石窟①

由保全寺石窟沿平定川北上10公里处，有一向西的支沟，这就是龙王庙沟。沿沟进入3公里处的沟南岸半山腰间有一石窟，按题记，名为安平寺石窟。

这里因水土流失，石岩尽被黄土覆盖，杂草丛生，现已发现的只一大龛。龛前有廊，两根方形石廊柱支撑廊顶。后有长方形龛门，内开一大龛。前廊高3.6米，宽6米，深2.3米。廊柱四面有浮雕佛、菩萨、力士像。前廊东、西两侧和龛门前面两侧，浮雕高25厘米的坐佛400余身。龛内正方形，高3.3米，宽与深各为3.7米。龛正中设一方形土坛，坛高0.7米，宽2米，坛上正中为三身坐佛，佛两侧各有一立式菩萨和一力士。龛壁四周设平台，台上为众多罗汉。

此窟共有佛像504身。由于各种原因，部分雕像残缺严重。珍贵的是主尊坐佛和浮雕的佛像，保存基本完整。主尊坐佛，高

---

① 引自甘肃省文物局：《秦直道考察》，兰州大学出版社1996年版，第32—33页。

90厘米，螺髻较高，圆脸丰满，弯眉、细眼下视，眼角上翘，鼻直，方形小口，大耳，耳坠较长，坠上有珥饰小孔，袒胸，着通肩袈裟，赤足，结跏趺坐，坐在莲花形六角平台上。现移存于合水县博物馆。

按题记，此窟建于"大金大定戊戌十八年（1178年）八月初三日"。这是甘肃省境内唯一有纪年的金代石窟。

（7）唐王坟和唐朝列圣之碑①

唐王坟，位于太白镇连家砭村南侧曹家寺川内台地上。西北距塔儿湾造像塔5公里。这里原有大小石碑10通，大者4通（治平、明昌各1通，另两通字迹已剥蚀不清），小者6通（崇宁、大观、皇统各1通，兴定3通）。这些石碑多为墓志碑。另有石雕人像（残）两身，石羊1只（亦残）。现有墓冢1座，残高3米，底径10米。其余墓冢早已夷平，究竟有多少墓葬，还未探清，不得而知。

按碑文记述，这里可能是"大圣大兴孝皇帝睿宗李旦孙嗣薛王房宗子"及其眷属的茔地。珍贵的是，在墓地上保存着一通唐朝列圣之碑。（见图4-35）此碑建于"大金明昌二年岁次辛亥十一月丙午朔十五日庚申薛王十二世孙李大尉□□人立，薛王十三世孙李天章立碑□□原乡贡进士王居广书丹"。

图4-35 唐朝列圣之碑

---

① 引自甘肃省文物局：《秦直道考察》，兰州大学出版社1996年版，第33—35页。

唐朝列圣之碑高 3.15 米，宽 1.12 米，厚 19 厘米，下有雕作精美的赑屃座（赑屃头部被毁）。碑沿通体浮雕牡丹、忍冬花饰。碑正面由薛王十二世孙□仕朗勅仕李棠篆额唐朝列圣之碑。碑文由薛王十四世孙乡贡进士李徵编修，翰林学士兼龙图阁学士朝散大夫给事中知制诰充史馆修欧阳□撰。碑文楷书，直行竖写，从上而下分作十排。第一排为《唐李氏世系谱》记叙文，二至十排分别列出"上自高祖下至昭宣总二十一帝二百九十四年"间，各个皇帝的尊号、名讳、在位年数、寿数、陵址、皇后、子嗣等。现就部分碑文抄录如下：

  高祖神尧大圣大光孝皇帝姓李讳渊字叔德在位九年寿七十一陵曰献在三原皇后窦氏二十二子

  太宗文武大圣大广孝皇帝讳世民高祖次子在位二十三寿五十三陵曰昭在礼泉后长孙氏十四子

  高宗天皇大圣大弘孝皇帝讳治字为善太宗第九子在位三十四年寿五十六陵曰乾在奉天皇后武氏八子

  则天□□皇后武曌在位二十一寿八十一祖乾陵

  中宗大和大圣大昭孝皇帝讳显高宗第七子在位六年寿五十五陵曰定在富平□皇后赵氏四子

  睿宗玄真大圣大兴孝皇帝讳旦高宗第八子在位四年寿五十五陵曰□在奉天皇后窦氏六子

  □宗……十子

  □宗……□□十七□□十三……二十子

  □宗……在位二十寿六十□皇后□氏十子

  ……大圣……皇后王氏二十二子

  宪宗昭文章武大圣至神孝皇帝讳纯顺宗长子在位十五寿四十三陵曰□在奉天皇后郭氏二十子

  穆宗浚圣文惠孝皇帝讳恒宪宗第五子在位四年寿三十陵曰□在奉天皇后王氏五子

  敬宗睿武昭愍孝皇帝讳湛穆宗长子在位二年寿一十八

陵曰庄在三原贵妃郭氏五子

　　文宗元圣昭献孝皇帝讳昂穆宗第二子在位十四寿三十三陵曰章在富平二子

　　武宗至道昭肃孝皇帝讳炎穆宗第五子在位六年寿三十三陵曰端在三原贤妃王氏五子

　　宣宗元圣至□□武献□皇帝讳忱……在位十三寿五十陵曰□……十□子

　　懿宗昭圣恭惠皇帝讳漼宣宗长子在位十四年寿四十一陵曰□在富平皇后任氏八子

　　僖宗惠圣恭定孝皇帝讳儇懿宗第五子在位十五寿二十七陵曰靖在奉天二子

　　昭宗圣穆景文孝皇帝讳晔懿宗第七子在位一十六年寿三十八陵曰和在缑氏皇后何氏一十七子

　　昭宣光烈孝皇帝讳柷昭宗第九子在位三年寿十七陵曰温

　　自唐末昭宣天祐三年丙寅至金明昌二年辛亥岁通计二百八十五年

　　（所抄以上碑文中有"……"号者与空格字一样，均系看不清的文字，不是省略号）

唐朝列圣之碑背面，碑额篆刻"唐李氏世系图"。碑上部镌刻薛王十二世孙承信校尉云骑尉致仕李檠所撰"唐宣赐薛王庄记"和"唐李氏薛王房世系图序"。碑中部从上而下以家谱式图表按辈排列从睿宗皇帝起直至其十六代子孙的名讳、学位和官职。

此碑风雨剥蚀严重，部分字迹已无法辨认。为了妥善保护，已在 1983 年 8 月移存合水县博物馆。国家已公布此碑为甘肃省级文物保护单位。

5. 大凤川古城址 [①]

华池县大凤川，位于秦直道麻子崾岘烽燧以东约 5 公里处。

[①] 引自甘肃省文物局：《秦直道考察》，兰州大学出版社 1996 年版，第 43—44 页。

这里有很多文化遗址。据当地林场工人介绍，大凤川烟雾沟一带有9个古城。地图上的名字叫酒城子，是讹传，应为九城子。考察时只发现4座古城址，由于林密草深，兽虫出没，不易进入。最近，在大凤川烟雾沟古城址墓葬中出土一批战国文物，计有铜鼎（高13厘米，口径9.9厘米，腿间距9厘米）、铁戈（长19厘米，宽13厘米）、铁剑（长57厘米，宽3.5厘米）、小铁剑（长36厘米，宽3厘米）和陶器、车马饰具等。这批文物对研究战国至秦汉时期大凤川烟雾城的情况很有价值。

九城子地理位置非常重要，东经太白可通延安；西经定汉，城壕可达庆阳；北经山庄直达紫坊；南经合水直达义渠国都。从出土文物看，这里原是重要军事防区，古城密布。战国时为义渠领地，至秦汉成为直道线上重要军用物资供应线和兵员补充线路。全部古城情况有待进一步考证。

6. 东华池砖塔

东华池砖塔位于庆阳市华池县林镇乡东华池村的大凤川与葫芦河交汇处的宝塔山。塔建于北宋元符二年（1099年）。东华池塔全砖结构，平面八角七层楼阁式，高26米。第一层很高，其下无台基及基座，底部每面宽3.29米。门向东北，高1.87米，宽1.04米，深2.88米。全塔各面通体呈梯形，每个梯形面积均等。从第二层起，每层高度依次降低。各层塔檐每面出斗拱三朵，各层施平座，座之外沿施栏杆，栏内可行人。栏杆砖面刻有卍字纹、云纹、奔鹿、飞凤、猛虎等浮雕。各层每面间隔设有一真门或假门，上下错落。真门一律单砖券顶，假门门框为方形，两门紧闭，有的镶石碑。无论真门、假门，两侧均设一方形假窗。第一层门向东北方，单砖券顶，门洞高1.87米，宽1.04米，进深2.88米。

内辟八角形塔室，每面宽0.97米，直径2.4米。第二层以上每间隔一面设真门或刻板门。每层辟四券门，分层转换方向。真门一律单砖券顶，版门方门框，两门紧闭，有的镶一面碑，门傍各设直棂窗。塔顶有葫芦形刹柱，上置宝珠。全塔建造精致，宏伟华丽，除顶部和局部塔檐自然剥蚀外，其余保存完好。（见图4-36）

出华池县城向东，翻越秦直道所在的老爷岭，沿着曲曲弯弯的二将河，就到了山清水秀、林草莽莽的古城东华池。自西魏，历隋、唐建置的华池县即在东华池。《括地志》所载，"秦故道在庆州华池县西四十五里子午山上，自九原至云阳千八百里"，即指此地。唐代还置过林州。宋废县为镇，后为寨。东华池历史上一度相当繁荣。

砖塔所在的寺院原名宝宁寺，又称宁静寺，内含宝峰院、观音寺，初建于宋代，明万历、天启年间曾重修。现存除砖塔（东华池砖塔）以外，距寺院500米处另有一座三层六面体的小塔，东北部有菩萨院，存残像五尊。1963年2月11日，砖塔被公布为甘肃省级文物保护单位。1981年，被甘肃省人民政府重新公布为省级文物保护单位，2001年6月，被国务院公布为全国重点文物保护单位。

关于它的建造，当

图4-36　东华池砖塔

地还有一段传说。相传,当年建筑东华池砖塔时,朝廷规定,一百五十日完工,届时有大臣来主持庆典,如不能按期完工,所有工匠都要问斩。接到命令以后,工匠们夜以继日地施工,一个个累得筋疲力尽,面无人色。但是,整整干了五个月,眼看最后一天的太阳已经下山,塔顶还没有砌成。工匠们拖着疲惫的身子,一个个急得满头大汗。在这生死攸关的时刻,大家只有一个信念,拼命地干活,赶在第二天天亮把塔顶砌成。可是到了后半夜,工匠们实在撑不住,一个个不知不觉地倒在塔下睡着了,顿时,响起了一片呼噜声。在酣睡中,大家做了一个相同的梦,梦见一位银发长髯的老者,手拄龙头拐杖,来到塔下对他们说:"勤苦的工匠们啊,时限快到了,你们只管把砖头扔上塔顶,我会帮助你们堆砌的。"说毕,倏忽不见。工匠们猛然惊醒,揉了揉惺忪的睡眼,大家不约而同地一齐向塔顶乱扔砖头。说来也怪,扔上去的砖头,竟然挨个错落有致、紧紧地镶嵌在一起。这时,雄鸡啼鸣,黑夜悄悄退去。待到第一抹霞光洒向东华池梁峁的时候,一座巍巍的砖塔竣工了。

紧接着,一阵急促的马蹄声传来,卫士们簇拥着一位朝廷大臣,从川道来至塔下。看到雄伟壮观、建造精致的砖塔,朝廷大臣赞不绝口。工匠们长出了一口气,纷纷倒在地上,在大臣面前睡着了。

7. 宋代在秦直道合水、华池近侧修建的古城寨

公元1038年,党项族首领李元昊建立大夏政权,都兴庆(今宁夏银川市)。他们屡屡南下侵宋,使毗邻的宋北部环庆(今陕西长武、武功、旬邑、礼泉等县间地和甘肃环江、马莲河流域以东地区)人民深受抢掠、战乱之苦。宋仁宗康定二年(1041年)命范仲淹为环庆路经略安抚招讨使兼知庆州,镇守边境。范仲淹采取"以和好为权宜,以战守为实务"的战略方针,"兴营田,

修堡寨，招流亡，通斥堠，使羌汉之民相踵归业"，大夏因而不敢南犯，为巩固边防和促进民族和睦相处起了很大作用。1043年，李元昊派使求和。1044年，宋夏议和，夏向宋称臣，战事宣告结束。

据史料记载，范仲淹在知庆州期间，为了抵御西夏的侵犯，在庆阳和陕北一带修建了众多的城堡，诸如白豹城、二将城、铁角城、大顺城、金汤寨、柔远寨、平戎寨、荔原堡、定边寨、靖边寨、安定堡等等，为巩固边防起了十分重要的作用。这些城寨历经千百年风尘，至今遗址犹存。

（1）平戎寨古城址

平戎寨史书有名，但长期以来未详其地。1988年文物普查中，当地文博部门认真查访，终于在合水县太白镇平定川的周家嘴找到了这一古城址。

平戎寨位于平定川中部龙王庙沟南岸山峁上，西距安平寺石窟3公里，南距保全寺石窟10公里。由此北上到秦直道的重要据点黄蒿地畔，可直达西夏控制的白豹城。这里早无人烟，城池尽被林木笼罩，因而保存较完整。

平戎寨城垣依山形而就，由东、西二城组成。两城之间相距20米，平面呈梯形。[①]（见图4-37）

东城：南墙长34米，外高20米，顶宽18米，为该寨最高点。从其建置看，似为瞭望台；西墙长230米，外高9米，顶宽3米。东墙长145米，外高9米，顶宽2米。北墙原长329米，现存95米，外高9米，顶宽3米。北墙正中开城门。城门外西侧有一圆形瞭望台，高3米，顶径3米。西墙西北角开城门，与西城相通。城内从南墙向北墙延伸60米处，是一缓坡的台地，再下为另一台地，二台的高差为2米。

[①] 引自甘肃省文物局：《秦直道考察》，兰州大学出版社1996年版，第36页。

第四章 秦直道沿线的重要遗存

图 4-37 平戎寨古城址

西城：南墙长 32 米，外高 12 米，顶宽 3 米。西墙 238 米，外高 7 米，顶宽 1 米。东墙长 230 米，外高 12 米，顶宽 1 米。北部无墙，长 54 米。东墙东北角开门，与东城相通。城内从南向北延伸 50 米处，为东西走向的缓坡台地，下为另一台地，高差 1.5 米，台地的中部，有一南北走向的沟壕，深 1.5 米，宽 4 米，长 8 米。

城墙均为版筑，筑痕清晰可见。整层厚 20 厘米。西城外挖有护城沟。南墙外护城沟长 80 米，深 5 米，宽 15 米；北墙外的护城沟长 400 米，深 25 米，宽 20 米；两城之间的护城沟长 230 米，深 5 米，宽 20 米；东城东墙外护城沟长 160 米，深 4 米，宽 12 米；西城西墙外无护城沟，向西延伸 30 米为峭壁悬崖。

从该城整体布局和建筑遗迹分析，西城似为驻军之地，东城可能是驻军的指挥所。

城内采集板瓦 1 件，右上角 1.3 厘米处有 1 圆孔，面有少量布纹痕迹，内壁为粗布纹，是典型的宋代板瓦。城池内陶质琉璃建筑构件碎片较多，可以推测当时这里还有很多地面建筑。

从发现的新建罗汉洞碑记和清乾隆四十□年保安合水县界碑

记载,在乾隆四十□年以前,平戎寨所在平定川,仍名为平戎川。"平戎"为贬义词,后改为平定川沿用至今。①

平定川远古以来,就是北往紫坊畔、宁夏,南去太白、中原的一条捷道。调查中,我们在平戎寨古城西侧1公里龙王庙沟口,发现不少秦汉时期的粗绳纹瓦片和大泉五十、半两等古币,说明在秦汉时期,这里可能就是军事防区。据《元和郡县图志》记载:唐贞元二年(786年),吐蕃人南犯合水时,就走的平定川,当时的宁州帅韩游环率兵埋伏于平戎川山顶,当吐蕃兵到时,伏兵到处击鼓呐喊,吐蕃大惊,即撤兵北去。同样,西夏兵要南犯,平定川必是进兵之路。所以范仲淹在川中地势险要的周家嘴建城,是十分明智的选择。②

(2)安疆寨古城址

安疆寨地处甘肃省华池县东北的紫坊畔乡郭半村,南距县城20多公里,东南距紫坊畔乡政府约3公里。北与陕西省吴起县接界,西连华池县乔河乡,南靠华池县山庄乡,东北与吴起县相邻。该城建在一道南北走向的山梁上,完全依照山势的自然走向而修筑成不规则的椭圆形状。山峁之东为齐疙瘩沟,其西为郭半沟,二沟交汇于山峁之北。城西隔沟约2公里处可望见秦直道,秦长城也紧靠其南边的山峁向东北延伸。城址因平整土地而受到不同程度的破坏,但大部分城墙保存比较完整。(见图4-38)

安疆寨外城圈周长约1200米,残高约5米,墙基宽约6米,从现存断面上看,底部削崖为墙,削崖高度一般为3~5米,然后在其上用夯土筑成城墙,夯土层厚7~10厘米。南端外墙为城墙最高处,高约22米。在城南又利用天然地形修有一条长约64米、宽11~14米、深达25米的大城壕。内城依山势形成三层台地,从东北向西南依

---

① 引自甘肃省文物局:《秦直道考察》,兰州大学出版社1996年版,第36—37页。
② 引自甘肃省文物局:《秦直道考察》,兰州大学出版社1996年版,第37页。

图 4-38 安疆寨古城址

次而高，一、二层台地面积都不大，第三层台地是内城的中心活动区域，内城圈东西宽约 55 米，南北长约 150 米。在内城西北部又有一瓮城，周长约 80 米，残高 2~3 米，从城垣遗迹分析，这里是出入城池的重要通道。城内见到的文化遗物，主要是在城内东北地表上发现的大量板瓦、筒瓦残片及大量的宋代瓷器残片，还在城内发现了一些齐家文化时期的红陶残片。此外，还从当地群众中征集到一些铁链、宋代钱币和宋瓷残片。（见图 4-39）

①板瓦、筒瓦残片。板瓦内为粗布纹，上宽 17 厘米，下宽 16 厘米，残长 24 厘米。筒瓦内为细布纹，外光面，外沿直径 13 厘米。

②灰陶盆、罐残片。口沿多为卷唇，另有敛口，形状各异，种类较多。纹饰多为素面，另有弦纹、麻点纹，其中一件内为麻点纹，外饰篮纹，质地非常坚硬。

③宋瓷残片。大致有两类：一类为粗瓷，主要是瓷盆和瓷碗残片。粗瓷盆内为褚石色，有弦纹，底部和近底处均露胎，底为圈足；粗瓷碗有黑色和深绿色两种，均圈足，露胎。另一类为细瓷，以小瓷碗、瓷碟居多，有象牙白色和豆绿色两种。象牙白色碗矮

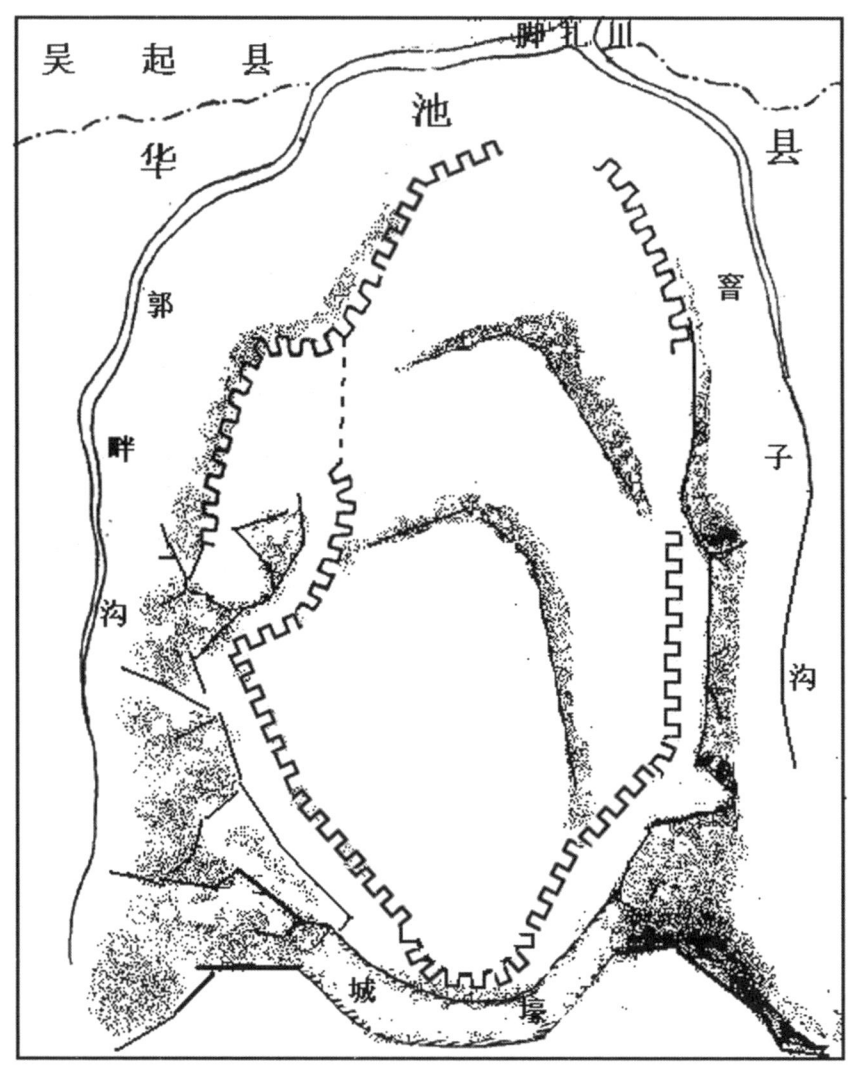

图 4-39 安疆寨古城址示意图（张多勇绘制）

圈足，内外施满釉；豆色碗圈足，下露胎，光面无纹饰，形呈斗笠状。瓷器残片纹饰有牡丹、瑞草花纹，有的外有冰裂纹。

④征集的铁钱共5枚，虽然铁锈斑斑，但字迹依稀可辨，均为"元符通宝"。铜钱2枚，为"天禧通宝"。另有铁链2件，形制相同，均为四棱叶形，一件残长8厘米，宽0.6厘米。

从寨内文化遗物的分布来看，细小瓷器主要发现于城内东北部，而在城内西北部，文化层积很厚，达1~3米。据此推断，城内东北部为该城重要人物即守城将官的居住区,西北部则为广大士兵的居住区和生活区。此外,从访问当地群众了解到,距城南约200米处曾发现了大量的人骨架,很可能就是安葬守城士兵的墓葬区。

从现有文化层的内涵来看,陶、瓷残片均比较单一,都是同一时期北宋时代的器物,以后遗存很少。从有关史籍可以看出,该城寨是在特定的历史条件下修筑的,其目的就是为了防御西夏的攻掠,因而它是一座纯军事的堡垒,与当地的经济、文化并没有太多的联系。由于安疆寨的性质与作用单一,因此当适合它存在的外部客观环境发生变化或完全消失时,它必然将从历史舞台上退出。事实上,安疆寨仅在一定历史时期内起过一定的作用,随后即因形势的变化而被废弃。

(3)大顺城遗址

大顺城,位于华池县山庄乡雷圪崂村芋台组,地处二将川河与铁匠沟水交汇处南侧山梁。全城地跨两山,周长3500余米,城墙残高4~5米,中间被一条小沟分为南、北二城。北城依山势而建,很不规则,占地约12万平方米。南城呈长方形,又分为内、外城,占地13万平方米。(见图4-40)宋天禧五年(1021年)始筑,置马铺寨。庆历二年(1042年)三月,范仲淹知庆州复筑,宋仁宗赐名"大顺城",为宋抗击西夏南侵的重要军城。该城长期传讹为"二将城"。现为甘肃省级文物保护单位。(见图4-41)

大顺城是北宋名臣范仲淹于庆历二年知庆州期间为了防阻西夏侵犯而修筑的。《宋史·范仲淹传》载:"庆之西北马铺寨,当后桥川口,在贼腹中。仲淹欲城之,度贼必争,密遣子纯祐与蕃将赵明先据其地,引兵随之。诸将不知所向,行至柔远,始号令之,版筑皆具,旬日而城成,即大顺城是也。"这段记载虽然概括地叙述

图 4-40 大顺城遗址

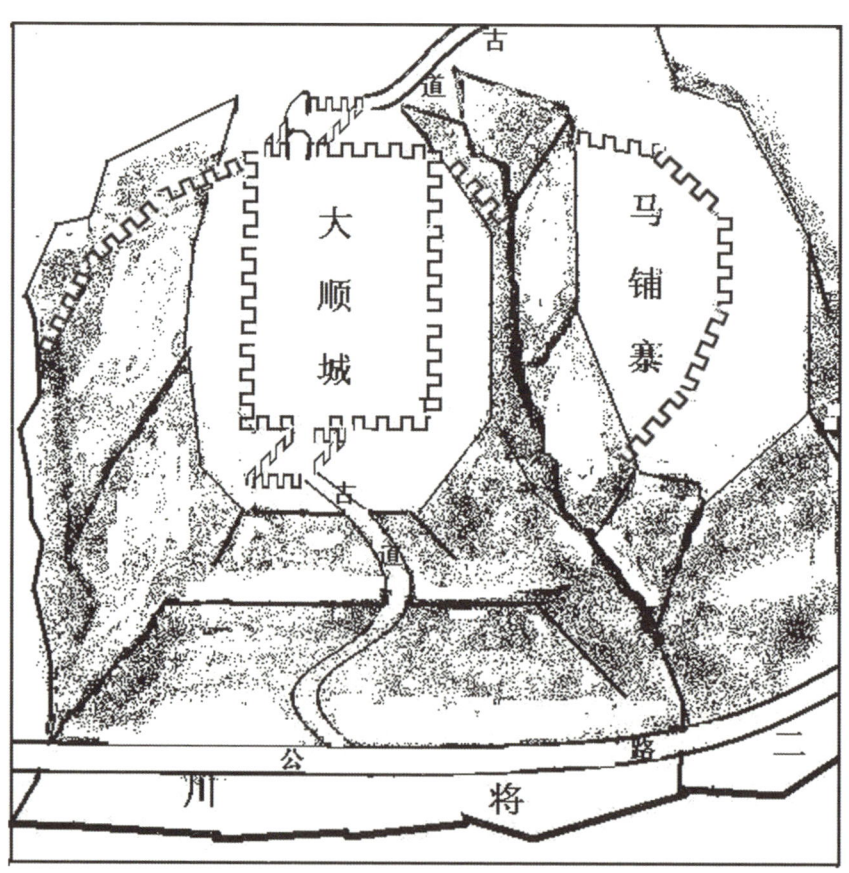

图 4-41 大顺城遗址示意图（张多勇绘制）

了修筑大顺城的经过，但对于人们了解大顺城究竟是在什么背景下修筑的，范仲淹为什么选择这里作为城址所在，他是如何采用堑山法和版筑法"旬日而城成"等一系列问题，却显得太过于简单了。通过实地考察与搜寻有关历史资料，这些问题得以迎刃而解。

首先，大顺城是在宋、夏军事斗争日趋激烈的背景下修筑的。1032年，元昊成为党项首领，特别是1038年，元昊称帝后就不断大肆扰边。延、环、庆诸州作为其通向关中的通道首当其冲，但由于战略失策，宋军在防御战中一败再败。庆历元年（1041年）五月，宋仁宗调范仲淹知庆州，任环庆经略安抚沿边招讨使。范仲淹在对延、庆一带边防进行了大量调查的基础上，十一月向朝廷提出了攻守二议，总结了以往的边防策略。他提出，在环、庆一带一方面应整顿军务，练兵备战，另一方面应在边防要塞大修堡寨，构筑起一道完整的抵抗西夏进攻的环形军事防御体系，大顺城就是在这种背景下修建的。

其次，大顺城"本名马铺寨，当后桥川口"，范仲淹之所以选择这里作为城址，是因为其特殊军事地理位置所致。大顺城"南通凤川华池",距柔远寨仅40里,东接西夏所属之金汤、白豹,同时,大顺城紧靠秦直道和秦长城,向北可通向西定边,向南可通往关中,在这里修筑城寨,就可以切断西夏金汤、白豹之敌内侵的通道,并用秦直道提供的便利的交通条件,进可攻,退可守,从而对西夏构成极大的威胁。

再次,由于处在两军对垒的非常时期,且大顺城深入敌腹地之中,因此范仲淹采取了非同寻常的筑城方法,力求行动秘密和节省时间,既不能让敌方察觉筑城意图,又能提高筑城效率。范仲淹于庆历二年三月,上奏朝廷,请求在柔远寨东节义峰马铺寨,并密遣其子纯祐与番将赵明先据其地,引兵随后。"诸将初不知所向,行之柔远,始号令之。"到达筑城场所后,利用这里山势的自然走向,士兵们采用削崖为墙的办法修成城基,再在其上夯筑城墙。这种方法大大提高了筑城速度,结果"旬日而城成"。

(4)荔原堡遗址[①]

荔原堡古城位于南梁镇政府所在地,属于典型的宋代城址,古城依山而筑,在阶地上城墙南北450米,东西300米,西南、西北二角墩高出墙体3米,南北城墙因山势徐徐上升,在山上部分长450米,基宽22米,墙高12~15米,今存顶宽5~8米,南北墙马面今天清楚可见,犹如巨大墩台的8个马面依然高大,在东山上城墙所包山顶平台,呈三角状,山顶另筑80米×100米子城,东墙外护城河清楚可见,深15米,宽20米。城壕外侧有第二道防线,墙高12米,长130米。据城墙500米外,有一烽燧高15米,底周30米。山顶南部城外另有耳城一座,因地势而建,北墙长80米,东墙长220米,西墙长250米,南墙长40米,墙体较主城低而不规则,可

[①] 张多勇:《宋代大顺城与大顺城防御线》,见刘文戈、马啸主编:《范仲淹与庆阳——纪念范仲淹知庆州970周年学术研讨会论文集》,天津古籍出版社2012年版,第363—364页。

图 4-42 荔原堡遗址

能为敌方攻城而筑的临时防御工事。（见图4-42）山顶海拔1440米。今天人们可见墙体高大，墙厚坚固，反映了宋代荔原堡地理位置的重要，宋、夏争夺的激烈，是宋代沿边重要军事堡寨。城内地层中含有大量的布纹瓦片、建筑残件，山顶有大量的红砂岩石板堆积，当为修筑防御工事或做礌石使用之残留。（见图4-43）

英宗治平三年（1066年），蔡挺任陕西转运副使，进直龙图阁，知庆州时西夏兵筑城白豹、金汤、安疆。荔原堡原名马练平。蔡挺为北宋名将，曾亲自在大顺城指挥对西夏的战争。

自宋英宗治平三年，蔡挺在马练平筑城为荔原堡。荔原堡最高军事首领为"都巡检"，隶属于环庆路经略使、庆州知州。为了笼络羌人，又增设"蕃部巡检"，专管羌族军人。

秦汉时期荔原堡是重要的军事通道，是扼控北方的交通要道，位于今南梁西北10公里的白马庙遗址，是秦汉的直路县遗址，是秦直道脚下的重要兵站。今直罗镇—太白—东华池—南梁—白马庙川—庙沟一线至老虎岭是秦直道的重要军事补给线，汉代直路

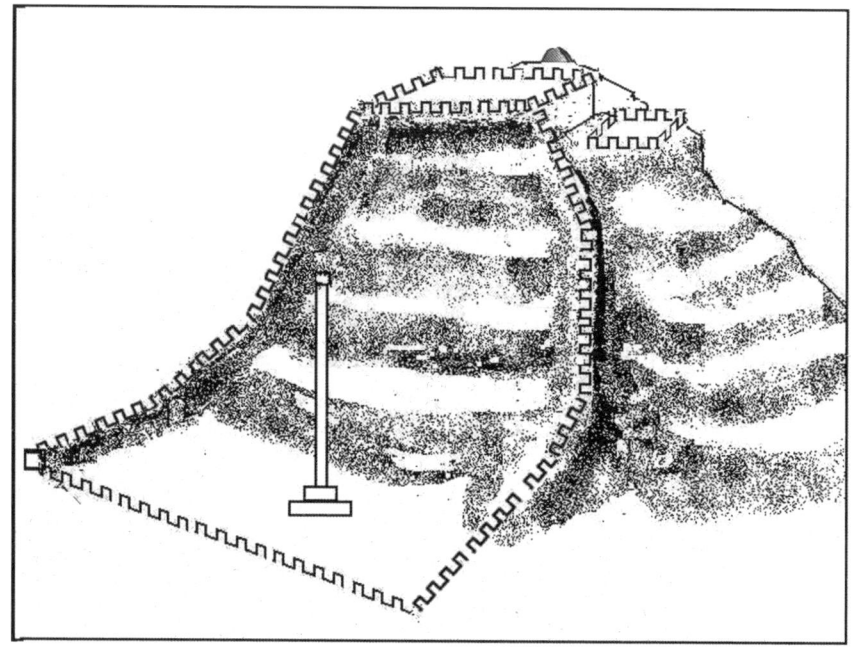

图 4-43 荔原堡遗址示意图（张多勇绘制）

县是重要的军事重镇。1934 年，刘志丹在此建立南梁政府，今南梁纪念馆建于南梁荔原堡古城内。

（5）柔远寨[①]

柔远城今华池县城，位于柔远河与其支流东沟水交汇处东侧，依山而筑，全城周长 1882 米，占地约 17 万平方米。其中山顶古城近椭圆形，城墙残高 7 米，顶宽 2 米，周长 547 米，面积 7625 平方米。山下城郭为不规则形。（见图 4-44）（见图 4-45）其面向东沟水修建有城门楼，20 世纪 50 年代中期始拆毁。该城于宋大中祥符四年（1011 年）始筑，称为柔远寨。元符二年（1099 年）复筑。《武经总要》载："柔远寨，东有路入西界白豹、后桥二镇，大中祥符中筑。东南至州百二十里，东至业乐镇五十里，东北入西界后桥、白豹谷三十里。"点明了柔远寨的筑城时间为大中祥

---

① 张多勇：《宋代大顺城与大顺城防御线》，见刘文戈、马啸主编：《范仲淹与庆阳——纪念范仲淹知庆州 970 周年学术研讨会论文集》，天津古籍出版社 2012 年版，第 364 页。

符中,约为1008—1016年筑。其中"东至业乐镇五十里",误,应为:南至业乐镇五十里(今六十里)。又载:"业乐镇,大中祥符中筑。因蕃族内附,特筑业乐、凤川、柔远三城。西南至州七十里,淮安镇七十里,柔远寨五十里。"业乐、凤川、柔远三

图 4-44 柔远寨遗址

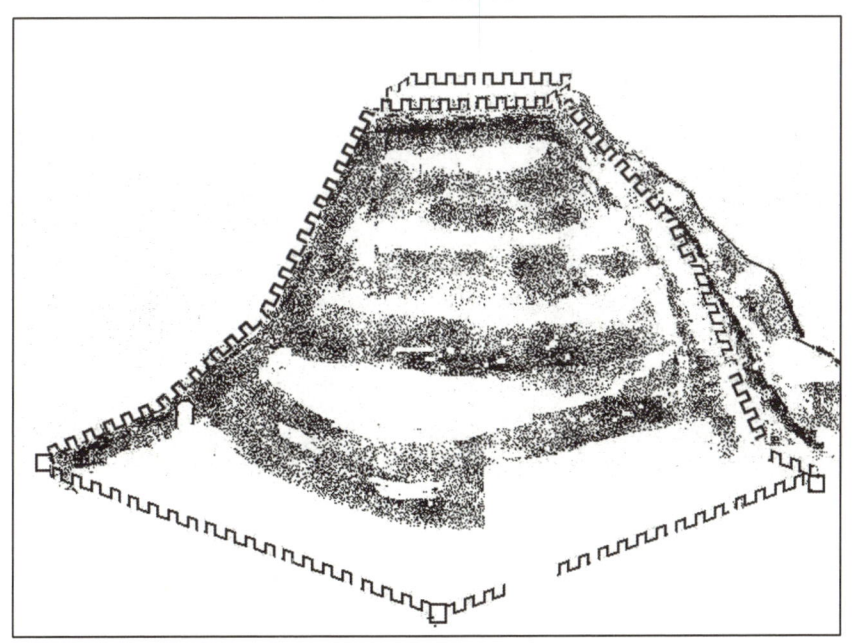

图 4-45 柔远寨遗址示意图(张多勇绘制)

城皆为蕃族内附而筑。大中祥符年间（1008—1016年），正是李德明据灵州之地、西攻河西之际。蕃族内附当为羌族叛夏归宋，而筑业乐、凤川、柔远三城。

《宋史·地理志》载："安化，中。有大顺一城，府城，东谷、柔远、人顺四寨。元丰四年，废府城寨、金村堡、平戎镇。五年，收复磃诈寨，赐名安疆寨。元祐元年，复平戎镇。"前引西夏进攻宋时多次夺取柔远，都未得手，柔远与大顺、荔原堡成为宋代最后的边防线，其地位尤为重要。

（6）铁角城古遗址[①]

铁角城古遗址，位于华池县乔川乡与陕西定边县的交界处，南距秦长城1.5公里，东距秦直道3公里，城垣按自然山形修建，平面呈三角形，周长约2公里，墙残高1~7米，基宽6米，顶宽2~3米，夯层15~20厘米，城内有不少宋瓷片。（见图4-46）

图4-46　铁角城遗址

铁角城的地位十分重要，且是南往庆阳、北去九原的必由之

[①] 引自甘肃省文物局：《秦直道考察》，兰州大学出版社1996年版，第38—40页。

路。从发现的大量秦汉遗物即可窥见,在秦汉时期这里就是一处重要军事据点,是兵家用武之地。宋时西夏南犯,铁角城首当其冲,可见范仲淹在此建城,反映了这位杰出的军事家的高度智慧。

为了缅怀范、韩二公的历史功绩,鄜延、环庆一带人民兴建了一些纪念性建筑。早在北宋晚期,鄜延、环庆等地,就为其建祠祀之,后历金、元,祠堂被毁。明成化十一年(1475年),马文升在知环庆时,在庆阳县城内重建了"范、韩二公祠堂",并立了重建有宋范韩二公祠堂之记碑一通。祠堂后被毁,但石碑完好地保存下来,现陈列于庆城县博物馆,述说了这一历史事实,今为甘肃省省级文物保护单位。

石碑高2.4米,宽0.97米,厚0.21米,碑额篆书"重建有宋范韩二公祠堂之记"。(见图4-47)由赐进士通议大夫都察院左副都御史钧阳马文升撰文,赐进士嘉议大夫工部侍郎古豳刘昭篆额,赐进士嘉议大夫都察院右副都御史桂阳朱英书丹,现将碑文收录如下:

图 4-47　重建有宋范韩二公祠堂之记碑正面

生而为名将相，殁而载在信史，使人仰慕于无穷，或血食于千百年之后而不已者，必其有大功德于生民社稷，夫岂偶然哉！古之人有能之者，其惟宋之范文正、韩忠献二公乎。康定初，夏贼赵元昊拒命，有侵犯中原意，而延庆被害扰甚。时范雍在延州，贼围之孔急，环庆副将刘平、石元孙赴援陷殁。事闻，中外震惊。文正公请自行，遂命公知延州。公至，即选练兵士，修葺砦堡，尤主和以招徕之，贼有无以延州为事之言，而奸谋为少沮焉。既而，公与忠献公俱为招讨使，节制鄜延、环庆诸路兵，或主战，或主守，战守皆得其宜。与夫险要之处，悉筑城堡，举诸名士以守之，势相连属，综理周密。夏贼知不可敌，遂敛兵不敢近边，终不得以逞其奸谋。关中获安，而宋室无西顾之忧者，皆公与忠献公之力也。后二公俱为宰辅，其精忠大节，丰功伟绩，载在史册，昭然可考。惜乎，文正公未罄先忧后乐之志而卒。当时，民仰公之德，故于鄜延、环庆皆建祠以祀之。宣和中，经略使宇文虚中，奏公有大功，今庆州有公祠，合古者有功于民以死勤事之法，乞赐祠额。诏赐为"忠烈"。历金、元至今，其祠不知毁于何时？成化庚寅，胡虏犯边，予奉命统兵守环庆，寻二公之古迹而修复之，贼颇知惧，不复入其境，而民赖以安，况在当时者乎。壬辰春，天官亚卿、姑苏叶公，奉命巡边，以文正公乃乡先达，所至必访公之祠而谒之，以庆之祠毁为意。予以公之祠得赐额始于庆阳，今祠毁而不修，乃予之责也。遂令藩司、参政胡钦、孙仁、知府王贵、同知薛禄，卜地于府学之南，鸠工聚财，民乐为之。中建三楹为正堂，东西两庑及前门各三楹，后五楹为退堂，左右厢房如前。正堂中塑文正公，并增忠献公像。余以义起之也，经始于成化癸巳秋九月，落成于甲午春三月。规模宏敞，轮奂一新。二公之英灵，必妥于此矣。金谓不可无文以纪其岁月，乃请予为记。予闻孔子曰："管仲相桓公，霸诸侯，一匡天下，民到于今受其赐，微管仲，吾其披发左衽矣。"

盖言仲有攘夷狄之功。使无仲，则当时之民尽为夷狄之俗。昔二公之在关中，当元昊士马精强，虎视中原之日，乃能同心戮力以御之，使民无蹂躏之苦，而免左衽之俗，其有功于社稷生民也大矣，其功岂不高于仲哉？又岂小有功于一方者之可比哉？宜乎延、庆之民，建祠以祀，而后人景仰于无穷也。或谓文正公与忠献公共事关中，功业相等，今民建范之祠而不及韩者，岂韩不及范耶？予曰：是大不然。范与韩俱驻节泾州，韩兼秦凤，范兼环庆，在庆之日久，而民之爱之者深，又殁于韩公之先，非以范之功德有大过于韩也。不然，天下后世称宋相关中功业之盛者，必曰韩范。今合而祀之，夫岂不宜？逢掖之士，登斯堂，拜二公之像者，忠君爱国之心，其有不油然而兴耶！予素慕古人者，于二公慕之为尤切，故不辞而为之记。

成化十一年岁次乙未秋八月吉旦立石。凤鸣秦旺镌。

碑阴，除刻碑文外，下部刻庆阳军事防御图。（见图4-48）

图4-48 重建有宋范韩二公祠堂之记碑阴庆阳军事防御图

8. 定边县安边堡遗址

安边堡，是明长城榆林镇重要关堡。位于定边县城东南130里的新安边镇所在地，曾统辖十四座城堡。北距旧安边80里，东至永济堡30里。安边营地处平川，无险可据，且其北1公里处即为明大边长城。或许是考虑到安边营难为倚凭，成化十一年，巡抚延绥余子俊于今安边南30公里处置新安边营，撤旧安边兵守之。成化末年，因定边营孤悬大边沿线，故又设都司、经制外委把总等官员，领营兵一百二十五名驻守安边堡。这便是新、旧两个安边的由来。

安边营城墙周围全长2.15公里，在延绥镇西路十六座营堡中仅次于靖边营和定边营。隆庆六年（1572年）和万历六年（1578年），明廷又对城墙进行了加高、砖砌，城内建有鼓楼、玉皇阁、魁星楼等楼铺二十座，开有东、西两门。（见图4-49）

图4-49 安边堡遗址

有明一代，安边营一直都是延绥镇抵御蒙古入侵的前沿阵地。成化八年（1472年）的一场战役惨烈至极，安边营都司指挥柏隆、陈英也双双战死。

今日安边营遗址，城墙毁坏严重，已不见昔日风采。安边营的东南城角（当地人称东南拐子），也只剩下了一座高约10米的光秃秃的土台子。

9. 统万城遗址

统万城位于陕西榆林靖边县城北58公里处的红墩界镇白城子村，为匈奴人古城遗址，因其城墙为白色，当地人称白城子。（见图4-50）又因系赫连勃勃所建，故又称为赫连城。其是东晋十六国时大夏国的都城。城址东北有淖泥河，向东南注入无定河。

图4-50　统万城遗址

十六国中叶，中国北方游牧民族匈奴铁弗部刘卫辰为魏所败，其子刘勃勃南逃投后秦，后秦王姚兴命其为安北将军，镇朔方。刘勃勃兵权在握当即与后秦反目，于东晋义熙三年（407年）称大单于，大夏天王，年号龙升，国号大夏。不久南下攻取秦属岭北诸城，西吞南凉，成为十六国之一。夏凤翔元年（东晋义熙九年，413年）勃勃改姓赫连，命叱干阿利调秦岭以北10万人筑都城。并豪言："朕方统一天下，君临万邦，可以统万为名。"① 统万城名由此而来。

据史料记载，统万城建设历时六年，采用"蒸土筑城"法，即把白石灰、白黏土以糯米汁搅拌，蒸熟进行注灌，类似于今天

---

① 《晋书》卷一三〇《赫连勃勃载记》，中华书局1974年版，第3205页。

的浇注法，城墙坚固可抵刀斧。传说叱干阿利监工残酷，命人以铁锥检验，凡锥入一寸者，便立刻将工匠杀死，填尸于墙内。

统万城城垣有东西南北四门，东门名招魏，西门名服凉，南门名朝宋，北门名平朔。城墙高10仞，基厚20步，上宽10步，东西长倍于南北，周长约18里。城内复有皇城，内营造有亭台楼阁，雕梁画栋，富丽堂皇。

《晋书》载《统万城铭》曰："崇台霄峙，秀阙云亭，千榭连隅，万阁接屏。……温室嵯峨，层城参差。楹雕虬兽，节镂龙螭。莹以宝璞，饰以珍奇……"①

《北史》也有记载："城高十仞，基厚三十步，上广十步，宫城五仞，其坚可以砺刀斧。台榭高大，飞阁相连，皆雕镂图画，被以绮绣，饰以丹青，穷极文采。"②

公元416年，赫连勃勃乘东晋破后秦之机挥师南下攻取长安。418年，在长安称帝，改元昌武。他留下太子镇守南都西安，自己回师统万城，宫殿大成，又改元真兴，并刻石歌颂功德。公元425年，赫连勃勃卒。公元427年，北魏军攻破统万城。太武帝生活十分清俭，讨厌奢华，在进入统万城之后，拓跋焘见夏国皇宫富丽堂皇，大发雷霆："竖子之国，竟敢滥用民力到如此地步，焉能不亡！"北魏太武帝拓跋焘在此，置统万镇。公元431年，大夏首领赫连定被吐谷浑部族俘虏，夏灭亡。赫连勃勃创建的夏只传三世二十余年，一代名城随夏灭亡而衰败。

统万城在长时间内是北方的重镇之一。此后北魏、西魏、东魏、隋、唐曾在这里置镇、州、郡。自太和至唐，曾为夏州治所；唐末又为定难军节度使治所。北宋初，党项人李继迁占据统万称西夏。宋淳化五年（994年），因西夏军队常以统万城为依托侵扰北宋，

---

① 《晋书》卷一三〇《赫连勃勃载记》，中华书局1974年版，第3213页。
② 《北史》卷九三《赫连屈丐传》，中华书局1974年版，第3066页。

宋太宗下令毁掉统万城，迁走城内居民。

统万城修筑时，"临广泽而带清流"，水草丰美，是中国历史上少数民族建设的最完整、最雄伟、最坚固的都城，也是匈奴民族保存下来的唯一一座城墙轮廓、众多建筑保存完好的都城。以后湮于沙漠，历代游人凭吊感叹不已。唐咸通年间，许棠在诗作《夏州道中》称："茫茫沙漠广，渐远赫连城。"一千六百多年来，由于不断被荒沙围困，统万城深陷毛乌素沙漠之中，几乎被完全淹没。随着近年这一地区治沙力度加大，古老都城遂重现昔日的英姿。

著名考古专家戴应新说，统万城依地势而筑，西北高东南低，既防冬天的寒风，又顺势利用城北的河水为市内用水和为城外护城河供水，构思十分精巧；它的城墙是用糯米汁、白粉土、沙子和熟石灰掺和在一起夯筑而成，西城墙厚达16~30米。虽为土城，但具有石头一样坚硬的质地和抗毁力。有的城墙之中还设有储存粮秣、武器等库房，城墙四隅的角楼皆高于城垣，西南隅角楼高达31.62米，这在中外筑城史上非常罕见。

统万城遗址对研究夏和大夏人的文化以及生态环境变迁，都是重要的历史资料。

（三）东线段近侧遗址

秦直道东线附近发现的宋代石窟计有黄陵县千佛寺石窟、富县石泓寺石窟、志丹县界湾石空寺等。古代鄜州，作为古代陕北地域政治经济中心之一，保存的石窟数量也相当可观。据2008年富县第三次文物普查统计，富县现有大小石窟四十余处，主要分布在张家湾镇和直罗镇两个靠近子午岭的乡镇。这两个乡镇的石窟数量占到全县石窟总量的95%。具有一定规模且最著名的是位于直罗镇川子河北岸的石泓寺石窟。

1. 富县石窟

（1）石泓寺石窟①

富县石泓寺石窟，又名川子河石窟，位于富县直罗镇川子河北岸，坐北面南，依崖而凿。东距县城65公里。石泓寺石窟始建于隋大业年间（605—618年），唐、宋、元、明各代都有雕凿。最后形成石如刀切、分布于东西长约70米、一字排列的大小7个洞窟。最大的洞窟宽10.4米、高5.35米、深10.65米，最小的洞窟宽1.2米、高1米、深2.1米，共有石雕造像约3371尊。主洞窟前有木结构三开间大殿一座，殿前接寺院，殿门正上方雕刻有"石泓寺"匾额。洞窟从东向西依次排列。（见图4-51）

图4-51 石泓寺石窟

一号窟，窟平面呈长方形，窟后壁及左、右两壁处辟有坛基，坛墓（基）正面为释迦牟尼、老子、孔子造像。窟壁有清嘉庆年间（1796—1820年）题记，记载此窟为"三教洞"，表达了各教

---

① 引自蔺治斌主编：《鄜州揽胜》，陕西人民出版社2011年版，第81—84页。

派之间和谐相处。

二号窟,中央有佛坛,雕刻5尊佛像。东、西两侧洞壁共有小造像36尊。洞侧左、右各有一浮雕为金刚力士。窟内中央有坛基,坛基上有背屏一个,上承窟顶,背屏上雕一佛二菩萨二弟子。东壁有造像龛,内雕一佛二菩萨。旁边刻有"宋开宝二年(969年)李庭宝造释迦牟尼佛、菩萨三尊"的题记。

三号窟,中央设方形坛基,坛基上有5尊雕像,为一佛二菩萨二弟子。洞口左、右各有一金刚力士雕像。东侧菩萨背屏上刻有宋乾德六年(968年)敦士元等三人共造菩萨铭记。东壁有二小龛相连,造像5尊。有唐咸通五年(864年)郑君雅造一佛二菩萨铭记和咸通三年(862年)陈公造像记。可见三号窟建于唐代,宋代做了进一步的雕凿。

四号窟,平面呈方形,窟口左、右两侧各浮雕一尊金刚力士像。中央佛坛上雕文殊乘狮像。狮身东侧有一童子,左手执缰作跪状。两壁有小龛两座,南龛有造像1尊,北龛有造像两尊。窟内刻有后周显德元年(954年)的题记,证明该窟凿于五代。

五号窟,中央佛坛上雕一佛二菩萨,窟壁上有造像34尊。东壁有两小龛。北壁有一佛二弟子二菩萨。南龛有菩萨造像1尊,菩萨头结高髻,面目清秀,右脚翘起踏于石台上,左足下垂踏于莲花上,右臂斜置右膝上,左手扶坐,神态安详。窟内有隋大业二年(606年)、唐景龙年间(707—709年)、唐贞元二年造像题记。

六号窟,本窟为主窟,规模最大,雕像最多,共有造像三千余尊。窟平面略呈方形,窟宽10.4米,进深10.65米,高5.35米。窟内佛坛雕像位于中央,有一佛二菩萨二弟子,佛与菩萨均结跏趺坐于莲花座上,二弟子分立两旁。佛坛四周有四个通顶连地的大方形石柱，上承窟顶。四个方形石柱四面雕有大小造像1331尊，其中东侧前柱西面刻有留须小造像一尊，似道教天尊，南面刻一佛二胁侍。西侧前柱北面刻菩萨坐像一尊，两手相交于腹前，衣褶流利，作闭目深思状。东侧后柱北面分段雕罗汉像10尊，谈笑、静思，神态各异。西侧后柱南面刻菩萨像一尊，翘右足坐于岩间，雕凿精美。四周洞壁刻有千姿百态、栩栩如生的大小造像1947尊。窟顶刻有几何图案花纹，雕刻有明显的唐代风格。释迦牟尼佛像上方，藻井装饰华丽，刻有"释迦如来""香花供养"8字。窟内所见题记有唐贞元元年（785年）、二年及金皇统元年（1141年）、二年（1142年）造像题记。

七号窟，窟内后部及左、右两侧有石台，台上有泥塑小像20尊。窟顶前部有八角藻井，并有蔓草和二龙戏珠图案，后部刻有龙、蛇、凤、麟及花草图案。形象逼真，栩栩如生。此窟为明、清时开凿。

石泓寺的佛像到底有多少，无人知晓。相传明末清初，有个制香作坊的老板赚了钱，发了财，赶着3头骡子驮着香去石泓寺还愿，心想一个佛爷面前一炷香，三驮香绰绰有余。谁知三驮香上完了，还有好多佛爷面前没有香。因此，石泓寺的佛像到底有多少，至今还是个概数。

石泓寺石窟群年代之久，规模之大，造像之多，雕刻之细，远近闻名。明代举人、鄜州知州金禹绩曾作《石泓寺》，赞曰："飞阁撑云栈，清泉绕茂林。何年开石髓，长日照禅尽。贝叶横经案，幽禽集磬音。山僧无一语，应亦笑缨簪。丹崖环碧水，宝梵倚苍峰。暂憩双尘足，未看万壑松。禅香浮篆案，仙籁伴晨钟。翻羡幽人好，闲心契寂宗。"1982年5月和1985年12月，陕西省文物局先后拨款，由富县文物部门对石泓寺进行了外部整修。新修了主窟洞外大殿、大门、庭院、院墙等。1992午4月20日，陕西省人民政府公布此寺为陕西省第三批省级重点文物保护单位。2006年6月25日,中华人民共和国国务院公布其为全国重点文物保护单位。

关于石泓寺的建造,民间还有一段美妙的神话传说。据说有个放羊娃赶着羊群上山,总是听见山里边叮叮当当铁锤响。有一天,太阳落山了,他赶着羊群回家时,听见山里有人喊:"开了么?""开了么?"放羊娃吓得不敢出声,回家告诉母亲。母亲说:"再听见喊声时,你就说开了。"第二天,放羊娃赶着羊群回家时,山里边又在喊:"开了么?""开了么?"放羊娃大声回应:"开了!开了!"只听见一声惊天动地的炸雷声,石山被劈成两半,中间只能过去一头毛驴,因此这个地名就叫夹驴巷。过了夹驴巷,坐北面南的一半石如刀切的悬崖上一字排列着大小不同的7个石洞,这就是石泓寺。不知何时,人们还在主洞窟两侧塑有放羊娃和羊群石雕像。当然,这只是一个美妙动听的神话故事。要说神仙,人民群众才是创造世界的神仙。那么錾掉的碎石片到哪里去了呢?游客不难发现,就在主窟释迦牟尼坐像的屁股下面,有一个手能伸进去的洞穴。据说,石片就是通过这个小洞穴排到山后边的溪水里,因此山后这条溪水就得名石碴子河。说也奇怪,石泓寺门前大路通天,小河水满,而河里的确没有石匠錾下的碎石片,沿岸附近也无石片堆积。而石泓寺北靠大山,大山后面的沟渠里却满是因人工雕凿而成的碎石片。石碴子河,奇怪而又不可思议,真乃石窟神功。

(2)大佛寺石窟[①]

大佛寺石窟,位于富县直罗镇西南30公里的冲沟里。石窟始凿于北宋开宝六年(973年)。从题刻与造像壁画来看,元、明两代均有雕凿。石窟总面积82平方米左右,除主窟外,其他石窟规模较小,窟内壁画造像破坏严重。(见图4-52)

[①] 引自蔺治斌主编:《鄜州揽胜》,陕西人民出版社2011年版,第84—85页。

图 4-52　大佛寺石窟

一号洞窟，高 1.8 米，宽 0.84 米，进深 3 米，窟顶为穹隆顶，藻井纹饰为莲花纹，造像已毁。

二号洞窟，为主窟，窟高 3.35 米，宽 3.8 米，进深 3.5 米，内有圆雕跏趺坐佛 1 尊，金刚座。质地为红砂石，佛像头部无存。上身内着僧祇支，袒胸露乳，外披双肩外衣，上有彩绘图案，中间为龙纹，四周为云纹，左手抚膝，右手上举于胸前，手指已残，双足踏莲垛。造像身躯雄伟，雕工匀称，刀法细腻流畅，左、右为两菩萨。题为春秋画，无年款。

三号洞窟，窟高 2 米，宽 3.3 米，进深 2.5 米。窟内主佛像无存，两侧壁浮雕为残存 17 罗汉造像，造像不可细辨，左、右有两方题刻，窟口内侧站立两名手执剑矛的武士，现已风化。

四号洞窟，为禅窟，高 2.5 米，宽 1.7 米，进深 3 米，主佛风化，左、右各有 3 尊造像，均已风化，造像模糊不清。

（3）阁子头石窟[①]

阁子头石窟，位于富县富城镇段家庄村南。北宋元符三年（1100 年）至政和二年（1112 年），介处、介元等建成阁子头石窟。窟

---

① 引自蔺治斌主编：《鄜州揽胜》，陕西人民出版社 2011 年版，第 85—86 页。

面略呈方形，面宽 4.2 米，进深 3.8 米，高 2.08 米。窟中央有四根方形石柱连顶接地。石柱凹壁满雕小千佛、罗汉、弟子、供养人造像及舍利塔等。后两柱与石窟后壁相连，长 2.37 米，宽 0.97 米，高 0.38 米，石窟后壁下侧凿石成基坛。主像为三世佛，已残，身着袈裟，双足踩印莲，手施无畏印。左、右两尊坐佛头均残。石壁浮雕为释迦牟尼说法图，场面宏大，人物形象生动逼真，是研究我国宋代佛教石窟艺术不可多得的实物资料。（见图 4-53）

图 4-53　阁子头石窟

2. 志丹县石空寺石窟

志丹县即原保安县，石空寺又称城台石窟，位于县城西南旦八镇城台村西的洛河东岸山麓，仅一窟，但窟的面积较大，分前、后室。前室宽 5 米，深 6 米；前有四根方柱直接窟顶；造像为四天王、十六罗汉和日、月光菩萨。日、月光菩萨位于中间二方柱的两内侧。日光菩萨位于左，月光菩萨位于右，菩萨一手下垂提帔帛，一手托举日、月轮，跣足站于莲花上。日、月轮略呈圆球形。像旁有介氏题记，显示和黄陵双龙千佛洞的作者介氏是同一家，或即为介端之子，从样式和风格上看，也大体相似，时间都在北宋后期。

四天王位于后室门柱正面和前室后壁，实际上是主室的门口，前、后室门由两根方柱分开，形成后室的中门、左门和右门，天王一字排开，呈左、右对称形式，中间的二天王为坐像，身着铠甲，手按兵器，脚踩双鬼，坐于方形台上。外侧为二立天王，一手叉腰，一手按剑。天王外侧，即前室后壁及左、右壁刻十六罗汉，这批罗汉形体较大，约略大于真人尺寸，均为坐像，神情严峻。前室后壁上方，左有十佛，右有十一菩萨。（见图4-54）

图4-54　石空寺石窟

后室为主室，宽约10米，深约8米，置中央佛坛，佛坛无柱。坛上有坐佛三尊，现已残。后壁亦为三坐佛，左壁为一佛二菩萨，其中靠门端的菩萨为文殊，其座的束腰部位刻有狮；靠里端的菩萨为游戏坐式。中间结跏趺坐佛左、右另有小肋侍立像各一。窟右壁造像同左，但靠门端的菩萨为普贤，其座的束腰部位刻有象，靠里端的菩萨亦为游戏坐式。窟前壁在三门的上方横列七坐像，已残，应为七佛。

现存纪年题记，最早者为北宋大观戊子（1108年），位于左门外天王旁，或为该像的凿造时间。其次有政和二年，位于左壁立天王旁的四罗汉正中，以及最左端，应为此四躯罗汉的塑造时间。再其次有金皇统九年（1149年）题记两处，位于左端的三罗汉中间。

这些题记时间集中在北宋末和金初,四天王、十六罗汉就是在这个时间凿造的。

离城台石窟南约1公里处,有一古城遗址,即史籍所称北宋大将狄青屯兵之处。狄青活跃于北宋抗击西夏的初期,即1040年左右,与城台石窟的开凿可能没有直接关系。今城台石窟中有一明代成化丁未(1487年)四月重修石空寺碑,碑文虽残破难读,但仍可以看出,从明成化廿三年至弘治元年(1487—1488年),石空寺经过了一年的重新整修。

城台石窟规模较大。就单窟而言,是陕北石窟中最大的一处,造像总体设计明确。虽历经宋、金之交,其规划却保持未变。造像形体高大,体积饱满,凸显天王的特别地位,与当时严酷的形势密切相关。宋末的罗汉与金初的罗汉在风格上有微妙的差异:宋末罗汉比较薄、软、而金罗汉更粗壮有力。1986年12月20日,志丹县人民政府公布其为第一批县级重点文物保护单位。

3. 富县古塔

富县境内已发现不同时期的古塔11座,占延安市古塔总数的15.15%。其中唐代古塔1座(开元寺塔)、宋代古塔2座(柏山寺塔、福严院塔)、明代古塔5座(八卦寺塔、昉公塔、宝严院塔、杨兴墓塔、马公墓塔)、清代古塔1座(白骨塔)。从建筑材料看,在11座古塔中,有砖塔9座,石塔2座。这些古塔建筑风格各异,造型精美,是研究我国古代宗教历史、建筑艺术的珍贵资料。以下主要介绍4座。[①]

(1)开元寺塔[②]

开元寺塔位于富县县城西北龟山的半山腰。开元寺院已毁,

[①] 引自蔺治斌主编:《鄜州揽胜》,陕西人民出版社2011年版,第92页。
[②] 引自蔺治斌主编:《鄜州揽胜》,陕西人民出版社2011年版,第92—93页。

仅存宝塔一座，名"开元寺塔"。1992年4月20日，其被陕西省人民政府公布为陕西省第三批省级重点文物保护单位。开元寺塔建于唐代，是延安市现存最早的古塔，富县县城的标志性建筑。传为唐贞观年间（627—649年），尉迟敬德任鄜州大都督时（639—643年）监造。据2009年发现的塔体铭文记载，该塔原为十三层，不知何年何月因何原因，塔顶残损，塔刹无存。现残存十一层，残高32.3米。底层高7.13米，底边长8.5米，正东面辟有券门，门宽1.46米，高2.7米。二层以上各层四边均辟券门，第四层正东券门两侧形似假窗的地方，镶嵌两方砖刻铭文，一方为《最胜成就真言》，另一方为《造塔功德经云》。这两方铭文记载了维修宝塔的时间、层数及修塔僧众。维修时间是大宋大中祥符六年癸丑岁（1013年）。第十层还镶有石刻铭文一方，字迹大多数已经脱落，不可辨认；能辨认清楚的有"弟子王氏□五十千善□大中祥符七年"等。各层间均以平砖加饰菱角牙子十三层叠涩出檐，塔檐下隐出阑额。一层额上隐出"一斗三升"斗拱，补间斗拱两朵；二层斗拱亦为"一斗三升"；三、四层只有坐斗；五层以上无斗拱。塔内各层原有木楼板，以木楼梯攀缘而上，可登临每层券门远眺县城景色，现楼板楼梯已毁。开元寺宝塔曾经过多次维修。1995年，富县人民政府拨款对塔基进行过加固维修。塔基东面临塄畔的部分做了砌石护坡，沿护坡修建了登塔基台阶，台阶扶手为天然石雕栏杆。2009年，县政府又投资110万元，对塔体从上到下进行了全面维修，同时，又投资56.8万元在塔基地面装饰了地埋灯、普通探照灯、摇头多彩探照灯等，实施了宝塔亮化工程。维修后的开元寺宝塔古朴庄严，气势雄伟。（见图4-55）一到晚间，在无数彩灯的映射下，整个宝塔更显得伟岸挺拔，金碧辉煌，霞光万道，十分壮观。开元寺宝塔已成为富县县城一道亮丽的风景线。

图 4-55 开元寺塔

（2）柏山寺塔[1]

柏山寺塔位于富县直罗镇柏山寺山腰间。1992 年 4 月 20 日，陕西省人民政府公布其为陕西省第三批省级重点文物保护单位。唐代始建，宋代重修[清毕沅《关中胜迹图志》记：宋景德元年（1004 年）重修]。今俗名柏山寺塔。清道光本《鄜州志》卷二载："柏山寺，在州西九十里直罗镇西北。满山皆柏，寺在柏间，因以名也。古塔耸出，殿阁亦若隐若现。"柏山寺塔，八边十一层密檐楼阁式砖塔，通高 43.3 米，塔基每边长 3.7 米，底周长 29.6 米。塔体底层正南辟拱券门，内筑边长 2.3 米的小方室，方室顶部叠涩收顶。沿塔外一层台阶直上，经第二层券门进入塔内。塔内中空，原有木楼板楼梯，可登临塔顶。现木板楼梯早已损毁。塔体各层均在东、南、西、北四面设有券门或券龛，券龛两侧为卧棂窗。

---

[1] 引自蔺治斌主编：《鄜州揽胜》，陕西人民出版社 2011 年版，第 93—94 页。

券龛内置石雕菩萨造像。各层均以青砖叠涩出檐，檐下有砖雕的斗拱密集而华丽，檐头为仿木结构双排椽头出檐。八角悬挂风铃。1980年，文管部门将塔身仅存的7尊罗汉和4尊天王、武士像取下收藏。罗汉完整者高38厘米，天王像高68~87厘米。其雕刻精湛，形神兼备，堪称宋代佛教石刻艺术中的精品，现分别保存于陕西历史博物馆和富县博物馆。在该塔未辟券门券龛的塔面上，饰卧棂或嵌有碑碣，镌刻有布施者姓名及功德。塔顶残损，塔刹无存。柏山寺塔收分柔和，造型别致，秀丽挺拔。（见图4-56）

据《关中胜迹图志》记：柏山寺，原名"芸罗寺"，唐武德二年（619年）秦王李世民改其名为"安乐寺"，并建殿与塔。开元十二年（724年）改为"安定寺"。宋景德元年重修。根据柏山寺塔的建筑风格和塔身多处可见唐代手印砖的事实，可见柏山寺塔最早建于唐代，宋代重修。因而现存宝塔的建筑风格具有陕西地区宋代宝塔的典型风格。

图4-56 柏山寺塔

（3）福严院塔[1]

福严院塔也称东村宝塔，位于富县北道德乡东村路西平地。1992年4月20日，陕西省人民政府公布其为陕西省第三批省级重点文物保护单位。福严院塔为八边十二层密檐楼阁式空心砖塔，现通高30.2米，底边长2.6米。体内呈圆筒状，直径6米。原有楼板、木梯，早已毁掉。塔身底层南面辟有券门，二层以上壁面做仿木结构三间，以砖隐出倚柱、额枋。二至

图4-57 福严院塔

八层东、西、南、北面辟有券门或券龛，两侧饰菱形花格窗。其他塔面，中间饰砖雕格门，两侧饰菱格窗。所有假窗假门，均做工精细，为陕西宋塔之冠。1982年，富县文化部门对该塔进行维修时，发现该塔用砖的规格竟达40余种，其精细程度可见一斑。塔檐一至六层饰五铺做双抄斗拱，补间斗拱一朵，其上为平砖与菱角牙子相间，共七层，叠涩出檐，塔檐为仿木结构出双排椽头瓦垄，檐角伸出兽头，悬挂风铃；七至十层出单抄，四铺做斗拱。塔身一至六层渐向外扩张，七至十层收分柔和，十层以上收分骤急，缩短了层间距离，使整体塔形犹如曲线柔和的纺锤，十分俏丽。塔顶平砖攒尖，塔刹无存。此塔为福严院寺塔，现寺院已毁，仅存宝塔。（见图4-57）

---

[1] 引自蔺治斌主编：《鄜州揽胜》，陕西人民出版社2011年版，第94—95页。

福严院塔没有确切的建筑年代记载,相传建于唐代,根据建筑风格和专家认定,该塔具有陕西宋代宝塔的典型特征,应属宋塔无疑。

(4)八卦寺塔群①

八卦寺塔群位于富县张家湾镇念沟八卦寺村北的台地上。据传说,八卦寺原名为八塔寺,因有八座塔而得名。寺院早年已毁,尚存砖塔三座,间距5~15米。由北向南依次排列。(见图4-58)

图4-58 八卦寺塔群

一号塔,八边密檐楼阁式实心砖塔,塔级八层,通高9.7米,底边长1.43米,每层以砖叠涩出檐,仿木结构双排椽头、瓦垄。塔身除第一层、第三层南面辟圭角形龛外,其余素面,叠涩收顶。

二号塔,方形密檐式实心砖塔。塔级八层,通高9.5米,底边长2.8米,底层东面辟一券龛,层间平砖四层叠涩出檐,檐角缓慢向上翘起,使得每面塔檐均呈弧形。塔檐下饰有模压的花砖,图案为壶门或对称形的花卉。塔顶平砖攒尖,塔刹无存。塔砖规格:37厘米×18厘米×7厘米、32厘米×17厘米×6.5厘米。

三号塔,八边楼阁式实心砖塔。残存八层,残高约10米,底

---

① 引自蔺治斌主编:《鄜州揽胜》,陕西人民出版社2011年版,第95—96页。

边长 1.45 米，除第二、第三层塔身一面辟有圭角形龛外，其余均为素面。层间除以平砖三层叠涩出檐外，别无装饰。整体塔群简洁美观，格调古朴庄严。

八卦寺塔群，三塔并列，成为群体，造型各异，各具特色。其建筑年代，王彰影主编的《富县志》认为"建于晚唐时期"。赵克礼著《陕西古塔研究》认为"综合各种因素，这些塔应为明代所修"。董智安主编《延安文物大观》"古建筑"，认为该塔群为"金至明代建筑"。究竟建于何时，还有待进一步调查论证。2003 年 9 月 24 日，八卦寺群塔被陕西省人民政府公布为陕西省第四批省级重点文物保护单位。

4. 志丹县古城堡

（1）保安军城遗址[①]

保安军城即今志丹县城。宋太平兴国二年（977 年）构筑，元、明、清历任知县又不断修葺、增筑。城墙依山川趋势呈凸形，周长 3500 米，高 10～15 米，底宽 15 米，顶宽 4 米，夯层厚 10～12 厘米，夯窝直径 10 厘米，深 3 厘米。城内又筑小城，周长 500 米，现残留 120 米。军城东西南北四条街，南北各开一大门，东南、西南角各辟一小门。城北依栲栳城，南府含瓮城（现已无存），东靠小石山，山上置烽火台 1 座。

（2）永宁山寨遗址

永宁山寨旧称石楼台山，位于志丹县南 28 公里，洛河东侧，鹞子川口对岸；海拔 1312 米，东西走向，长 2.2 公里，宽 1.5 公里，全为红砂岩质，山梁向洛河突出一山嘴，洛水环绕其东、西、南三面，山嘴巍然独立，峭壁飞崖，早在南宋就建为防范固寨。共分三层，上层居之山顶，中层微微内倾，十分陡峻，下层通洛水供取饮，可容千人。

---

① 《全景延安》编委会编：《红都保安——志丹县》，朝华出版社 2008 年版，第 36 页。

(3) 顺宁城遗址

顺宁城又名顺宁寨，在志丹县顺宁乡杏树崖根与驸马沟门之间。宋庆历四年（1044年）始修，名宋宁城。城依山筑呈箕形西北走向，长600～700米，南墙迤山而下约400米，北墙约300米，西北砌陡崖为墙，东南为城址制高点。城墙残体高5米，夯层厚6～10厘米，城内遗址有大量宋、明、清时的断砖碎瓦。

(4) 石堡寨遗址[①]

石堡寨即西夏龙州，在今志丹县顺宁乡保娃沟门山上，面积2400平方米。宋初筑，至道年间废。崇宁三年（1104年）复设，名威德军。崇宁五年（1106年）复名石堡寨。《宋史·地理志》载："保安军之北，两界上有泷流名藏底河，夏人近是筑城，为要害必争之地。政和三年（1113年），贾炎乞进筑，不果。七年（1117年），知庆州姚古克之，即威德军。"《西夏史稿》载：龙州，今陕西志丹县北30里，本为石堡镇，元昊升为州。

(5) 金鼎山寨

在今志丹县金鼎镇罗坪川河与洛河交汇的东南方，洛河环绕其间。寨基部为天然石峁，上用红砂石砌墙，凿石为窑洞。寨北门洞首砌锲镌刻"洛中山"三字，南门洞首砌锲镌刻"无量洞"三字，下方刻有"凌云"二字。寨上有石窟窑35孔，其中明代石窟两处，其余均为居室。寨顶置道教"祖师庙""玉皇宫"，均系明清建筑，残存石窟1孔，断碑1通。寨西一窑内凿井1口，深30米，用以汲水；另一窑内凿深5米、宽1.2米地窖，用以储存食物。全寨呈长方形，东西长90米，南北宽70米，距洛河水相对高约50米，是本县古代防御设施比较险要的堡寨之一。太平天国最后一支捻军部队（西捻军）袁大魁部曾屯兵于此，后迁本县永宁乡老崖窑。

[①]《全景延安》编委会编：《红都保安——志丹县》，朝华出版社2008年版，第36页。

（6）白豹城遗址

白豹城位于陕西省吴起县白豹镇政府白豹村所在地，古城位于吴河沟与白豹川交会的西侧。与其他宋代城址一样，古城依山临水，北依山而建，南邻二级阶地，山高海拔1500米，阶地海拔高1390米，落差110米。南墙位于白豹小学背后，今存10米，高4米，顶宽4米，夯层11~12厘米，东南角墩、西南角墩尚存，相距337米（当为南墙的实际长度）；东墙依地势而建，形成内敛M状，折成四段，从南往北分别为100米、104米、108米、237米，总长549米，东墙残高1~2米、7~8米不等，夯层20厘米，外邻深70米、宽100米冲沟；北墙在山顶上，外高12米，顶宽6米，墙体被后代挖出战壕，当地人传说是游击队与马家军战争所留，外邻护城河已成深沟，宽100米，东北、西北角墩尚存，距离90米；西墙呈弧形向内弯曲，墙长287米。城内文化层厚2~4.4米，内含布纹瓦片、灰陶片、青瓷片（宋）、露胎黑瓷片（西夏），文化层多石块，建筑残件不密集，本地村民赵成兵回忆该地曾出土大量铁钱，城中心位置今堆有大量的石块，高2米，周长5米×6米，当为战争时礌石的残留。（见图4-59）（见图4-60）

图4-59　白豹城遗址

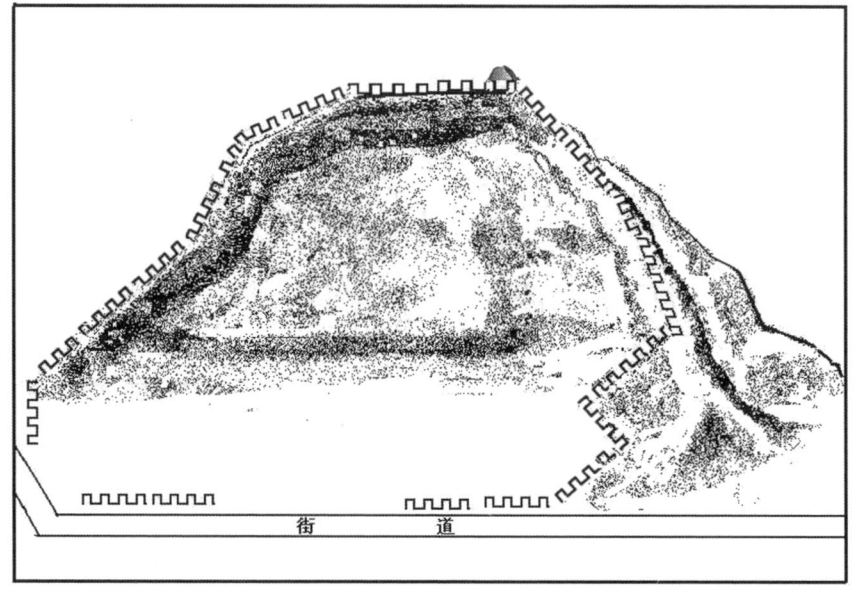

图 4-60　白豹城遗址示意图（张多勇绘制）

《宋史·地理志》载："白豹城，旧属西界，元符二年修复，赐旧名。东至安疆寨四十里，西至东谷寨二十里，南至柔远寨五十里。北至胜羌堡五十里，别见定边军。"① 其对白豹城的历史做了详细的陈述。

（7）金汤城遗址②

金汤古城，位于陕西省志丹县金鼎乡金汤村，地处白豹河汇入洛河口的对面，古城依古城台山、邻洛河、面白豹河而筑，古城台山位于北门沟与洛河交会处。西墙基本不存，今存南墙残高 13 米，底宽 8 米，夯层厚 12~13 厘米，南墙长 445 米；东墙位于山顶堑削为畔，长 435 米；北墙内墙蜿蜒上山，500 米，残高 3~8 米；北墙有外墙与东墙延伸上山交会于半山腰，东墙延伸部分长 312 米，外城东墙总长达 747 米，北墙外墙长 603 米，且墙体疏松，

---

① 《宋史》卷八七《地理三·陕西路》，中华书局 1977 年版，第 2151 页。
② 张多勇：《宋代大顺城与大顺城防御线》，见刘文戈、马啸主编：《范仲淹与庆阳——纪念范仲淹知庆州 970 周年学术研讨会论文集》，天津古籍出版社 2012 年版，第 355—356 页。

夯层厚 20 厘米，构成城址不规则，与内城截然不同。可见北外墙是西夏所筑，宋复筑时内缩，构成较为规则的山城。由于金汤城是西夏的边防重镇，又是宋夏中和市所在地，西夏对其经营尤为重视，夏城周长 2250 米，属于较大军城。宋城周长 1680 米，小于西夏城。在内城北墙最高处有一烽燧遗迹，外层分化严重，表面似乎早与宋夏墙体，夯层厚 10~12 厘米，周围散落绳纹瓦片，看来此烽燧当为秦汉时遗物，很可能烽燧旁设有坞堡，驻守瞭望或燃放狼烟的兵士。最高山顶有一墩台，为宋代烽燧。内城北有壕堑，深 12 米，因水土流失，形成毛沟，将山分为两部分，成为今天陕西省吴起县与志丹县的分界线。此古城地跨两县土地。（见图 4-61）（见图 4-62）

图 4-61　金汤城遗址

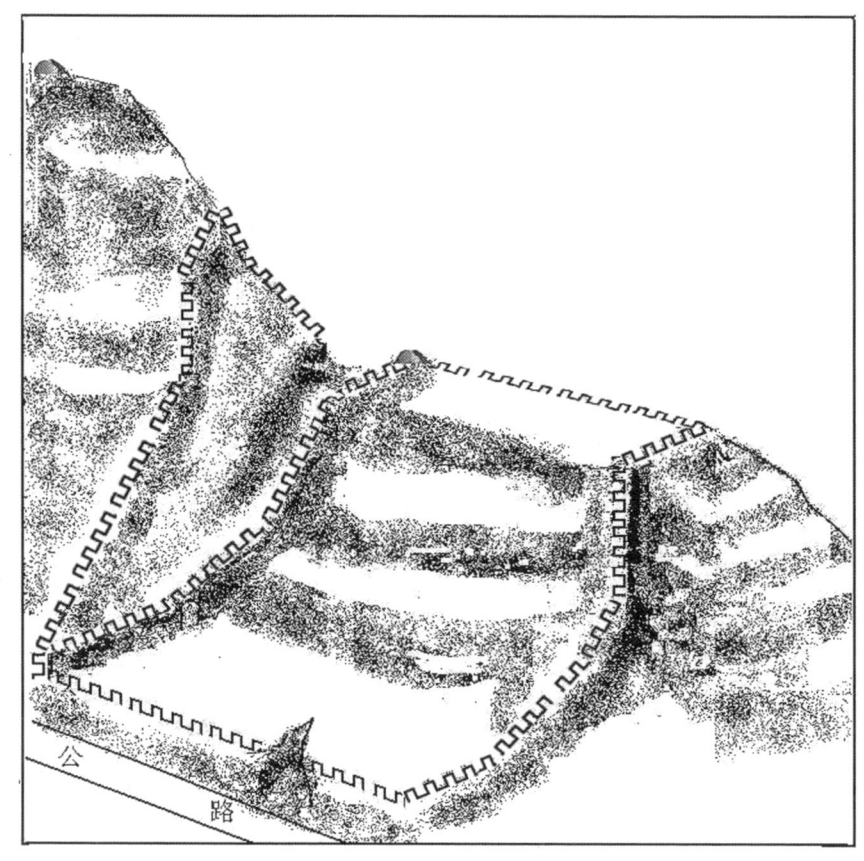

图 4-62　金汤城遗址示意图（张多勇绘制）

5. 靖边古城堡

（1）镇靖堡遗址

镇靖堡位于靖边县镇靖镇人民政府驻地。明长城延绥镇重要关堡。据《读史方舆纪要》载："堡在靖边营东九十里。本名塞门堡。天顺中，房能请移于堡北榆柳庄，不果。成化二年，王复又请移于榆柳庄，改今名。既又移于迤北白塔涧口，就快滩河迤南之险。其河深二十丈，远百里。九年，余子俊复移还故城。又东四十里，即中路龙州城也。嘉靖四十四年，寇犯镇靖堡，参将鲁聪战死。"

又据《靖边县志》载：镇靖堡，"明初始守寨门，成化五年（1469年）巡抚王锐进守笔架城，八年余子俊移兵守之。周围凡四里三分，计四百九十一丈，高二丈二尺，东、南、北城门三，楼铺一十九座。

隆庆六年（1572年）加高，万历六年（1578年）砖砌"。

镇靖堡北距大边约2公里，西至靖边营40里，明时为镇靖堡堡城，驻兵一千零八十七名，马五百零三匹，守备一员，把总二员。镇靖堡辖长城"四十七里，墩台四十三座"。同治六年（1867年），遭受兵燹。同治八年（1869年），改为县城，县署暂设于堡西南隅防营，后经几任县官"捐廉流摊"，增补修造，科房、监狱、仓库、书院渐次齐备。民国初，县府仍设在这里。民国二十四年（1935年），红军解放镇靖，民国靖边县政府迁驻柠条梁镇，共产党领导下的靖边县政府曾设于城内。民国三十一年（1942年），为交通便利计，县政府由镇靖移驻张家畔。

镇靖堡城，西墙筑于山上，今塌毁较重。其余三面居山畔平川，砌砖被拆光，仅残存内部夯土。（见图4-63）

图4-63　镇靖堡遗址

（2）靖边营堡遗址

靖边营堡位于陕西省靖边县所在地。明长城延绥镇重要关堡。据《靖边县志》载："旧治靖边营古夏州兀喇城也。明景泰四年（1453年）巡抚陆矩改筑新城，俗呼新城堡。周围计七百六十三丈二尺，高二丈一尺，楼铺二十座。成化中改属榆林卫。隆庆六年增修，万历九年（1581年）砖砌牌墙垛口。"又据《读史方舆纪要》载："又靖边营，亦在保安县东北。正统十三年修筑旧城。设靖边营，成化中改属榆林卫，为西路要地。嘉靖二十五年寇自宁塞营入犯延、庆诸城镇，督臣曾铣遣将击却之。"

靖边营堡北至大边5里，西距宁塞堡40里。明时靖边堡为延绥镇西路所辖十四营堡之一，明时靖边营辖长城"四十五里，墩台三十二座"。

据清乾隆年间《靖边县志稿》记载，新城堡为县城："东与怀远县清平堡接壤，一百二十里；西与定边县柳树涧接壤，一百二十里；南与保安县牛头坡接壤，一百一十里；北至边墙十里。"清雍正九年（1731年）在此开设靖边县，后迁治于镇靖堡，民国时又由镇靖堡移驻张家畔。

6. 上郡遗址

上郡之名，史载很早。战国时魏设上郡，后为秦上郡、赵上郡。秦统一全国后，又为秦上郡。秦上郡郡址即今陕西省绥德古城址（今绥德古城汉以后重建）。

绥德历史久远，早在旧石器时代晚期，先民们就在这里繁衍生息。商、周时为狄地。秦统一六国后，始皇帝实行郡县制，绥德为上郡。秦上郡辖肤施、高奴、雕阴、阳周等县，治肤施。

《汉书·地理志》载，汉上郡，治肤施。新莽时改上郡为增山郡。《后汉书·郡国五》又载，东汉复改增山郡为上郡，治肤施。增山又名雕阴山，就在绥德城内。历史上的雕阴郡、增山郡，都是以雕阴山或增山而命名的。《水经注》载"司马彪曰：'增山者，上郡之别名也。'"

《隋书·地理志》载北朝为绥州，治上县。隋改绥州为雕阴郡，治上县。唐为绥州治龙泉县（今绥德城东北2里无定河边）。传说汉将军李广屯兵上郡时，夜梦高祖在龙湾石崖赐水，得名龙水。后人依崖雕龙，泉水从口中喷泻，遂名龙泉。《太平寰宇记》载，五代改名绥州，治龙泉县。《宋史·地理志》载，宋改名绥德军，治龙泉县。金、元、明、清各代均名绥德州，治绥德县城。各代史和《陕西省通志》，对此均有记载。

绥德自古至今，是陕北军事战略要地和政治、经济、交通、文化中心之一，素有"秦汉名邦"之称。清圣祖玄烨私访路过绥德时，曾题"天下名州"四字，并刻石上，保存至今。

绥德地势险要。疏属山从无定河川拔地而起，高耸入云，形似龙腾凤展，巍巍峨冠，气势雄伟。弯曲的大理河由西而来，在古城之北1里处"月宫寺"崖下与无定河相汇南流，波澜壮阔。老墩山、文屏山、雕阴山、马鞍山相连一体，成为天然屏障，环水抱山，固若金汤，易守难攻。这一独特的地理形势为陕北数十县之独有。

北塞重镇绥德，地处陕北腹地。为山西、内蒙古、宁夏、陕西四省交通咽喉。南控延安、西安，北拒榆林、包头，东扼吴堡、太原，西制定边、银川，为历代兵家必争的战略要地，两千年来，以边陲重镇踞北塞。秦将蒙恬与太子扶苏在此屯兵守边逐匈奴。汉将军李广也在此屯兵守边。秦昭襄王、秦始皇、汉武帝巡视北疆均经绥德，昭君出塞，文姬归汉在此也留有足迹。历代仕宦显贵和文人墨客，在此留下了不少写景抒情的诗篇，赞美这座古城为："百堞城边万里流，关西突秀此名州。"

作为秦统治北方的军事、政治、文化中心，上郡有着极其重要的战略意义。这里曾经是秦军政最高统帅扶苏、蒙恬为抵御匈奴运筹帷幄、呕心沥血、付出了毕生精力、鞠躬尽瘁、死而后已的地方。

在秦直道沿线的广阔地域中，以传说为主要形式的民间文学自成系统，而又呈现相互关联，值得注意。例如沿线集中发现与扶苏传说有关的文化遗迹，而且若干地点同时被看作"始皇公子扶苏赐死处"，这除了可以说明扶苏故事在民间的广泛影响而外，也应当肯定秦直道作为信息传递系统的作用。由于通行效率之高，大大缩短了沿线各地之间的空间距离[①]，秦直道为文化的交汇和趋同提供了必要的条件。

7. 秦阳周县遗址

《史记》载：蒙恬死于阳周。阳周秦时为县。阳周县址在何处，史料记载不详，学术界争论颇大。《中国历史地图集》将阳周县址的方位标在今子洲县境大理河流域南侧。子洲县县志办公室负责同志说："秦阳周县址不出二地，一是宁州关，一是青阳岔。"《子长风物》载："秦阳周县址位于子长县石家湾乡曹家坬村城墙山上。"

通过调查，子洲县的宁州关在马岔镇，这里残存两座古城址，按地表散存的遗物看，一为宋城，一为秦汉时城。青阳岔镇位于今靖边县东南大理河北岸，与《中国历史地图集》所标秦阳周县址的方位不符。这一古城址与史料所记述的地理方位相差较大。作为秦阳周县址，论据不足。

继而，对于子长县（即秦代阳周县，元代安定县）李家岔镇曹家坬村城墙山上的古城址进行了调查：古城虽经水土流失和风沙掩埋，但其城垣残长500余米，残高1~4米，宽2~4米。古城距高柏山（即古桥山）5公里。城墙梁尚有练兵场。这里又有新石

---

① 王子今、张在明：《秦始皇直道沿线的扶苏传说》，载《民间文学论坛》1992年第2期。

器时期遗址，出土有铜镞和秦汉时陶器等遗物。今已被列为子长县重点文物保护单位。古城西侧有一条古道，道宽14米。道边现存烽燧残高9米，底围40米。其周有墩山、大墩梁等烽燧。古道直通大理河北岸之卧牛城古城址（这里出土过战国至秦汉青铜器）。

曹家圪古城址的方位，与史书所载、《中国历史地图集》所标秦阳周县址的位置基本一致。因此，我们认为，曹家圪古城，可能是秦阳周县址。对此，尚请各界同人进一步研究探讨，以求确证。

8. 榆林镇北台遗址

镇北台位于榆林城北4公里之红山顶上。踞险临下，控南北之咽喉，如巨锁扼边关要隘，为古长城沿线现存最大的要塞之一。台呈方形，共4层，高30余米。台基北长82米，南长76米，东、西各64米，占地面积5056平方米。（见图4-64）

图4-64　榆林镇北台

镇北台之各层均青砖包砌，各层台顶外侧砖砌约2米高的垛口，垛口上部设有瞭望口，各层垛口内四周相通。其第一层周围有屋宇环列，乃当年守台将卒营房，至今基座尚存。平面呈正方形，高四层，内筑夯土，外砌砖石，底大顶小，逐层收进，总占地近

5000平方米。第一层为基座，北长82米，南长76米，东、西各长64米，周长320米，进深12米。四面围以墙垣，内墙高5.5米，外墙高10米，上设垛口，东墙南侧置城门，东南内侧置砖石马道。紧依台北下方建一方形小砖城，名款贡城，是当年蒙汉官员接待洽谈及举行献纳贡品仪式的场所。

镇北台建于1607年，属于万里长城防御体系之一的观察所，是明长城中部的要塞之一，台为正方形，四层，外砌砖石，占地5000平方米。第一层高10.2米，第二层高8米，第三层高4.1米，第四层高4.4米，台北额题"向明"二字，为万历时巡抚涂宗浚所书。台的每层有石台阶可登，台依山踞险，巍峨挺拔。

镇北台是明长城遗址中最为宏大、气势磅礴的建筑之一，是长城三大奇观（东有山海关、中有镇北台、西有嘉峪关）之一，有"天下第一台"之称。

（四）鄂尔多斯段近侧遗址

1. 成吉思汗陵

成吉思汗陵简称成陵，位于内蒙古自治区鄂尔多斯市伊金霍洛旗草原上，距鄂尔多斯市区40公里。其是蒙古帝国第一代大汗成吉思汗的衣冠冢，由于蒙古族盛行"密葬"，所以真正的成吉思汗陵究竟在何处始终是个谜。现今的成吉思汗陵经过多次迁移，直到1954年才由青海的塔尔寺迁回故地伊金霍洛旗。陵园建筑面积1500多平方米，对研究蒙古民族乃至中国北方游牧民族历史文化，具有极其重要的价值。（见图4-65）（见图4-66）

成吉思汗陵原为全体蒙古民众供奉的"总神祇"——八白宫（室），即八座白色的毡帐，是供奉祭祀的地方，而不是埋葬金身之地。由于蒙古民族是游牧民族，八白宫（室）的建立正是适应了游牧的特点，可以随时迁移，以便随地祭祀。1227年，成吉

第四章 秦直道沿线的重要遗存

图 4-65　成吉思汗陵门楼

图 4-66　成吉思汗陵主殿

思汗去世后，始建于鄂尔多斯的祭灵白室，起初一直处于隐蔽状态。根据历史文献所载，成吉思汗归天后，分别在漠北草原和木纳山南建立了成吉思汗白色宫帐，视为"全体蒙古的总神祇"，进行最高规格的供奉祭祀。

约 1460 年，守护、祭祀成吉思汗宫帐的部落鄂尔多斯部于明天顺年间从漠北高原开始进入宝日陶亥地区（即黄河河套平原），明成化五年，满都鲁率蒙古鄂尔多斯部入套，八白宫（室）也随之迁入套内。弘治九年（1496 年），鄂尔多斯部大量入驻宝日陶

279

亥地区，成吉思汗漠北的奉祀之神和四大鄂尔多也随着鄂尔多斯人逐渐迁移至该地区，与始建于鄂尔多斯的成吉思汗奉祀之神合并，形成诸多白色宫帐，俗称八白宫（室）。1510年左右，达延汗统一蒙古各部后，曾在八白宫（室）前举行盛大的祭典。此后鄂尔多斯部便由达延汗的孙子衮必里克墨尔根济农统领，驻牧于河套地区，并在这里供奉八白宫（室）。河套地区从此才被称为"鄂尔多斯"，意为有诸多宫殿的地方，来源于成吉思汗宫帐"鄂尔多"（斡尔朵）一词，即指有成吉思汗八白宫（室）等诸多鄂尔多的地方。

清顺治六年（1649年），成吉思汗后裔、鄂尔多斯济农、伊克昭盟首任盟长额璘臣将八白宫（室）及苏勒德等圣物，从黄河南岸的伊克召迁移至郡王旗，安奉在巴音昌霍格河畔的草地上。从此，这个地方被称为"伊金霍洛"（意为圣主的院落）。

清代负责民族事务的理藩院对八白宫（室）也有明文规定，《理藩院则例》规定：伊克昭盟境内，有成吉思汗园寝，鄂尔多斯七旗向设有看守园寝、承法祭祀之达尔哈特五百户。此项人户，不得作为该王所属，于该盟内择贤能札萨克一员，专司经理。透过清政府对守陵的达尔扈特人的重视程度，能感受到八白宫（室）对蒙古族人民和中央政府的重要性。从此以后，外界便称呼八白宫（室）为"成吉思汗陵寝"。

1939年6月，国民政府将成吉思汗与孛儿帖哈屯灵柩，忽兰哈屯灵柩和成吉思汗战神哈日苏勒德（黑纛）西迁至甘肃省榆中县兴隆山。1953年12月，中华人民共和国中央人民政府政务院批准了内蒙古自治区关于将成吉思汗陵从青海塔尔寺迁回伊金霍洛的要求，并决定由中央人民政府拨专款，兴建成吉思汗陵园。

1955年春，成吉思汗陵建筑工程正式开工。陵园的建筑由内蒙古自治区建筑工程局负责并承建。成吉思汗陵重建工程于1955

年 10 月 30 日竣工，1956 年陵园落成。1956 年 5 月，成吉思汗及几位夫人的灵柩被安放在陵宫内。同时，将分布在鄂尔多斯各旗的成吉思汗八白宫（室）、哈日苏勒德及其他圣物集中在成吉思汗陵，并举行仪式和陵宫新建筑落成典礼。1982 年，成吉思汗陵入选第二批全国重点文物保护单位。2004 年，成吉思汗陵开始进行全面修缮建设阶段。

陵园主体建筑由三座蒙古式的大殿和与之相连的廊房组成，建筑雄伟，具有浓厚的蒙古民族风格。建筑分正殿、寝宫、东殿、西殿、东廊、西廊六个部分。

成吉思汗陵的主体由三个蒙古包式的宫殿一字排开构成。在三个蒙古包式宫殿的圆顶上，有走廊连接。圆顶上金黄色的琉璃瓦在灿烂的阳光照射下，熠熠闪光。圆顶上部有用蓝色琉璃瓦砌成的云头花，即蒙古民族所崇尚的颜色和图案。成吉思汗陵中间正殿高达 26 米，平面呈八角形，重檐蒙古包式穹庐顶，上覆黄色琉璃瓦，房檐则为蓝色琉璃瓦；东、西两殿为不等边八角形单檐蒙古包式穹庐顶，亦覆以黄色琉璃瓦，高 23 米，整个陵园的造型，犹如展翅欲飞的雄鹰，极显蒙古民族独特的艺术风格。

2. 昭君坟遗址

昭君坟遗址位于鄂尔多斯达拉特旗的昭君镇。从附近的黄河渡口向西南约 3 里，有一座圆形土墚，其上屹然耸立着一座高大的石头山。这土墚上的石头山便是昭君坟，传说是王昭君的衣冠冢，昭君镇也是因此得名的。

这座高七八十米，底部周三四百米的石头山，在黄河南岸广袤的平原上，显得雄伟而高大。石头山的半山腰以下没有裸露的石块，山半腰以上裸露的山石古怪嶙峋，堆积得杂乱无章，没有明晰的纹理脉络。石块大的有十几吨重，石头和石头之间夹杂着泥土和古代建筑常用的人工混凝土。人工混凝土很坚硬，也已严重风化，风化的碎片散落在巨大的石头之间。

石头山的西边是昭君镇的二沟湾村，村中横亘着一道长约 2 里、宽约 1 里的土墚，由土墚的断面上可以看到明显的夯土痕迹。土墚北面高出黄河河滩 20 多米，残存着古代城墙的遗迹。再向东北约 100 米处有一圆形土包，土包高出地面五六米，顶上约 50 平方米的平台中间也有一块大石头。风化后的石片散落在附近，这些石片与石头山上散落的石片是完全一样的碎石片。土包南 100 多米处，还散落着大量的绳纹砖和布纹瓦的残片，可以想象这是古代一座规格很高的建筑遗址。

遗址上残留的大石头和昭君坟石山上的石头十分相像。这种石头虽然严重风化却还是很坚硬，但细看又不像天然的石头，可能是由当地所产的白垩土、黄河泥沙、石灰等用糯米汁加工而成的古代人工混凝土。由此可见，石头山和建筑遗址是同一时代修筑的，遗址上的石块，是城墙上角楼，或是瞭望台等大型建筑残留下的遗迹。

第五章 秦直道沿线的事迹与传说

两千余年来,从《史记》记载"道未就"开始,与秦直道有关的历史名人和重大事迹数不胜数,构成了秦直道特有的文化景观。这条不同寻常、独一无二的古道上演绎着各种各样的传说,有的轰轰烈烈,有的凄楚哀婉,有的惊心动魄,有的耐人寻味,使这条古道成为一道靓丽的文化风情线。

一、子午岭与秦直道起点甘泉宫

(一)子午岭

子午岭,又名桥山,地跨陕西、甘肃两省,处于黄土高原的腹地。因与本初子午线方向一致,故称子午岭。秦始皇时期让蒙恬率大军修筑直道,就是以子午岭山脊为走向的。子午岭与秦直道息息相关,山成就了一条独一无二的古道,而这条古道,又给秀美的子午岭赋予了沉郁而雄浑的文化内涵,积淀了俯瞰汉关秦月的豪迈气质。

子午岭位于著名的董志原和洛川原之间的抬升山地，东北部与白于山、崂山相望，南部与渭北高原相连，其北部从甘肃华池以西北—东南方向延展至黄陵县境内的蚰蜒岭以南分成近乎东、西两支，伸入洛河和泾河源地，并构成泾、洛两大水系的分水岭。其南端西支伸至陕西旬邑县境内，以石门山为最高点，海拔为1885米，东支伸至铜川市宜君县、耀州区等，构成宜君梁。子午岭主峰海拔1687米，位于沮水河左侧源头，其他如甘泉、志丹和富县交界处的墩梁（海拔1625米）、沮水河上游宁县五里墩（海拔1625米）、宜君县哭泉镇庙山（海拔1734米）等均是子午岭的主要山岭。

子午岭位于北纬107°30′~109°40′、东经33°50′~36°50′。包括甘肃的华池、合水、正宁、宁县及陕西的富县、黄陵、宜君，铜川印台区、耀州区和旬邑县，共计10多个县区，总面积为2.3万平方公里，其中甘肃4县为1.9万平方公里，陕西6县为1.21万平方公里。地势南高北低，自西向东北倾斜，海拔为1300~1700米，相对高差300米，梁峁顶部浑圆平缓，倾斜3°~5°，沟坡上斜下陡，倾斜10°~35°。该区处于森林草原和半干旱草原的过渡区，气候温和湿润，其北小半部属陇中北部温带半干旱气候，南大半部属陇中南部温带半湿润气候，年平均气温为7.14~8.15℃，极端最低温度为零下27.17℃，极端最高气温为36.17℃，年降水量500~620厘米，年平均相对湿度63%~68%，地带性土壤为灰褐土。区域内有大小河流15条，其中主要有泾河流域的马莲河与北洛河流域的葫芦河两大水系。

华夏始祖轩辕黄帝最早就在这一带活动，"迁徙往来，拔山通道"，披荆斩棘，开辟荒蛮。他的陵墓就坐落在子午岭东翼的桥山之上，因

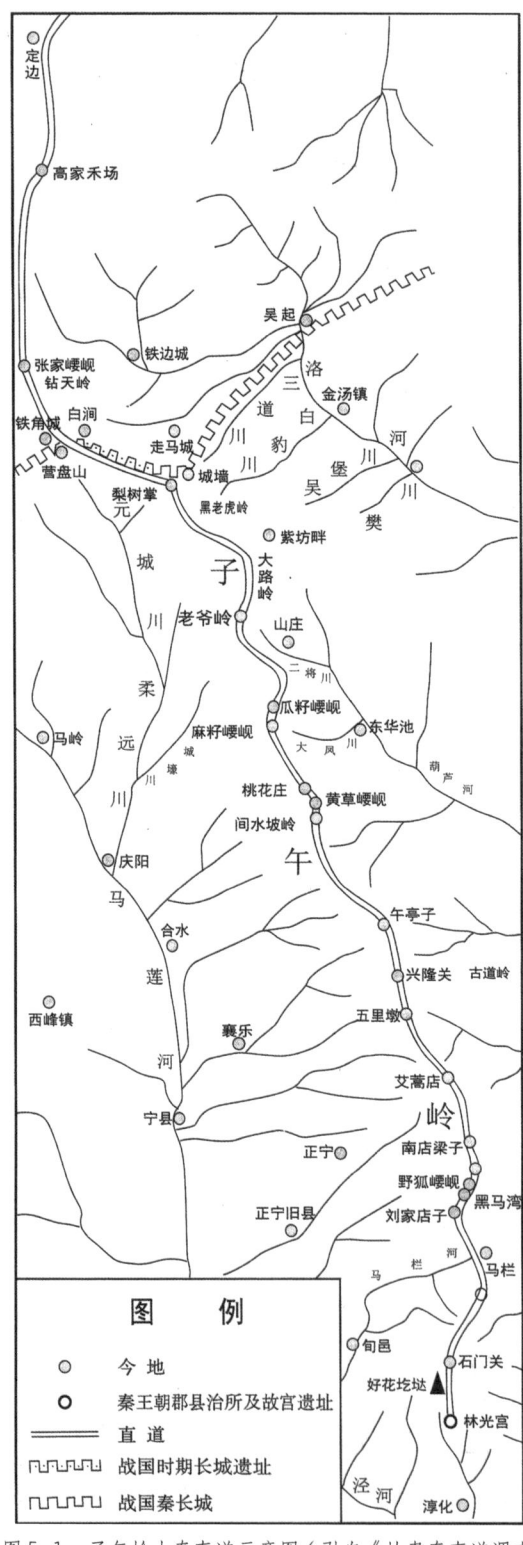

而子午岭又被称为"圣人条"。

在 1980 年中国科学院地理研究所编制的百万分之一 O.N.C（Operational Navigation Chart）片上，显示出在陕、甘两省交界的子午岭山脊上确有秦直道存在。（见图 5-1）秦直道史称"云中之道"，民间俗称"皇上路""圣人条"。该道是秦始皇统一华夏后，在修筑了沿河长城不久，为抵御匈奴侵略而修筑的一条军事要道。经过两千多年的风雨侵蚀，秦直道依然清晰可辨，有些路段照旧可以通车。（见图 5-2）《汉书·食货志》颜师古注引应劭曰："秦始皇遣蒙恬攘却匈奴，得其河南造阳之北千里地甚好，于是为筑城郭，徙民充之，

图 5-1　子午岭上秦直道示意图（引自《甘肃秦直道调查》）

图 5-2 蜿蜒于子午岭上的秦直道路迹

名曰新秦。四方杂错,奢俭不同,今俗名新富贵者为'新秦',由是名也。"其实,秦直道之所以一直沿着子午岭主脉前行,不仅为减少河流沟壑等地形上的限制,更重要的是秦直道作为一条纵切线,将移民新开发的经济区新秦中分成大致相等的东、西两部,可以使官吏和军队以最短的时间达到新秦中的各个部位,从而使行政权力能得到有效的行使。

对交通系统的有效控制,是关系着政局能否稳定的大事,只有凭借这种便捷的交通系统,中央政府的政令才能够迅速下达到各级地方政府。反之,各级地方政府的各种信息也才能够及时被中央政府掌控,国家政令更为畅通,使人们在观念上、心理上增强对民族和国家统一的凝聚力和向心力,从而为高度集权的秦帝国的正常运转,提供有效的支撑和保证。而子午岭平缓蜿蜒的山脊,天然地为秦直道的修建,提供了最佳地形与走向支撑。《汉书·王莽传》颜师古注曰:"子,北方也。午,南方也。言通南北道相当,故谓之子午耳。今京城直南山有谷通梁、汉道者,名子午谷,又宜州西界，庆州东界，有山名子午岭，计南北直相当，此则北山者是子，南山者是午，共为子午道。"古人用"子午"两字表示南北对直的方向，之所以称子午岭正说明在东西向山岭占绝对优势下，这是一条少有的南北向山岭。颜师古将直道所循子午岭和子午道所循子午谷联系在一起说，表明在古人的理念中，在咸阳—长安的正北正南有一条纵贯千里的轴线，从而更加突出了子午岭作为少有的南北向山岭和直道北行主轴的重要性。

　　子午岭不仅有优美的高原林海风光（见图5-3），而且还有悠久灿烂的历史文化遗存和丰富的动植物资源。子午岭生长着松树、柏树、桦树等二百多种用材和经济林木，栖息着豹、狍鹿、灵猫、黑鹳等一百五十多种野生动物。子午岭森林不仅是一块经济林，而且还是一块重要的生态林，被誉为陇东、陕北的"绿色屏障"、黄土高原的"天然水库"。民国初年，李继唐先生的一首律诗，描绘了子午岭的雄伟气势及其深厚的文化底蕴："遥望桥山映太虚，混古重染一带绿。秦皇驱车由斯过，帝子乘龙从此归。古今多少回首事，历史几遭留青册？尘寰瞬息沧桑变，唯君亦然正南北。"

图5-3　子午岭林海风光

根据地质资料考证，子午岭形成于第三纪晚期，随着青藏高原的继续隆起，六盘山两侧地区均有抬升，子午岭就是随着这种大面积抬升的地质变化而形成了山脉。到了第四纪初期，子午岭继续抬升。这时，全球气候变冷，内陆性的季风气候给子午岭又铺上了厚厚的黄土。到了全新世，气温回升，冰川消退，雨量增加，使得子午岭的气候变得湿润，非常适宜乔木和灌木的生长，各种植物群落便混交杂生，形成了广袤无垠的林海。

这片高原林海，不论从自然物态的角度去审视，还是从自然风光方面去观赏，它都是庆阳、陕北唯一的、最鲜明的标识。古往今来，子午岭两翼的人类历史都与之息息相关，密不可分。千里通途秦直道、昭君出塞打扮梁、摩崖造像莲花寺、古塞烽烟二将城、碧落霞天塔儿湾、密林碧波凤川湖、历史名镇东华池等人文踪迹，至今在子午岭上随处可见，处处都是旅游、休闲的好去处。

在子午岭蜿蜒的山脊上，至今还可以依稀看到一条沿主峰走向的车马大道遗迹，一些路段还被今人沿用。正宁县境的雕岭关段有明显的大道遗迹隐没在林海之中，大道两侧还有不少秦砖汉瓦残片堆积物，这些与史书记载的秦直道的走向十分吻合。李继唐诗文中"秦皇驱车由斯过"，就是指秦始皇曾沿着这条直道出巡过。（见图5-4）

今天，当我们漫步在子午岭山巅的秦直道上，感受古道雄姿，仿佛还能听到林涛的交响与当年千军万马在直道上驰骋的共鸣。当年修筑秦直道的蒙恬曾屈死于这条千古大道之上，而他的赫赫战功和指挥修筑的古道留给后人无尽的评说。现在的子午岭已经成为远近闻名的一处旅游胜地。一位当地文人这样写道：子午岭的美，不只是外表，几乎每棵树都生长着故事，每道山岭都埋藏着美妙的传说，每条小河都流淌着歌谣。透过历史的尘烟，我们可以在子午岭深处不断寻访那些美丽的传奇和故事。

图 5-4　正宁县境内的秦直道

（二）甘泉宫

陕西省淳化县在秦、汉时为云阳县地，其治所在今淳化县北凉武帝村附近。云阳县有甘泉山，以泉水甘美得名。甘泉山在古代森林茂密，山高气爽，是一天然避暑胜地。所以，秦建林光宫，汉建甘泉宫于此。（见图 5-5）秦、汉皇帝于每年夏、秋季节，经常去甘泉宫避暑、办公，使甘泉宫成为都城咸阳、长安以外的另一个政治中心。甘泉宫城的遗址十分宏大，周长约 5688 米。甘泉宫除宫殿、帝庙建筑外，有文武大臣，从官属吏的住屋和军队的营房；并置甘泉仓，积存巨量谷米，供皇帝、后妃、官员、驻军取用。现在宫室庙宇虽已圮毁，但遗址可寻，残断的秦汉砖瓦遍地皆是。

甘泉宫遗址内有两个高大的土台，十分引人注目。东土台高 16 米，底围 225 米，称为"望母台"；西土台高 15 米，底围 200 米，称为"承水台"。望母台东北还有一个稍低的土台，称为"亮马台"。《三辅黄图》引《汉武故事》说："筑通天台于甘泉，去地百余

图 5-5 甘泉宫遗址

丈,望云雨悉在其下。望见长安城。"① 据《汉书·武帝纪》颜师古注可知通天台原高30丈。又说甘泉宫有通灵台,承水台可能就是通天台或通灵台。望母台下有一个1米多高的石鼓(见图5-6),石鼓旁有一个风格古朴的既像"卧熊"又像"卧牛"的缺了头的汉代石雕(见图5-7)。据说这些高大的土台是军队出征誓师祭祀的所在地。巧的是,秦直道的北端终点九原郡治所九原县遗址也有同样形状的3个大土台。所有这些文物遗存证明了秦直道的起点确实在甘泉宫,终点在九原郡九原县。

甘泉山是子午岭南端的一个支岭,也可以说直道离开秦林光宫后就进入了子午岭。由于甘泉山比林光宫城高出近500米,甘泉山的雨水常年汇入秦直道路基南流,致使这一段直道路基被冲为深沟,深沟残宽20米左右。现在的考古发掘已确定秦直道的起点为甘泉宫。秦直道为什么是从甘泉宫的北门出发的呢?这又不禁让人追问:甘泉宫是在原有秦朝林光宫的基础上进行修建的,还是甘泉宫外的北门正好就修建在了秦直道的南端起点上?

---

① 何清谷:《三辅黄图校释》卷五,中华书局2005年版,第285页。

图 5-6 石鼓

图 5-7 卧熊或卧牛

　　这须从两千多年的历史遗迹中慢慢寻找。在漫长的历史烟雨中，秦直道的南端起点已经被流水冲刷成了一道小沟，向北延伸，跨越了北庄子村，然后越过英烈山，在这个高高的山峰上，可以向南眺望，在山峰突兀的地表中央，可以清晰地看到秦直道的历史遗迹。最先进入人们视野的就是秦直道的甘泉宫遗迹通天台，景色异常壮观。然后向北望去，可以发现高耸的英烈山遗迹马槽梁，从甘泉山的南面巡视，一直向上行走，就可以穿越鬼门口。从遗迹看，鬼门口一直以来都是古今道路的交通要道和必经之地。这里的秦直道遗存大概有20多处。再从其北峰观望，上面还能清晰地看到秦汉时期使用的建筑材料。根据地理测量结果，这里的海拔高度超过了1800米，无疑是甘泉山的最高点。站在这个高度，向下俯瞰，可以清楚地知道，这里曾是秦直道附近的一组防卫建筑群。经过鬼门口之后，便是当地的乏牛坡以及蝎子掌，下一处便是电杆梁。通过对这三处历史遗迹的考察，可以发现秦直道遗存最明显的地方就是电杆梁，很多地方的遗迹宽度达到了15米。之后，继续向北延伸，便是七里川遗迹，秦直道就是从这里出了甘泉宫。从此出发到七里川，二者之间的距离达到了16公里。向前穿过旬邑县石门关，然后沿着子午岭主脊前向延伸，最终到达秦直道的北端终点九原郡。云阳县距咸阳本来不远，其间道路良好，来往方便，直道以云阳为起点，实际和起自咸阳是一样的。

西汉在林光宫旁另建起一座甘泉宫。甘泉宫的兴建就把林光宫包括在里面，林光宫的名称因而被湮没了。甘泉宫的得名就是由于位于甘泉山下的缘故。当地虽山高气爽，是一个避暑胜地，但这绝不是受到秦始皇重视的唯一原因。远在战国时期，甘泉和谷口就已被人们当作险要的地方，起着屏蔽咸阳的作用。秦始皇经常住在甘泉山，并不只是为了避暑，而是有意在那里坐镇，阻遏来自北方的侵略。

无论是林光宫还是甘泉宫，时过境迁，都早已圮毁。就是那个云阳县，后来也一再辗转改置，到现在连县名都移到今泾阳县境，成为云阳镇。故宫虽已圮毁,遗址却宛然犹在。

唐人薛奇童的《塞下曲》写道:"骄虏初南下,烟尘暗国中。独召李将军,夜开甘泉宫。……"可见甘泉宫作为抗御"骄虏"的军事指挥中心的作用。后人诗作如唐人刘济《出塞曲》:"将军在重围,音信绝不通。羽书如流星,飞入甘泉宫。……"明人章懋《送武宁侯出塞》:"单于猎骑惊云中,羽书夜入甘泉宫。君王抚髀思颇牧,将军勇略千人雄。……"说明进行战争总动员、调发天下兵力的号令,应是发布于位于直道南端的甘泉宫。对于"羽书"的历史记忆,是符合直道交通军事信息传递的实际状况的。

《宋书·乐志四》载《汉鼓吹铙歌十八曲》,陈直先生以为,"综合推测,有属于军乐者,有属于宴饮乐者,亦有属于赏赐诸侯王乐者。类型既杂,时代又不一致,但最迟者,不出于西汉宣元之际"[1]。其中《上之回曲》:"上之回,所中益。夏将至,行将北。以承甘泉宫,寒暑德。游石关,望诸国,月支臣,匈奴服。令从百官疾驱驰,千秋万岁乐无极。"[2] 其中有"游石关"文字。陈直先生参考崔豹《古今注》、智臣《古今乐录》,读作:"上之回所中,益夏将至,将北以承甘泉宫。寒暑德,游石关,望诸国,月支臣,匈奴服,合从百官疾驱驰,千秋万岁乐无极。"又以汉武帝元封四年(前107年)"通回中道,遂北出萧关"事解释"上之回所中"。陈直先生还写道:"益夏将至,闻氏云:益夏,疑谓盛夏,《广雅·释诂》云:'溢,剩也。'""游石关。直按:司马相如《上林赋》云:'蹷石关,历封峦'是也。"[3] 可知作为直道起点的甘泉宫有"望诸国,月支臣,匈奴服"的军事外交的意义。

---

[1] 陈直:《汉铙歌十八曲新解》,见陈直:《文史考古论丛》,天津古籍出版社1988年版,第69页。
[2]《宋书》卷二二《乐志四》,中华书局1974年版,第640页。
[3] 陈直:《汉铙歌十八曲新解》,见陈直:《文史考古论丛》,天津古籍出版社1988年版,第74页。

《汉书·武帝纪》记载，"（太始）三年春正月，行幸甘泉宫，飨外国客。"① 据《汉书·匈奴传》，汉宣帝时，"呼韩邪单于款五原塞，愿朝三年正月。汉遣车骑都尉韩昌迎，发过所七郡郡二千骑，为陈道上。单于正月朝天子于甘泉宫，汉宠以殊礼，位在诸侯王上，赞谒称臣而不名。赐以冠带衣裳，黄金玺盭绶，玉具剑，佩刀，弓一张，矢四发，棨戟十，安车一乘，鞍勒一具，马十五匹，黄金二十斤，钱二十万，衣被七十七袭，锦绣绮縠杂帛八千匹，絮六千斤。礼毕，使使者道单于先行，宿长平。上自甘泉宿池阳宫。上登长平，诏单于毋谒，其左右当户之群臣皆得列观，及诸蛮夷君长王侯数万，咸迎于渭桥下，夹道陈。上登渭桥，咸称万岁。单于就邸，留月余，遣归国"②。西汉五原，也就是秦的九原。关于所谓"发过所七郡郡二千骑，为陈道上"，颜师古注："所过之郡，每为发兵陈列于道，以为宠卫也。"③ 王先谦《汉书补注》："《通鉴》胡注：'七郡'，谓过五原、朔方、西河、上郡、北地、冯翊，而后至长安者也。"看来，汉王朝护迎匈奴呼韩邪单于调发骑兵"为陈道上"的"道上"，应当是包括直道的。《汉书·郊祀志》还记载，汉宣帝晚年，曾经在甘泉宫会见匈奴单于："后间岁正月，上郊泰畤，因朝单于于甘泉宫。后间岁，改元为黄龙。正月，复幸甘泉，郊泰畤，又朝单于于甘泉宫。"④ 而甘泉宫在外交史中的特殊地位，与直道的军事交通作用有密切的关系。

---

① 《汉书》卷六《武帝纪》，中华书局1962年版，第206页。
② 《汉书》卷九四《匈奴传》，中华书局1962年版，第3798页。
③ 《汉书》卷九四《匈奴传》，中华书局1962年版，第3799页。
④ 《汉书》卷二五《郊祀志》，中华书局1962年版，第1252—1253页。

二、历代帝王巡游秦直道的事迹与传说

秦直道上不仅留下一些帝王出巡的真实史迹,也留下了许多关于他们踪迹的绵延不绝的民间传说。

(一)历代帝王巡游秦直道

一代霸主秦始皇在世时并未实现从直道北巡九原的理想,但他在最后一次出巡途中去世,其遗体是通过秦直道运回咸阳的。汉文帝刘恒是秦代以后最早驱车走过秦直道的汉代皇帝。汉武帝则多次沿秦直道北击匈奴,巡视朔方。

1. 秦始皇巡游与秦直道

秦始皇在统一六国后曾五次出巡,据《史记·秦始皇本纪》记载,秦始皇的第一次出巡是在统一全国的第二年,即公元前220年,"巡陇西、北地,出鸡头山,过回中"。这次,他主要关注的是对匈奴的边防,故亲临长城的西端点。

次年(前219年),"始皇东行郡县,……乃遂上泰山,立石,封,祠祀"。第二次出巡的目的地是探察新占领区齐、楚,并在泰山举行祭天的封禅礼,又祷祠泗水、湘山等名山大川。(见图5-8)

图 5-8　秦始皇封禅泰山无字碑（一说为汉武帝祭祀泰山无字碑）

秦始皇二十九年（前218年），始皇帝第三次出巡，登临芝罘山（今山东烟台市北的芝罘半岛），经琅邪（今山东胶南市西南琅邪台西北），由上党郡（秦时治所在今长治市北）回咸阳。三十二年，秦始皇第四次出巡，临碣石，巡北边，从上郡返回咸阳。正因为其巡北边，并得到"亡秦者胡也"的预言，于是派蒙恬领兵三十万北击匈奴，收取河南地。又筑长城亭障，移民实边，以防备匈奴的南侵。《史记·秦始皇本纪》记载："三十二年，始皇之碣石，……巡北边，从上郡入。"回来时始皇是经由云中、上郡至咸阳，更证明云阳、上郡、咸阳间有一条颇具规模的道路，而且秦始皇出巡归来时走过全程。《史记·秦始皇本纪》又载："三十五年，除道，道九原抵云阳。"从这两段记载看，直道是在秦始皇第四次出巡后修通的。

后来在汉武帝时，司马迁也曾走过这条道路，并在《史记·蒙恬列传》中留下了很明确地记述："太史公曰：吾适北边，自直道归，行观蒙恬所为秦筑长城亭障，堑山堙谷，通直道，固轻百姓力矣。"

可见，直道不仅已经修成，而且其延续使用的时间，至少也要持续到西汉武帝时期，说明当时施工，殊非草草了事。（见图5-9）

图5-9　秦直道路迹

秦始皇三十七年在巡视途中病死，即"崩于沙丘平台。……，遂从井陉抵九原。……，行从直道至咸阳，发丧"，这是秦始皇第五次、也是最后一次出巡，其棺柩经由直道运回咸阳。他生前经由云阳、上郡至咸阳，死后棺柩经由九原至咸阳，而且指明走的是直道。生前走的路指明过为上郡，是由于当时直道还没修通，直道一名尚未出现；死后棺柩指明经直道运回咸阳，是因为直道这时已修竣完工（三十五年，除道），交付使用。

秦始皇死后胡亥、赵高、李斯等密不发丧，伪装始皇健在，循直道返回咸阳，是一项很耐人寻味的事件。嬴政病故于沙丘，位于今河北广宗西北太平台，按照正常的情理，本应由此循太行山前大道，转经函谷关，返回咸阳（或者是西越太行山，取道蒲坂，西入关中）；可是，胡亥等却舍近求远，绕了一大圈，沿北边代郡、雁门、云中、九原诸郡，经过直道，回到都城。在盛暑之际不顾尸体发臭而绕行九原走直道，王子今认为："显然是循行秦始皇生前确定的路线以稳定政局。"① 这一分析很精当，我们从秦始皇在统一六国后的五次出巡中即可了解其政治意图。

2. 汉文帝、汉武帝北巡秦直道

汉文帝三年五月，匈奴南侵。汉文帝亲自到甘泉宫进行防御部署。《史记·文帝本纪》记载："五月，匈奴入北地，居河南为寇。帝初幸甘泉。"六月，汉文帝谴责匈奴"入盗，甚敖无道，非约也"，发边吏骑八万五千诣高奴，谴丞相颍阴侯灌婴击匈奴。匈奴退去。当月的辛卯日，汉文帝又亲自从甘泉宫前往高奴（治所在今陕西延安市东北延河北岸）。汉文帝北上，有可能行经秦直道的部分路段。这时，距蒙恬修通直道只有三十五年时间，直道不会有大的破坏，汉文帝有利用的条件。

《史记·匈奴列传》还有这样的记载，汉文帝十四年（前166年），匈奴十四万骑入侵，又以奇兵突袭内地，据说"侯骑至于甘泉"。也就是说，匈奴轻骑前锋的侦察部队，已经到了甘泉宫。匈奴军队的这次南进，有可能利用了直道便利的交通条件。

以雄才大略著称于史的汉武帝刘彻，才是真正不止一次地驱车奔驰于秦直道全程的人物。元封元年，"登泰山之前"，他就和大臣们议论："'古者先振兵释旅，然后封禅。'乃遂北巡朔方，勒兵十余万骑。还，祭黄帝冢桥山。"汉朔方郡治，当今包头西南、杭锦旗东北一带。汉武帝从朔方经桥山黄陵南归，止于甘泉宫，他所走的只能是秦直道。可惜，《汉书·郊祀志》的这段史文，只说了汉武帝由朔方南归甘泉的途径，而没有提及去北朔方的路线。

恰好在《汉书·武帝纪》中有武帝元封元年的一则巡边诏令，把往返于朔方和甘泉之间的路线都讲清楚了。冬，十月，下诏曰："'朕将巡边垂，择兵振旅，躬秉武节，置十二部将军，亲帅师焉。'

---

① 王子今：《秦汉长城与北边交通》，载《历史研究》1988年第6期。

图 5-10　鄂尔多斯境内的秦直道

行自云阳，北历上郡、西河、五原，出长城，北登单于台，至朔方，临北河。勒兵十八万骑，旌旗径千余里，威震匈奴。"①"还，祠黄帝于桥山，乃归甘泉。"② 汉武帝这次往返于朔方、云阳甘泉宫的路线，会避开顺直、便捷的秦直道，而另走他途？应当说是不可能的。当然，考虑当时边陲的态势，在整个巡行途程中的某些路段，离开秦直道的可能性并不能完全排除。当时，鄂尔多斯高原除顺直、便捷的秦直道外，毕竟还会有其他道路的存在。（见图 5-10）

所以，和汉文帝不同，汉武帝走的是包括南北两段在内的秦直道全程。原因如下：第一，汉文帝是"自甘泉之高奴，因幸太原"。汉高奴，当今延安一带；汉太原，在今太原附近。若是，则从延安到太原，无须经过鄂尔多斯高原的秦直道北段。而汉武帝则是"行自云阳，北历上郡、西河、五原，出长城，北登单于台，至朔方"。舍鄂尔多斯高原的秦直道北段，却别无更顺直、便捷的道路。第二，汉文帝"自甘泉之高奴，因幸太原"的时间，是文帝三年六月，距"匈奴入北地，

---

① 《汉书》卷六《武帝纪》，中华书局 1962 年版，第 189 页。
② 《汉书》卷六《武帝纪》，中华书局 1962 年版，第 189 页。

居河南为寇",仅一个月,汉对河南地的控制,还不很稳定,汉文帝何必去冒那危险。汉武帝北巡朔方的元封元年,汉政府已牢牢控制了包括鄂尔多斯在内的整个漠南。看汉武帝到朔方时的气势吧!"遣使者告单于曰:'南越王头已县于汉北阙矣。单于能战,天子自将待边;不能,亟来臣服。何但亡匿幕北寒苦之地为!'"①

图 5-11　汉武帝登封泰山处

汉武帝在登封泰山之后(见图 5-11),"行自泰山,复东巡海上,至碣石。自辽西历北边九原,归于甘泉"②。无疑,这是汉武帝又一次走了秦直道全程。因为,九原和甘泉,恰好是秦直道的终点和起点。

司马迁在《史记·蒙恬列传》中说:"吾适北边,自直道归。行观蒙恬所为秦筑长城亭障,堑山堙谷,通直道,固轻百姓力矣。"③这是古代史学家亲自踏查秦直道的最早、也是唯一的记载。可惜,

---

① 《汉书》卷六《武帝纪》,中华书局 1962 年版,第 189 页。
② 《汉书》卷六《武帝纪》,中华书局 1962 年版,第 192 页。
③ 《史记》卷八八《蒙恬列传》,中华书局 1959 年版,第 2586 页。

太史公除了感叹蒙恬们"固轻百姓力"以外，对秦直道本身却未做任何描述。清人王鸣盛在《十七史商榷·史记·子长游踪》中，在转述了前面所引司马迁的话以后说："盖迁别自有北边之游，但不知此段游踪定在何时耳。不可考矣。"

（二）历代帝王巡游秦直道的传说

1. 甘泉宫与汉武帝庙的传说

今淳化县北 40 里凉武帝村，当地人传说，在甘泉宫遗址旁曾经建立过一座汉武帝庙，今庙宇已不存。传说汉武帝夏季曾在这里乘凉，村名便讹为凉武帝村。由于水土流失严重，今凉武帝村东、西皆有深沟，由北边山麓起向南展开。村西离沟半里，村东离沟 2 里多。遗址夹在两沟之间，南至 4 里外的程家堡村，北到凉武帝村。这里的田地中瓦砾很多，密布地面，比地中禾苗还稠密。

据说掘地数尺，都是瓦砾层，间有出土宫瓦和瓦当。宫瓦宽大，瓦上有流水纹。瓦当上有"长生未央"等字，犹清晰可见。还出土有带秀丽花纹的方砖。就在凉武帝村北路边土堰旁，尚有斜露出头的残瓦水管，据说还有五角形水管，和汉长城附近掘出的水管规模相同。这个遗址引人注目的，除了遍地瓦砾外，还有两个高土台。由淳化县城北行，上原后就可远远望见。西边一个，当地人叫作承水台（见图 5-12），东边一个叫作望母台（见图 5-13），据说汉昭帝曾在此遥望埋葬母亲的坟墓，故得名。望母台东北还

图 5-12 承水台

图 5-13 望母台

有一个稍低的土台,叫作亮马台。

按照汉代史书记载,甘泉宫中有通天台,高30丈,当是当地人所称的承水台。今承水台余高10米。今望母台南有石柱础1个,直径1米,高1米余。土台之西两叉沟间有城墙遗址。由凉武帝村北到城前头村,断断续续,直至7里外的蒋家山。凉武帝村和城前头村之间由深沟冲断,隔沟犹可见故城矗立于对岸沟边。这些遗址和遗物都可证明当地就是秦林光宫和甘泉宫的故地所在。

据史念海先生考证:"林光宫在甘泉山南坡,甘泉山诸峰矗立在宫北,其中较高的一峰,现在叫好花圪垯,距遗址十五里。好花圪垯海拔1808.9米,由圪垯下面路旁算起实高40米,则路旁的海拔应为1768.9米。而凉武帝村东南二里处的海拔为1276米,相差只492.9米。由凉武帝村北行,一面慢坡,就可到好花圪垯之下。登好花圪垯下望,凉武帝村一带遗址一目了然,那两个土台更为显著。直道就是由这条慢坡北行,到好花圪垯之下,绕好花圪垯向东北伸展。整条直道除在今内蒙古鄂尔多斯草原一段外,皆蜿蜒在山头岭上。但由林光宫北行登上高岭,因为是一面慢坡,并不觉得陡峻,当地牛车缓缓行来,也不显得过分费力。"①

2. 调令关的传说

正宁县子午岭上有道关口,叫法有三种:调令关、雕翎关、雕岭关。其来历分别是:

"调令关",相传秦代时,因此地地势险要,"一夫把关,万夫莫开",设有"秦一号兵站",驻守兵马,囤积粮草,发布号令,调兵遣将,故曰"调令关"。

"雕翎关"的名字来源于秦代,秦始皇命令大将蒙恬主持修筑一条通往内蒙古境内的大路,名叫直道(见图5-14)。直道完

---

① 史念海:《秦直道遗迹的探索》,载《文物》1975年第10期。

图 5-14 雕翎关直道路迹

工后,秦始皇亲驾御车察看。一天,秦始皇来到子午岭上,在一个关隘处见到蒙恬,秦始皇下了御车,高兴地说:"大将有功呀,褒奖于你,褒奖于你!"可是,秦始皇觉得随身没带啥贵重物件,拿啥做奖品呢?侍从马上端来金银,秦始皇摆了摆手,一时拿不定主意。正在这时,只见天空中一只大雕从白云深处飞来,盘旋头顶,直瞅着秦始皇。秦始皇见了,满脸愁云顿时消散。蒙恬以为秦始皇喜爱空中的飞雕,便取弓搭箭正要去射,秦始皇一把拦住,不让放箭。就在这时,大雕抖了抖身子,一支翎毛翩翩飘落,正好落在秦始皇手中。秦始皇拿着雕翎,笑着说:"天赐奖品,甚佳!"随即将雕翎插在蒙恬的头盔上。秦始皇再仰观天空,大雕已钻入白云里去了。从此以后,人们就把这座关隘称为"雕翎关"。

"雕岭关"此称是因此地地势高耸(如今也是县域海拔最高的地方,1756米),山岭逶迤,人迹罕至,只有大雕才能飞上去,故称"雕岭关"。(见图5-15)

调令关有不少民间传说,历代文人墨客也曾来此考察游览。清末陇东名士李良栋游览子午岭经此小憩,目睹古关残址和秦砖

图 5-15 雕岭关风光

汉瓦，顿生怀古之幽情，写下："横岭雄关不复存，嗟叹戍边蒙将军。北胡易却殃内胡，调令关前放悲声。"这位老先生又在这首诗的小记中写道："光绪三十四年，余经桥山秦古道，小憩调令关，目睹雄关废墟，有感而记之。"诗人以感慨的心情，讴歌了北却匈奴的蒙恬将军的历史功绩，又叹惜这位戍边英雄遭秦二世胡亥暗算的不幸，从而将历史人物与这座雄关联系起来。当地民间流传，秦始皇死后，权臣赵高、李斯为了继续把持朝政，篡改了始皇帝传位于太子扶苏的遗诏，拥立昏庸凶残的次子胡亥继皇帝位。但他们又怕久负重望的太子扶苏和拥有重兵的蒙恬将军不服，便拟了一道假诏书赐死扶苏、蒙恬。扶苏接诏后，以忠孝为先，便自杀身亡于边关。而久经军事与政治的蒙恬将军，深知这是赵高一伙搞的阴谋，不接受自杀。赵高得知蒙恬未死而深感不安，便再让胡亥下诏调回蒙恬问罪。

据说，一天从咸阳发来的诏书即达二十四道。蒙恬自囚回京，行至调令关时，又接到胡亥让其就地自裁的诏书，于是蒙恬长叹一声，服毒而死。当地军民闻之，大放悲声，便把蒙恬就地安葬。

调令关曾经是蒙恬将军生前调兵遣将运筹帷幄的雄关。把守雄关的军队和百姓，在蒙恬将军明义守节、殉葬于秦王朝，诀别尘世之后，在这里可能悼念过他，因而流传上述情节。

3. 宁县贵人关（沮源关）传说

午亭子的南边就是沮源关。沮源关原来叫贵人关，这个贵人指的是唐王李世民。相传李世民征突厥时从此地经过，后来叫当地人念走了音，叫鬼门关。20世纪60年代，知青们在这里开荒种地，人气很旺，所以又改名叫"兴隆关"。当地老百姓只知道此处叫兴隆关，没人知道叫沮源关，这是一个普遍现象，也是一个很有趣的现象。

当然，跟秦直道有关的贵人不止李世民一人，秦直道是专为战争而修的，与这条道路有关的贵人和事件数不胜数，有蒙恬、汉武帝、李广、司马迁、王昭君、蔡文姬等等。

如今，沮源关秦直道遗址还依稀可见，宽6~7米，也不知此处以前就只有这么宽，还是后来水土流失将原来的路面冲毁了。沮源关往东走可沿蚰蜒岭到三面窑，再向南走可以到宁县的艾蒿店等处，沿途有很多秦时留下的烽火台遗迹。

4. 延安市安塞区剑匣寺的传说

延安市安塞区城北20余里，距秦直道约30公里处，有座面西的石壁。长30余丈，高六七丈，呈环形向前凸出。壁前地势宽阔，二水交汇东去。壁周山峰陡立，有烽火台、古城堡环峙。石壁中腰，有许多大小石窟相连。这就是以名胜古迹得名的剑匣寺，这里不仅山水秀丽，而且还流传着一个美丽的历史传说。

相传，剑匣寺建于唐朝初年。罗通扫北时，唐太宗李世民亲率大军押送粮草，随后督战。一天，进入安塞境内，只见百姓衣衫不整，惊慌不安，纷纷逃窜。再看田里，杂草丛生，无人问津。李世民疑惑不解，遂上前询问。原来，此处悬壁石洞内有一巨蟒，经常出来伤害人畜，致使百姓远走他乡，田园荒芜。

李世民听后，决心除害安民。他安下营寨，带了一员嫡系战将，悄悄来到石壁下，隐身观察。只见那里荒草丛生，古藤缠绕，悬壁上有一石洞，洞口高约2丈，阔丈5，深不见底，阴森可怕。他们屏住呼吸，盯住洞口，伺机行动。

太阳落山，天色渐晚。突然，洞内一声喘息，一股腥风迎面扑来，顿时石滚沙飞，草木倒伏。一会儿，洞内忽明忽暗，先出现两束绿色光柱，接着见一大蟒爬出洞口，粗约5尺，长10余丈，懒洋洋地蠕动身躯，头探在河里，张开嘴巴饮水。李世民瞅准时机，拉开弓搭上箭，只听"嗖"的一声，箭从大蟒的左眼进右眼出，两只眼睛顿时失去了光明。蟒受剧创，摆动巨尾，左右横扫。接着身子向前一蹿，张开血盆大口，仰天怪叫一声，霎时，狂风呼啸，天昏地暗。李世民跳起来，抓住蟒尾，用力一扯，只听"轰隆"一声巨响，山崩地裂，金光万道。李世民怔了怔，定睛一看，蟒不见了，握在手里的却是一把金光灿灿的宝剑。据说这就是唐太宗李世民后来一直用的护国宝剑。那石洞也不见了，变成了一道石缝。

后来，人们为了纪念李世民为民除害的功绩，修庙建寺。如今，昔日的亭台楼阁、雕梁画栋已荡然无存，但痕迹依然可辨，石窟里的雕刻，线条流畅，造型生动，保留着唐宋风格。尤其是距左边第一个石窟1丈远的石壁上有道石缝，长1尺，宽2尺，深3丈多，据说是当年的蟒洞变成的。此缝就叫剑匣，寺院由此得名。

三、秦直道沿线关于扶苏、蒙恬的传说

（一）上郡扶苏、蒙恬墓的传说

一代名将蒙恬率军出征，大破匈奴，将其驱退 700 多里。同时他还是秦直道的监修者，曾多次巡行于直道。那时，甘泉山至子午岭一带，森林茂密，郁郁苍苍，鄂尔多斯草原更是野草丛生、湖沼遍布、猛兽蛇虫出没、人迹罕至的地区。蒙恬经过一年多时间考察，能够确定这样一条直至阴山山脉之下的近路，确是一件不可思议的事情。秦直道一期工程完工，道路基本畅通，蒙恬进行了全程考察。当他正在谋划二期工程的时候，却遭赵高迫害，于始皇三十七年吞药自杀于阳周狱中。秦始皇长子扶苏因劝阻始皇镇压儒生，被派到上郡监督蒙恬修直道。始皇死后，宦官赵高、丞相李斯伪造始皇诏书，命他自杀，扶苏义愤填膺，又万般无奈，自刎在秦直道上。

扶苏墓，位于上郡古城高地疏属山上。疏属山山势奇险，犹如飞龙猛虎。登临其上，古城南北大理、无定二川上下方圆 30 里尽收眼底。扶苏墓巍然屹立，遥望四面烽燧。扶苏墓冢，长 30 米，宽 6 米，残高 8 米，顶径 12 米，底围 70 余米。墓旁原立"秦世子扶苏墓"碑和"秦长子扶苏墓"碑各一通，惜已毁。扶苏墓现为陕西省省级文物保护单位。墓地四周秦汉碎片砖瓦很多。墓地原有大型建筑，今已不复存。（见图 5-16）

图 5-16　扶苏墓碑

扶苏死后，历代文人墨客来上郡时，为怀念扶苏，留下了许多诗文，以示哀悼。杨锦《扶苏冢》诗："长城亲历已沾衣，遥拜扶苏泪复挥。一点丹心天照久，几翻紫盖月明归。秦皇应是期将尽，凤诏谁教急若飞。怅望千秋思孝德，松楸墓下自成围。"

扶苏被秦始皇贬上郡监蒙恬军，其驻府设在上郡郡址的疏属山巅，府前建有大型建筑，清时被拆除改建为仓厫。清绥德州图中有仓厫之名和具体方位。

绥德城内有关扶苏的遗迹，还有呜咽泉、扶苏庙、扶苏赏月台等。

呜咽泉在古上郡郡治东南 5 里，即今卢家湾。相传，秦始皇三十七年，扶苏死于此。唐时，古人在扶苏卒地山崖上刻"杀子谷"三字，后因炸山取石而被毁。当地人民为怀念扶苏，将卢家湾泉水垒石修整。两千多年来，泉水长流不息，清澈如镜。后世不少诗人在此作诗抒情。唐代胡曾《杀子谷》诗："举国贤良尽垂泪，扶苏屈死戍边时。至今谷口呜咽泉，犹以当年恨李斯。"明嘉靖兵部尚书王琼（山西太原人）来绥德时，作《呜咽泉》诗："城东五里卢家湾，寒泉迸出石垒山。泉声似泣还似诉，仿佛公子遭谗奸。昔人已矣恨未已，无情却作有情比。题名呜咽万古传，恨在人心不在水。"

扶苏庙在城内。当地群众为缅怀扶苏生前的功德，在庙里曾立有巨型石碑，惜已毁。

扶苏赏月台，位于上郡北2里大理、无定河两水相汇处。这里悬崖高耸，据说扶苏生前早晚于此耳闻鼓角之声，眼观烽台狼烟，每逢月中，来此赏月。诗人马充《扶苏台赏月》诗："皎皎金波天际流，扶苏玩赏正中秋。斯高奸恶今何在，恨满苍天月满楼。"唐代诗人韦庄有《绥州作》诗："一曲单于暮风起，扶苏城上月如钩。"韦庄在诗后留有小注："绥德州属延安府，即秦太子扶苏监军蒙恬处"，"绥德为秦上郡"。

赏月台四周，后人多有诗刻和诗作。明嘉靖年间，吏部尚书王琼，因奸谗被贬谪绥德，王公游州郡诸山，唯月宫寺为公钟爱，遂以公自号书刻洞门"晋溪洞"三字。其后六年，王公复起为兵部尚书赴京。

赏月台两侧刻留许多诗文，明嘉靖丁酉岁春二月六日刻留："二水环抱铁城流，壮观关中第一州。禹皇尚存前代迹，秦宫复有旧时楼。凭高瞰水深疑浅，入洞生凉暑也秋。尽日骋怀归欲晚，碧空云散现云钩。"诗句至今清晰可读。

在清代《绥德县志》中，附有古代绥德州城图，图中将疏属山巅的扶苏墓、扶苏府和山下的扶苏庙的具体位置都标注得十分清楚，这是笔者考察扶苏在上郡遗址的依据。

在绥德城内，另一秦代重要遗迹就是蒙恬墓。蒙恬死于阳周，葬于何地传说颇多：有说葬于旬邑石门关；有说葬于"桥山"；有说葬于今正宁县永和镇罗川村的蒙家坬，且当地居民多蒙姓，自称是蒙恬的后裔。众说纷纭。

文献记载：蒙恬，秦名将。祖父蒙骜，父亲蒙武。三世事秦。蒙恬不仅武功超人，文略亦卓绝。秦统一六国后，北方匈奴大举南犯，始皇命蒙恬率军三十万众，北击匈奴，收河套地，戍守上郡。始皇病死沙丘，李斯、赵高密谋假诏赐蒙恬以死。蒙恬死后，其部将含泪将其遗体运葬于上郡大理河西岸，用袍襟撩土积冢如山，至今扰存。

蒙恬墓冢残高45米，顶径17米，底围百余米。墓前曾有乾隆年间绥德知州张之林所立"秦将军蒙恬墓"碑，惜已毁。今存清道光二十八年（1848年）九月绥德知州江士松所立"秦将军蒙恬墓"碑一通，碑高2.4米，宽1米，厚16厘米。今为陕西省省级文物保护单位。（见图5-17）

图5-17 蒙恬墓碑

历代官员及诗人来上郡,为蒙恬怀咏留诗,以表悼念之情者众多。诗人霍生玺《蒙恬墓》诗:"春草离离墓道侵,千年塞下此冤沉。生前造就千枝笔,难写孤臣一片心。"诗人田志恺《过蒙恬墓》:"勋名弈叶事嬴秦,父子诸昆宠遇均。总是君残仍故主,敢因命乱不忠臣。防边自藉戈矛辈,造笔还资翰墨伦。"

蒙恬生前,屯兵上郡,抵御匈奴,护卫北疆,使百姓免受战乱流离之苦,生活稳定,生产得到发展,可谓功德无量。因此,当地人民对其无限感激,每逢清明之际,都要上坟扫墓,流传至今。今天蒙恬墓仍然巍然如山。

疏属山巅的扶苏墓与大理河边的蒙恬墓,隔河相望,朝霜暮尘,互相照应,犹如当年他们运筹帷幄,共御匈奴。

(二)杀子河、扶苏庙、蒙恬庙传说

秦朝时,今忻州市与蒙恬家族及太子扶苏结下了不解之缘,境内为蒙恬、扶苏建了不少寺庙,至今仍有许多关于蒙恬、扶苏的传说。

《史记·秦本纪》:秦庄襄王"二年(前248年),使蒙骜攻赵,定太原。三年,蒙骜攻魏高都、汲,拔之。攻赵榆次、新城、狼孟,取三十七城。四月日食,王龁攻上党。初置太原郡。"《史记·秦始皇本纪》则说:"晋阳反。元年(前246年),将军蒙骜击定之。"《史记·赵世家》:"(赵孝成王)十八年(前248年),……秦拔我榆次三十七城。……二十年,秦王政初立。秦拔我晋阳。"秦始皇统一天下后,废封建,建郡县,分天下置三十六郡,以勾注为界,南置太原郡,北置雁门郡。由此可知,今忻州市境域当时属秦太原郡,是蒙恬祖父蒙骜攻下来的,蒙骜大军的马蹄曾踏过这块土地。

在原平、代县有许多扶苏、蒙恬祠庙,有许多传说,或许在扶苏监蒙恬军戍边时亦曾踏上过这块土地。

在代县中北部，有一条滹沱河的支流叫杀子河，传说即因扶苏在该河畔蒙冤自刎而得名。又传太子扶苏遇难后冤魂显灵，一腔热血冲刷黄土为沟，人们取名赤土沟，其水取名杀子河。门王（蒙亡）村就是为纪念蒙恬取名的。在杀子河的两岸村庄里竟建有十八座扶苏庙，庙中陪祀者为蒙恬与子婴，几乎村村都有。杀子河又名"恨斯水"，意即痛恨李斯的意思，因为扶苏、蒙恬是李斯、赵高合谋害死的。李斯身为丞相，干出如此逆天之事，所以人们痛恨他。据史书记载，扶苏、蒙恬皆死于上郡，即今天的陕西绥德县。杀子河畔的众多祠庙不由得让人产生遐思，扶苏、蒙恬死在代县的可能性有没有呢？

代县的杀子河出名，两岸扶苏庙却都是小庙。而原平的崞山不但有一座规模很大的扶苏庙，还有一座闻名遐迩的蒙恬庙。同时，原平也有许多关于蒙恬、扶苏的传说。公元前210年，秦始皇外出巡游时暴病身亡。次子胡亥、丞相李斯和车中府令赵高心怀鬼胎，合谋策划，伪造诏书，以扶苏"为人不孝""上书直言诽谤""无尺寸之功"等罪名，赐死。当时扶苏、蒙恬正在崞山下巡视，接到赐死诏书后，扶苏自杀。蒙恬也于狱中自杀。蒙恬死后，蒙恬战马跑上崞山山顶纵身投了下去，所以，崞山又叫马头（投）崖。后人即在马投崖下建了蒙恬庙。而在建蒙恬庙和扶苏庙的大林乡，有3个紧邻的村庄，叫中、南、北苏鲁（路），三苏鲁村是去西神头扶苏庙的必经之路，传说此地为扶苏去西面的西神头村时路过的地方，所以叫苏路（后改为苏鲁）。

崞山连峰叠嶂，翠色森郁，蒙恬庙建在山麓，敕封崞山大王。（见图5-18）。传说晋惠帝永熙年间刘琨从陉北（今山西代县西北雁门关所在陉岭以北地区）迁回崞县后，筑城时筑得很慢，四

图 5-18　崞山远景

月十八夜里,蒙恬托梦给筑城人,说,我是秦将蒙恬,愿护佑一方。许多人都做了同一个梦,于是崞县城在蒙恬神兵帮助下,很快就筑成了。崞县城筑成后,人们在崞山下建了蒙恬庙,四时祭祀,并定四月十八为崞山大王庙会日。蒙恬庙中有一殿为太后殿,为北魏太武帝奶娘窦氏之祠。窦太后为古崞县人,死后葬于今浑源崞山,墓旁有祠。崞县人从浑源(原崞县)迁来,为纪念窦太后,所以便在建蒙恬庙时为太后建殿祭祀。

因柏枝山上的石头纹理很像柏树的枝叶,故叫柏枝山。西神头的扶苏庙建在村西柏枝山下,柏枝山是崞山的延伸部分。据《崞县县志》记载,扶苏太子庙建于宋代建隆年间,元至正年间重修。庙前两株楸树树龄均在千年以上,一株为汉代所栽,一株为唐代所栽,说明建庙时间更久。

扶苏、蒙恬是否到过原平,是否死在原平或代县,均无历史记载,但民间既有传说,也不可能是捕风捉影,空穴来风。史载扶苏为人仁厚,秦始皇三十五年,侯生、卢生等人议论皇帝,并双双逃走。秦始皇听到消息后极为愤怒,下令御史进行追查,把四百六十多名术士全部"坑之咸阳"。身为秦始皇长子的扶苏不同意父亲焚书坑儒，多次上书劝谏，说："天下初定，远方黔首未集，诸生皆诵法孔子，今上皆重法绳之，臣恐天下不安。"希望始皇帝明察秋毫，赶快中止错误的举动。扶苏的劝谏触怒了秦始皇，被秦始皇罚到上郡蒙恬大军里监军。在监军时又与蒙恬精诚团结，逐匈奴，筑长城，修驰道，建立卓著功勋。他爱民如子、谦逊待人更深得广大百姓的爱戴与推崇。

扶苏、蒙恬两人都为边地人民的安宁立下了功勋，受到人们爱戴，所以他们冤死后，人们建庙纪念他们。至于他们到底死于何方，则就无关紧要了。

（三）扶苏死于石门关的传说

旬邑县石门关也有关于扶苏之死的传说。相传秦始皇长子扶苏死于石门，死前曾对其部下及当地黔首说："吾生受命于父王，为国御敌守疆，死亦要遵父命，御敌外侵，使关中父老安居乐业。今死于此，只为此耳。"后人感其忠孝，在石门关修庙祭祀，以表缅怀之情。尽管这个传说与史实有一定出入，不足为信，但这也从侧面反映出，石门在秦时确是直道线上一处重要关隘。它毕竟是这个高度集中的秦王朝统治系统的一个环节，因而朝野内外发生的一些重大事件在这里留下了深深的历史印记。

离秦直道不远，在石门山的东峰（见图5-19），便是扶苏庙遗址。清乾隆《三水县志》载：扶苏庙在石门山中，世传秦太子扶苏授国典三物处，死后成神，人立为庙。如今山坡上长满密密灌木，漫漫藤萝，无数小花点缀在绿草丛中。登上山顶，出现一个直径达25米的圆形平台，平台周围有2米宽的回廊，上面人工砌筑痕迹明显，土质夯层清晰，附近残痕断垣牵连成片，地面随处可见秦汉时期许多精美的瓦当，纹饰流畅的龙凤纹、回纹、菱形纹空心砖以及

图 5-19 石门山

图 5-20 石门山扶苏庙

绘有高车驷马等图案的石刻残片等。（见图 5-20）

夯土垒垒，瓦砾遍地，让人沉浸于悠远的岁月，令人联想起那古庙的巍峨、回廊的宽阔。那破碎的瓦砾散落在荒草之间，似乎浸透着无言的沧桑；那断残的石柱卧立在夕阳之下，仿佛在叙说着昔日的辉煌；那城堡式的建筑高耸山顶，阙楼飞檐挑角，绿瓦石柱，围墙殿阁层层托高，衬托出重重相叠的宏伟气势。古庙四周古柏参天，怪松杈丫，郁郁葱葱，绿涛起伏。

秦始皇死后，李斯和赵高篡改遗诏，赐扶苏自刎于石门，后人为祭祀扶苏，在此筑庙造像，同时构建着自己的信仰和祝祈，石门山因此而沾染光泽。《三水县志》载："扶苏，没于此，故立庙祀之。"后来人们把扶苏尊为"石门爷"，其庙宇历汉、唐、明、清各代均有扩展修复，使这里成为祭祀山神的所在，年年香火，岁岁祀奉，祈求扶苏的在天之灵能庇佑众生，赐福人间。每遇天旱，人们头戴柳条编成的草帽，身披蓑衣，成群结队，敲锣打鼓，来到"石门爷"庙跪拜求雨，祈神慈悲，普降甘霖，救济众生。现在山顶上还有群众自发盖起的简易小庙。

经历千年风雨，兵祸离乱，改朝换代，偌大一座规模宏阔、久负盛名的庙宇遭到破坏，神像荡然无存，遗迹泯灭无闻，只剩下颓垣碎瓦，荒草冷月，以其幽静广阔的空间给每一位游人留下充裕的遐想，无言地叙说着凄凉。明代刘翀的《石门即事》诗吟道：

> 峻增石壁千山遥，
> 豁达双门石径开。
> 更有藤萝淹日月，
> 岂无龙虎出蒿莱。
> 空中楼阁供奇玩，
> 眼底风云起俊才。
> 闻说扶苏遗庙在，
> 年年风雨为谁哀。

面对遗址上饱经风霜的砖块与瓦砾，仿佛还能闻到那香烛燃烧的馨香，仿佛还能看到人们从数里外赶来虔诚的朝拜，每一块碎砖都包含着有关扶苏在石门的传说，每一片瓦砾都记述着扶苏在石门的往事，使人感到扶苏的孤魂与美德始终存留在人们的生

图 5-21　石门关扶苏雕像

活中，牵挂在父老乡亲们的意念里。（见图 5-21）

站在石门山口，遥望东侧，可见一巨大土冢，形如小山，据传此为扶苏的陵墓。曾有盗墓者挖掘此墓，后来发现墓碑一通，上书"亘古一人"。

（四）扶苏、蒙恬死于宁县、正宁县的传说

彭开博认为，要弄清扶苏、蒙恬死葬之地，就得弄清阳周城所在之地。阳周故城到底在哪里，说法不一。一种观点认为在今陕西绥德县境内，另一种观点则认为在今甘肃宁县和正宁县境内。其分歧关键点是对"上郡"这一古城所在地的确认。《史记·李斯列传》："长子扶苏以数直谏上，上使监兵上郡，蒙恬为将。"句中的"上郡"，《史记》唐人张守节正义为："上郡故城在绥州上县东南五十里。"绥州即今为陕西绥德。而《史记·蒙恬列传》中：蒙恬率三十万众，"暴师于外十余年，居上郡"。可知蒙恬在上郡运筹帷幄指挥作战。因此，有种观点就认为，阳周城即上郡附近，也就是今陕西绥德县境内。这种观点认为，扶苏"监兵

上郡"和蒙恬"居上郡"的上郡,就是在上郡故城或附近,而忽略了阳周城属于上郡管辖这一点。在秦时,相距上郡数百里的阳周城就正属于上郡管辖。那么,到了上郡的辖区就等于到了上郡。把上郡和上郡辖区等同起来,因而就把上郡所管辖的阳周,误认为今陕西绥德境内。

《史记》唐人张守节正义:"阳周,宁州罗川县之邑也。"宁州即今甘肃宁县。甘肃省正宁县旧县志记载了阳周故城的方位:"阳周故城,一名驰武城,在县北三十里。"而唐代时罗川县北

图 5-22 蒙恬墓

30 里正是今正宁县永正镇,蒙恬墓(见图 5-22)正好在永正镇蒙恬洼村。据当地民间传说和村庄名,可知古阳周城在正宁县永正镇无疑。传说秦二世胡亥假传诏书,赐剑于太子扶苏让其自杀。

蒙恬怕扶苏死尸被毁，密使部下将尸体抬往200里外的今甘肃宁县秘密掩埋。传说扶苏的两个儿子，被胡亥兵马杀害，悬挂首级于城东门、城南门示众。《史记·李斯列传》胡亥的矫诏中写到的"将军恬与扶苏居外，不匡正，宜知其谋，为人臣不忠，其赐死，以兵属裨将王离"。因此，传说中的胡亥兵马即王离部众。

彭开博从村庄命名推理论证，认为现在永正镇所在地附近的村庄，如东龙头村、南龙头村，这两个村名就是传说中扶苏的两个儿子被杀害后，悬头于城东和城南的地方。龙头，是百姓对扶苏两个儿子的爱称。今称马后子村，是传说中扶苏的妃子马氏投水自尽的地方。今称胡子峪村，在蒙恬洼村南，据说是曾设监狱关押胡人的地方。今称粟里村，是当年蒙恬军队筹备军粮的地方。今称陵上村，与蒙恬洼村相连接，是地形上略高于蒙恬洼村的一个村子的名字。

从以上民间传说和实地寻访村名，可证明秦代时阳周城，即今甘肃正宁县永正镇附近。

经寻访老翁，今甘肃正宁县永正镇蒙恬洼村确实曾经有一座蒙恬墓，墓冢高兀阔大，芳草离离，长满森森劲木。1958年，村民修建饲养室挖掉此墓，只有墓穴的遗迹尚存。这一遗迹的传说和当今还在沿用的村名，可以说明蒙恬葬于阳周。

扶苏自裁后，蒙恬恐扶苏尸被毁，密使部下抬其尸体秘密掩埋。今甘肃宁县焦村镇就有扶苏墓冢遗迹，当地村民叫作"冢堆子"，也叫"太子墓"。距正宁县永正镇约200里。实地寻访后得知，"文化大革命"前，扶苏墓为宁县八景之一："太子荒冢噪暮鸦"。那时，扶苏荒冢高峨，冢前竖有墓碑，芳草古木，暮鸦喧噪，蔚为壮观。"文化大革命"时，文化部门曾钻探挖掘，从冢底部往深处挖掘发现有砖墓，木炭渣，朽骨。看来，两千年前扶苏确属仓促而葬。

据彭开博调查资料,扶苏墓直径约为 40 米,冢高约 10 米。冢堆上长满槐树,下部已半呈斜坡状,半呈壁立状,其底部村民现在继续取土,墓侧凹为 D 型,数条槐树褐根裸露在外。墓冢东、西各百米便是长满荒草的深壑野谷。在这深壑野谷之间,历尽千古残留的冢堆,不屈地挺立着,仿佛向人们诉说着让人扼腕叹息的冤屈故事。

(五)五龙松的传说

五龙松天然林是一片占地 3000 多亩的原始森林,是合水子午岭大山门林场现存保护最完整的一块天然油松林(见图 5-23)。提起五龙松天然林,还有一段生动的故事。

图 5-23 子午岭油松林

据相关资料整理,在秦代,蒙恬和扶苏统率三十万大军在子午岭修直道的时候,曾在直道两边栽了许多油松,但成活的很少。只有五亭子的五棵油松生长茂盛。传说那五棵油松是秦太子扶苏亲手所栽,是龙的传承,被称为五龙松。到了元代,元和金为了争夺西北地域,在子午岭青龙山发生战争,双方杀得天昏地暗,鬼哭狼嚎。在元兵强大的攻势下,金兵大败,落荒而逃。当元兵追到五亭子时，五棵松树突然变成五条绿龙，张牙舞爪向元兵扑来。元兵吓得目瞪口呆，返身北逃。在北逃中，人踏人，马踏马，死伤过半。元兵首领铁木真以为是天意，便到华池县城壕镇定汉寺去拜佛求神。定汉寺一位老方丈，上通天文，下知地理，看到金国气数已尽，天下必归元人，于是向铁木真献计说："五龙松是太子扶苏头上的缨花变的，松龙融为一体，谁也敌不过他。要治五龙松，只有到岭东木瓜寨夺来降龙木，才能镇住五龙松。"铁木真一听大喜，立即派人到岭东木瓜寨夺来降龙木。

经过充分准备之后，元兵又向金兵发起进攻。大兵行进到五亭子，五龙松又变成五条绿龙。铁木真手执降龙木扫向五条绿龙。绿龙一遇降龙木，立即龟缩成一团，摇身一变，又变成五棵松树。铁木真听定汉寺老方丈说，龙血喝了可以长生不老，就下令将龙血收藏在一个大陶罐里，准备攻下长安城后再喝。元兵一路冲杀南下，一日追至调令关，大兵屯驻关上。这时，元将部下有一降元金人盗取五龙血后，向西逃去。当他逃到八只窑附近，被元骑兵追上。这个金人见无路可逃，就将龙血罐甩到山坡上，一时龙血淌得遍地都是，然后自刎身亡。后来，这里长出一大片松林，人们说这是五龙松的化身，就将这片林称为五龙松林。人们为了纪念五龙松，就在五龙松原来生长的地方修了五个龙亭，并将此地取名五龙亭，也叫五亭子，将原来金兵驻守的地方叫兴龙关。

四、关于王昭君、蔡文姬的传说

汉元帝时王昭君被送入宫。竟宁元年匈奴呼韩邪单于入朝求亲，昭君自愿请行，远嫁匈奴，从长安出发，经直道北行。至今直道沿线内蒙古境内还有昭君墓，沿途还有许多关于王昭君的美丽传说。东汉末年，蔡文姬在战乱中为南匈奴所俘，后嫁匈奴右贤王为阏氏，走的就是秦直道。后来蔡文姬思乡心切，其归汉行动因受单于所阻，不能成行，于是曹操率五十万大军沿秦直道前往匈奴边界，单于迫于压力，只得同意文姬归汉。就在蔡文姬被俘十二年后，曹操派使者往接蔡文姬，蔡文姬为曹操思慕贤才的精神而感动，毅然离别丈夫、子女沿秦直道回到中原，继承父业，参与编撰《续汉书》。

（一）昭君出塞与打扮梁传说

王昭君，名嫱，南郡人。西汉南郡秭归人氏，就是现在湖北省秭归县。王昭君天生丽质，聪慧异常，琴棋书画，无所不精，"蛾眉绝世不可寻，能使花羞在上林"。昭君的绝世才貌，顺着香溪水传遍南郡，传至京城。公元前36年，汉元帝昭示天下，遍选秀女。王昭君为南郡首选。元帝下诏，命其择吉日进京。其父王穰云：

"小女年纪尚幼,难以应命",无奈圣命难违。公元前36年仲春,王昭君泪别父母乡亲,登上雕花龙凤官船顺香溪,入长江、汉水、过秦岭,历时三月之久,于同年初夏到达京城长安,为掖庭待诏。

西汉元帝时,昭君以"良家子选入掖庭"。所谓"良家子",指的不是医、巫、商贾、百工出身。"掖庭"就是后宫,昭君入掖庭后级别是"待诏",地位是比较低的。

汉初经白登山之围的惨败后,刘邦派刘敬前往匈奴去结和亲之约,在此后的六七十年间,和亲成为汉朝对待匈奴的一种政策。从公元前49年开始,呼韩邪单于先后三次入汉朝,求见元帝,表示"愿婿汉室以自亲"。相传汉元帝尽召后宫妃嫔,王昭君挺身而出,慷慨应诏。"昭君入宫数岁,不得见御,积悲怨,乃请掖庭令求行。"[1]呼韩邪临辞大会,帝召五女以示之。昭君丰容靓饰,元帝大惊,不知后宫竟有如此美貌之人,史载"昭君丰容靓饰,光明汉宫,顾景裴回,竦动左右。帝见大惊,意欲留之,而难于失信,遂与匈奴"[2]。汉元帝便赏给她锦帛二万八千匹,絮一万六千斤及黄金美玉等贵重物品,并亲自送出长安10余里。关于王昭君出塞的路线,一种说法认为,王昭君在队队车毡细马的簇拥下,肩负着汉匈和亲之重任,别长安,出潼关,渡黄河,过雁门,历时一年多,于第二年初夏到达漠北。另一种说法是沿秦直道走的。林幹教授在《试论王昭君艺术形象的塑造》一文中有详细的考订,文末还附有《昭君出塞路线示意图》,认为昭君出塞的路线是从汉都长安(今陕西西安市)出发,经北地(今甘肃庆阳市)、上郡、西河(今内蒙古鄂尔多斯市)、朔方(今鄂尔多斯市杭锦旗北),至五原(今内蒙古包头市西)。过五原后,西行至朔方郡临河(今内蒙古巴彦淖尔市临河区),向西北方向出高阙(今内蒙古杭锦

---

[1] 《后汉书》卷八九《南匈奴列传》,中华书局1965年版,第2941页。
[2] 《后汉书》卷八九《南匈奴列传》,中华书局1965年版,第2941页。

后旗东北），越过长城，进入匈奴辖区，一直到匈奴单于王庭（今蒙古国乌兰巴托附近）。王昭君充当汉族的和亲使者，出嫁到塞北，担负起巩固和加强汉、匈两族团结友好的重大政治使命，为民族友好做出了杰出贡献。

《汉书》记载："边城晏闭，牛马布野，三世无犬吠之警，黎庶亡干戈之役。"这段话为我们描绘了一幅百姓安居乐业、生产发展的幸福图景。昭君出塞和亲，是当时汉、匈双方政治上的一件大事。汉元帝为纪念这次和亲，改元为"竟宁"，意为和平安宁。呼韩邪单于把昭君封为宁胡阏氏，即胡汉友好皇后。匈奴呼韩邪单于归汉和昭君出塞，也反映了当时各族人民和平发展的愿望和要求。在呼和浩特市附近的汉城和包头市附近的西汉晚期墓葬中出土的"单于和亲""千秋万岁""长乐未央""单于天降"等瓦当和"单于和亲"四字砖（见图5-24）"单于和亲"砖，以及"单于和亲""千秋万岁""长乐未央"十二字砖，说明长城沿线各族人民对汉匈和亲和昭君出塞的热情颂扬。昭君出塞和亲，播下了汉匈和平睦邻的种子，这颗种子生根、发芽、开花、结果，对以后汉族与北方各兄弟民族的团结友好，产生了深远的影响。

图5-24 "单于和亲"四字砖

昭君和呼韩邪单于结婚时，年龄大约20岁，估计在新莽年间（前9—23年）去世。据敦煌发现的唐代《王昭君变文》记载，昭君去世后，埋葬仪式按匈奴习俗进行，非常隆重。"棺椁穹庐，更别方圆"。"酝五百瓮酒，杀十万口羊，退犊烀驼，饮食盈川，人伦若海。一百里铺氍毹毛毯，踏上而行；五百（里）铺金银胡瓶，下脚无处。单于亲降，部落皆来。倾国成仪，乃葬昭军（君）……"汉孝哀皇帝也差使者杨少征前往单于处吊唁。隆重的葬仪，反映了匈奴对昭君的怀念和对汉匈和亲的肯定态度。

王昭君的历史功绩，不仅仅是她远行漠北和亲，更主要的是她出塞之后，她与她的子孙以及姻亲们对胡汉两族人民和睦亲善与团结所做出的贡献。

茫茫子午岭中，漫漫秦直道上，既有铁马金戈，也有侠骨柔情。昭君出塞的故事流传了千年，可以说人人皆知，但提到子午岭上的打扮梁，知道的人并不多。"闺阁堪垂世，明妃冠汉宫。一身归朔漠，数代靖兵戎。"在子午岭上，一个关于昭君的故事和一个特殊的地方，吸引着人们去探寻究竟。

打扮梁是子午岭上的一个小地名，具体位置在今甘肃省庆阳市华池县乔河乡境内。这里原本是秦直道上一个古驿站。相传汉代昭君王嫱出塞远嫁匈奴单于呼韩邪时，走的就是秦直道。当年送昭君远嫁的车队，在途中经打扮梁这个地方时，众人见此地风景秀丽，便停车小驻。据史料记载，当时这个地方正好是西汉和匈奴实际控制的边界线，再往前就进入匈奴的地界了。王昭君越过这块土地，就意味着从此离开了故土。当车队停稳后，昭君下车环顾四围，命人设台摆案，在这里梳洗打扮。

昭君梳洗打扮完之后，盈盈跪地，面朝南方拜别故土父老乡亲后，飘然而去。（见图5-25）她的身后，是绵延千里的子午岭和一大群涕泪满面的大汉子民。从此，"打扮梁"这个富有深意的历史地名被永远地留在了这儿。传说中的公主梳妆台早已化为遍地衰草，眼前除了一片残垣断壁和一座烽火台遗址外，当年驿站萧萧车马已难觅踪迹，但昭君梳洗打扮的一幕却永远定格在了这个神奇的地方。

图 5-25　昭君别乡雕像

（二）昭君墓的传说

昭君出塞后，汉匈两族团结和睦，国泰民安，"边城晏闭，牛马布野，三世无犬吠之警，黎庶亡干戈之役"，展现出欣欣向荣的和平景象。公元前31年，呼韩邪单于亡故，留下一子，名伊屠智伢师，后为匈奴右日逐王。王昭君以大局为重，忍受极大委屈，按照匈奴"父死，妻其后母"的风俗，嫁给呼韩邪的长子复株累单于雕陶莫皋，又生二女，长女名须卜居次，次女名当于居次。公元前20年，复株累单于又死，昭君自此寡居。一年后，33岁的绝代佳人王昭君去世，厚葬于今呼和浩特市南郊，墓依大青山，傍黄河水，后人称之为"青冢"，蒙古语称"特木尔乌尔虎"，意为"铁垒"，是史籍记载和民间传说中汉朝明妃王昭君的墓地。（见图5-26）

"青冢"出自杜诗的注解："北地草皆白，唯独昭君墓上草青如茵，故名青冢。"文献记载中亦称其为"青冢"。据民间传说，每到深秋时节，四野草木枯黄的时候，唯有昭君墓嫩黄黛绿，草青如茵。因此历代诗人常常好用"谁家青冢年年青""到今冢上青草多""宿草青青没断碑"之类的诗句怀古凭吊。

图 5-26　内蒙古昭君墓

由于没有进行考古发掘，还无法确定埋葬王昭君的具体地点。尽管唐代以后的史实有关于昭君墓方位的记载，在青冢周围发现零星汉瓦残片，墓体的汉代夯土层也清晰可见，但昭君墓并没有经过科学发掘，据此有人推断此冢是汉代烽火台，到底是否为昭君墓，只有在科学考古发掘后才能做出定论。

根据民间传说，有人以为，这里只是昭君的衣冠冢。关于昭君墓的形成，比较流行以下传说："昭君原是天上的仙女，下嫁单于，来平息汉匈干戈。出塞时，和单于走到黑河边，只见朔风怒号，走石飞沙，他们只好停下来，昭君弹起心爱的琵琶，顿时彩霞横空，白云缭绕，冰雪消融，万物复苏，不一会儿，遍地长满了青草，开满野花。远处的阴山变绿了，黑水变清了，还飞来了无数的百灵、布谷、喜鹊，在昭君和单于的马队头顶上飞翔和啼叫，于是单于和匈奴人民高兴极了，就在这里定居下来。后来，昭君和单于走遍了阴山山麓和大漠南北，昭君走到哪里，哪里就水草丰美，人畜两旺；走到缺水草的地方，昭君的琵琶一弹，地上就出现了一条玉带似的河流，一片片绿茵茵的嫩草。昭君还从一个美丽的锦囊里取出几粒种子，撒在地上，从此塞外便有了庄稼，她从袋里取出一把金剪子，用羊皮剪成犁、车、羊、马，放在地上，就成了铁犁和木车，木车周围还出现了成群结队的羊群和马群、骆驼群。昭君去世时，远近的农民纷纷赶来送葬，他们用衣襟包上土，一包一包垒起了昭君墓。"

讨论昭君墓的真伪已经是一个很次要的问题了，重要的是她在人们心目中的地位。翦伯赞的《内蒙访古·在大青山下》说："在大青山脚下，只有一个古迹是永远不会废弃的，那就是被称为青冢的昭君墓。因为在内蒙古人民的心中，王昭君已经不是一个人物，而是一个象征，一个民族友好的象征；昭君墓也不是一个坟墓，而是一座民族友好的历史纪念塔。"

昭君墓最早记载，见于盛唐时李白、杜甫等人的诗中，如李白的"死留青冢使人嗟"，杜甫的"独留青冢向黄昏"等，白居易也有《青冢》诗。可见昭君墓当时不仅早已存在，而且远近闻名。稍晚于李、杜、白三人的唐代史学家杜佑在其所著的《通典》卷一七九《州郡》中明确记载了呼和浩特市青冢的存在，此后历代史书亦有记载。清代关于青冢的记载比较详细，张文瑞和钱良铎途经呼和浩特时，还看见青冢前有石虎、石马、石狮、石幢，墓顶有小方亭，亭内有佛画、细布及豆麦等物。这些表达了当地人民对昭君的眷恋和哀思，经过长期的战乱，到新中国成立前夕，只剩下孤单的墓体和几尊石碑。（见图5-27）

新中国成立后，对昭君坟进行了多次修缮。1964年，内蒙古自治区人民委员会把昭君坟列为自治区重点文物保护单位。如今的昭君坟，已成为一座规模宏大的陵园。南北长300米，东西宽162米，墓高33米，占地约73亩。走到墓前，首先映入眼帘的是

图 5-27　内蒙古昭君墓

一座高 3.95 米、重 5 吨的呼韩邪单于与宁胡阏氏王昭君并辔而行的大型铜铸雕像。（见图 5-28）再往北行，耸立着一块高大石碑，石碑上用蒙、汉两种文字镌刻着已故国家副主席董必武的诗作《谒昭君墓》："昭君自有千秋在，胡汉和亲识见高。词客各抒胸臆

图 5-28　内蒙古景区王昭君与呼韩邪单于雕像

薨，舞文弄墨总徒劳。"石碑后方两侧，七块各代石碑历历在目。墓前有相连的两层平台。拾级而上至墓顶，有六角攒尖兰亭一处。墓前院内，历史文物陈列厅分列东西。陈列厅内，有汉白玉昭君雕像一座，蛾眉秀发，衣袂飘飘，目视远方，栩栩如生。

除呼和浩特青冢外，大青山南麓还有十几个昭君墓。鄂尔多斯市达拉特旗的昭君镇，有一座圆形土垯，其上岿然耸立着一座高大的石头山。这土梁上的石头山便是昭君坟，传说是王昭君的衣冠冢，昭君镇也是因此得名的。历史学家翦伯赞在《内蒙访古·在大青山下》一文中说："王昭君究竟埋葬在哪里，这件事并不重要，重要的是为什么会出现这样多的昭君墓。显然，这些昭君墓的出现，反映了内蒙古人民对王昭君这个人物有好感，他们都希望王昭君埋葬在自己的家乡。"

"琵琶一曲弹至今，昭君千古墓犹新。"今天的昭君墓，宛如北方草原上一颗璀璨的明珠，成为名扬世界的旅游胜地。这里不仅有历史悠久的文物古迹，还有鸟语花香的自然风貌和独具特色的人文景观，其诗情画意，令人流连。

（三）文姬归汉

蔡琰，字文姬，东汉文学家蔡邕之女，博学有才辩，又精于音律。丁廙《蔡伯喈女赋》有云"伊太宗之令女，禀神惠之自然，在华年之二八，披邓林之曜鲜"。才华横溢的蔡文姬，从小就展现出非凡的艺术才华，除了靠自身的天分与聪慧，更多的是来源于家学的熏陶和父亲蔡邕的精心教育。根据刘昭《幼童传》的记载，在她6岁时，蔡邕夜里弹琴，不慎弄断琴弦，蔡文姬立马就听出了是第二根断弦。蔡邕不以为然，认为不过是碰巧，于是有意弄断另一根琴弦。蔡文姬又准确地指出是第四根，这让蔡邕惊叹不已。时至今日，"蔡琰辩琴"这个故事还时常被人提起。（见图5-29）

图 5-29　蔡文姬雕像

蔡文姬生活在一个战乱频繁的时代。朝廷腐败，官逼民反，终于酿成黄巾起义。大将军何进被宦官十常侍杀害，西凉董卓进军洛阳尽诛十常侍，把持朝政。蔡邕是当时极负盛名的大学者，董卓为巩固自己的统治刻意笼络名满洛阳的蔡邕，将他一日连升三级，三日周历三台，官拜左中郎将。出身这样的家庭，蔡文姬第一次出嫁，与河东世家子卫仲道喜结良缘可谓门当户对，婚后夫妻感情很好。可惜不到一年，卫仲道便因咯血而死。两人无子女，蔡文姬遭到卫家嫌弃，认为她克夫，于是她便回到娘家。

公元 192 年，董卓倒行逆施，招致群雄联合征讨。后来王允设计，董卓伏诛。蔡邕有感于董卓的厚待，"伏其尸而大哭"。此举惹恼了当政者王允，认为蔡邕怀念董卓的私恩，忘了做臣子的大节，便将蔡邕当作董卓的同党治死在狱中。董卓死后，他的部将李傕等人攻占长安。各军混战，羌胡番兵乘机掠掳中原一带，蔡文姬在五言《悲愤诗》中写道："平土人脆弱，来兵皆胡羌。措野围城邑，所向悉破亡。马边悬男头，马后载妇女。长驱西入关，回路险且阻。"在这样的状况下，蔡文姬跟许多妇女一起被掳到南匈奴。在其所作《胡笳十八拍》中载:"所略有万计,不得令屯聚。或有骨肉俱,欲言不敢语。失意几微间,辄言弊降虏。要当以亭刃,我曹不活汝。岂复惜性命,不堪其詈骂。或便加棰杖,毒痛参并下。旦则号泣行,夜则悲吟坐。欲死不能得,欲生无一可。"

在风俗迥异的残酷环境里,她受尽凌辱折磨,却顽强地活了下来。支撑蔡文姬活下来的,是内心坚定的信念与生命的觉醒。蔡文姬在《胡笳十八拍》里这样写道:"我非贪生而恶死,不能捐身兮心有以。生仍冀得兮归桑梓,死当埋骨兮长已矣。"她不是贪生怕死,也不是不知廉耻与气节,她只是要回家,要落叶归根,即使死也要埋在家乡,不能轻易这样埋尸异国。这是她无比坚定的信念,也是她活下来的精神支柱。在那蛮荒异俗且遭受屈辱的境遇里活下来,需要拥有比常人更多的勇气和智慧。

蔡文姬一生坎坷,范晔《后汉书·列女传》记载:"文姬为胡骑所获,没于南匈奴左贤王,在胡中十二年,生二子。"蔡文姬在战乱中为南匈奴所俘,走的可能就是秦直道。史书记载文姬没于左贤王,没说两个人结亲,文姬自己的《胡笳十八拍》里亦没有说到那个男人,只是从自己的角度提了提心情,"戎羯逼我兮为室家,将我行兮向天涯"。一个"逼"字足够使人产生丰富的联想:蔡文姬当时的身份是战俘加女奴,她成了左贤王的一个侍妾。

我们可以这样推断,文姬在路上跟许多妇女一样受了很多侮辱与打骂,但是胡人看她气质非凡,于是把她献给了左贤王。庆幸的是,左贤王对她不错,文姬为他生了两个儿子(胡人宠我兮有二子,鞠之育之兮不羞耻)。但是那里毕竟是异乡,自然条件恶劣,生活习俗不合,社会风俗粗鄙(原野萧条兮烽戍万里,俗贱老弱兮少壮为美。逐有水草兮安家茸垒,牛羊满地兮聚如蜂蚁。草尽水竭兮羊马皆徙),再加上语言也不同,不要说能和文姬吟诗作对，就是连个能说利落汉语的人都没有（殊俗心异兮身难处，嗜欲不同兮谁可与语）。她站在大漠苍茫之中，看着日出日落，即使没有毒打和侮辱，即使有左贤王的宠爱，感到的仍是灵魂深处的窒息。蔡文姬正一步一步走向渺茫不可知的未来，被掳的那年她23岁，这一去就是十二年。

后来蔡文姬思乡心切，其归汉行动因受单于所阻，不能成行，于是曹操率五十万大军沿秦直道前往匈奴边界，单于迫于压力，只得同意文姬归汉。在蔡文姬被俘十二年后，曹操于建安十三年（208年）派使者将其接回汉朝。

蔡文姬多年被掳掠的经历虽然是痛苦的，可历经十二年膻肉酪浆的生活，她已有了丈夫和孩子，面对两个天真可爱的孩子，她终究做出了抛夫弃子的决定："一步一远兮足难移，魂消影绝兮恩爱遗。"可她终究还是个女人，难以割舍自己的亲生骨肉，难以割舍异族丈夫十二年来的恩情，况且这一别，关山重重，大漠遥遥，生离便是死别。这种痛让她不堪承受，她已分不清归去是悲是喜，只觉得柔肠寸断，泪如雨下。但是，她对故国、亲人的思念是刻骨铭心的，汉文化孕育了她，并深深积淀在她的骨子里面，只有归汉，她才能找回自我，她的艺术才情才能得以体现；只有归汉，才能得偿父亲一生之夙愿，让慈父《续汉书》的未竟事业进行下去。"无日无夜兮不思我乡土"，后人由此把文姬归汉上升到家国情怀的高度，成为热爱祖国的典范。

文姬归汉后，曹操将其许配给屯田都尉董祀。董祀生得一表人才，通书史，谙音律。这场婚姻开始并不幸福。文姬两嫁之身，在大漠狂沙的侵蚀下早已红颜衰老，董祀正值青春年华。后来董祀犯罪当死，文姬"蓬首徒行，叩头请罪"，终于以父亲的关系，激起曹操的怜悯之心，救了董祀一命。从此以后，董祀感念妻子的恩德，两人隐居山林，相伴终老。一个历经乱世沧桑的女人，凭着她对命运的理解和选择，凭着自己的努力和机智，最终找到了幸福。

蔡文姬的一生，经历了父丧夫亡，国家动荡，流落他乡，抛亲别子，这一切悲惨的经历使其心灵伤痕累累。据《隋书·经籍志》载："后汉董祀妻《蔡文姬集》一卷，傅石甫妻《孔氏集》一卷，亡。"据此推断，蔡文姬的作品不少，可惜全书久已失传，只在《后汉书·董祀传》中保留两首《悲愤诗》和宋代郭茂倩《乐府诗集》收录有《胡笳十八拍》。现存三篇作品在内容上大同小异，均描述她被掠、没胡、归汉的苦难历程，抒发悲愤。

五言《悲愤诗》是中国诗歌史上第一首自传体的五言长篇叙事诗，不仅标志着中国古代叙事诗的成熟，而且在思想内容、表现手法、叙事角度等方面，对古代叙事诗传统产生了巨大、深远的影响，后人评价其"真情穷切，自然成文"，在建安诗歌中别具一格。在这首诗中，蔡文姬以一个女性独有的细腻、感伤的心理体验和有别于男性的独特视角，用悲慨深沉的笔触展现了一位弱女子在战乱时代的悲惨命运和心灵深处难以言说的痛苦和悲哀。与其他身为旁观者或凭吊者的诗人不同，蔡文姬在天下大乱中颠沛流离，没入匈奴十二年，她是战争最直接的受害者，和普通老百姓一样沦落至社会下层，站在群众的立场上目睹了战争的血腥残酷，体味了战争给人们带来的痛楚和酸苦。她的《悲愤诗》就是对自己身陷匈奴而又重归故土的苦难经历的记述，抒发了自己一生颠沛流离的悲苦情怀；抒写了女性这一社会群体在战乱中的悲惨遭遇和对战争的独特心理体验；表达了一个身为人母而又不能尽母亲之责的悖论式情感；同时也流露出作为女性尤其是一个再婚女子在当时社会中的困境和忧虑。正因为人生有着这样的境遇，蔡文姬才能将《悲愤诗》演绎得如此入木三分，淋漓尽致。

蔡文姬满腹才华又历尽沧桑，还留下了动人心魄的《胡笳十八拍》。她的作品对后世影响很大，她曲折坎坷、身世飘零的一生和不屈服于命运的抗争精神，千百年来极大地震撼着人们的心灵。

第六章 秦直道的历史文化价值与遗产申遗

秦朝修筑的直道是中国古代唯一一条沿着山脊线进行建设的高级道路。对这条道路进行深入而广泛的研究，为现代人了解中国古代道路建设智慧与成就具有极其重要的意义。许多学者都加入了对秦直道进行田野考察、考古发掘和学术研究的行列，不断有新的进展和新的发现被揭示出来，可是大部分成果都是用调查报告、具体线段探索或发掘简报的形式予以碎片化呈现，很少把视野放在秦代修建直道的整体环境和完整设计下来进行综合考察。通过考古发掘和文献分析，我们看到秦代这条道路远远不只是从关中通向长城要塞与河套边城的一条道路，而是除了道路本身，还包括了烽燧、墩台、驻兵站点、隘口、宫殿等内容，它是一条从秦朝开始修筑、汉代完善、历代一直使用并发挥效用的古道，并在后世形成秦直道网。秦直道不仅是一条交通直线通途，而且是由点、线、面三者高度结合的军事化建设组合，是一个比较完善的军事通信系统。因而对秦直道的探寻并不仅仅局限于这条路本身，它还牵涉对秦朝政治、经济、民族关系以及工程技术等方面的研究，也涉及整体文化线路保护利用、旅游产业开发和世界文化遗产申报等课题的开展，是学术界一直关注的焦点。

一、秦直道的历史文化价值

秦直道是一条军事专用道路，与秦长城一样，都是具有战略意义的国防工程。秦直道从规划设计、选择线路、测量面积以致包括修筑的每个阶段都非常精细准确，体现了秦朝在道路交通建设等方面所能达到的顶尖技术。秦朝修筑的直道历经数千年的风雨侵蚀，虽大部分的遗址消失或埋藏在地下，但其依旧是世界古代道路修建方面的一个奇迹。

秦朝修筑直道，其目的首先是满足军事方面的急需，也可以解决帝王巡视出游的需要。这与灵渠的修建目的有些相似，都是为了用最快的速度将援军和物资送到战争第一线去。秦朝进军岭南的时候，灵渠发挥了极大的作用。修建直道的工作量远比灵渠要大得多。可以说，直道是秦朝工程量最大也是最有意义的建筑之一，比起同期修筑的万里长城、阿房宫和始皇陵墓来说更有意义。

秦统一全国后的第二年，秦始皇"巡陇西、北地"，可见他对陇西、北地郡的边防非常重视。秦始皇三十二年，秦始皇"乃使将军蒙恬发兵三十万人北击胡，略取河南地"[1]，把匈奴赶出河

---

[1] 《史记》卷六《秦始皇本纪》，中华书局1959年版，第252页。

南地。第二年，又"使蒙恬渡河取高阙、（陶）〔阳〕山、北假中，筑亭障以逐戎人"①，攻占了黄河以北的河套西部地区，把匈奴势力驱赶到阴山以北。为防止匈奴南下，秦始皇又于三十四年（前213年）征调大批人力、物力，利用战国赵、燕原有的长城，加以修建增补，修筑了一条西起榆中的长城新段，再与原来赵、燕长城连接，直至辽东，这就是蒙恬新修筑的长城。

秦始皇在拆除了各国之间交通要道上的关塞、堡垒以后，以咸阳为中心，修筑了四通八达的驰道，把全国各地连接了起来，使中央的政令可直接到达各郡。在修建长城、连通驰道的同时，秦始皇又修筑了一条向北方边境运送服役者和物资的直道。

秦直道的修筑，便利了关中与河套地区的交通。它不仅有利于当时，而且影响到后世，对巩固我国北部边疆起到了重要作用；尤其是直道沿线各民族之间以及与中原地区间的经济、文化交流，因此得以顺利进行。②

秦朝修筑的这条直道在秦代的史料里并没有记载其被用于战争，是因为秦始皇去世之后不久，发生了陈胜、吴广起义，天下陷入混乱局面，从那之后秦朝就无法对北方地区作战了。这个时候北方的匈奴趁着秦朝末期的大乱，再次侵占了河套地区，直到汉武帝时期才将这里重新收复回来。在此期间，直道很大一部分都被匈奴掌控，因而汉朝没有办法利用直道进行战争。

秦直道在汉朝发挥了军事战略通道的功能。可是使用这条道路对匈奴发起进攻的史料记载却很少，仅仅是依照汉朝对匈奴发动战争的地点和目的进行一定的猜测。由于这条道路是一直通到长城周边的，并且也是京畿到长城距离最近最便捷的一条路线，因此长城的物资供应肯定是长期通过秦直道来完成的。其实这也

---

① 《史记》卷六《秦始皇本纪》，中华书局1959年版，第253页。
② 谷苞主编、刘光华著：《西北通史》第1卷，兰州大学出版社2005年版，第310页。

是秦朝修筑直道最主要的目的,也许因为长期使用,人们司空见惯,史册中并无记录。

我们无法从文献资料中看到秦朝修筑的直道在军事战争方面发挥作用的更多记录。在西汉时期,汉文帝三年,匈奴人占据河南为寇,汉文帝亲自到甘泉,派人出兵匈奴。如果从甘泉宫出击攻打河南地,肯定是利用了直道的便利,这可能是第一次使用这条道路进行大规模战争地记录了。

秦直道在和平交往中的作用也不容忽视。秦朝对直道的运用只留下秦始皇去世之后辒辌车迅速返回关中的故事。部分研究人士认为,此处的九原并不是指九原郡,而是河东平阳有一处地名在当时被称为九原。可是这种说法明显是错误的,文献中记载的"行从直道至咸阳,发丧"。所以,载着秦始皇遗体的车马从这条直道上回到咸阳,是可以确定的一个事实。这条直道的使用也可以看作秦始皇出游的一个例子。而后,秦朝在很短的时间内就灭亡了,直道作为暴秦苛政,人们不齿于提及,所以便没有对其太多使用的记录。汉朝时期,汉武帝尚未对北方出兵之前,汉朝和匈奴是有使节往来的,往来的路线已经无法进行考究,但秦直道是可供使用的最便利的路径之一。

汉昭帝和汉宣帝之后,北方匈奴逐渐衰败,汉朝和匈奴的关系慢慢缓和下来,相互使节来往也都较为频繁,更是多次使用直道,例如一些学者认为,有名的昭君出塞就是利用直道完成和亲的。这条南北大道,在维系、沟通中原地区与北方边陲中一直发挥着十分重要的作用。因此,秦直道遗迹以及沿线的古城遗址,对于现代人研究秦汉北方地区的历史,特别是与匈奴的战争史、交通、通信史和民族关系史等,都具有非常重要的价值。

秦直道作为一项军事交通工程,不仅在为秦汉帝国调动军队、输送粮草、传达政令方面发挥过重要功效，也在促进草原文明与农耕文明的交往，推动我国北部边疆地区的早期经济开发，推动战国时期勘探、筑路技术的发展等方面，都曾发挥过无与伦比的历史作用。深入发掘秦直道的历史文化内涵，把掩埋于尘土中的直道真实面目重新展现出来，对于世人重新认识和定位直道的历史文化价值是不可或缺的工作。

秦直道还是全面了解秦代道路形制、历史沿革以及测绘、建造方法、道路规模、使用维护、附属设施等，最直接且无法替代的珍贵史料，对于开展我国交通史的研究具有十分重要的作用。首先，秦直道路线选择科学、省工、适用。秦人"沿脊线"而建直道，在当时的政治环境以及陕北高原山岭纵横的地理形势下具有宝贵的科学性。就地理形势、山系构造来讲，子午岭主脉呈南北走向，支脉亦然。其岭脊绝大部分宽阔平坦，由风化石和黄土构成，容易开凿。而辟风化石成路，路基坚实，没有泥泞之害，这成了平川地区道路所不具备的条件；道路开辟在山脊上，人在山脊行走，可居高临下，乘势而动，避免了游牧民族骑兵部队的偷袭、包抄，增强了防卫能力；直道可直接利用沿线山丘，设置烽火台，这又省去了在平川地区高筑烽火台的时间与靡费，而且在直道上便于瞭望，掌握敌情。其次，直道利用了当时先进的测绘、勘探技术。"长千八百里"的直道能"直通之"，这显示出秦人已经掌握了当时一流地领先于世界水平的测量技术。这表明工程管理者了解当时的河川走向，洞悉山岭形势，善于分析地形曲折，经过精心谋划后，然后修建直道。再次，直道利用了先进的夯筑技术。在以土、木、石为主要建材的秦代，夯筑技术运用得尤为充分。夯筑技术能"厚筑其外，隐以金椎"，防止雨水冲刷，提高了道路强度和车马通行的能力。直道的多处路段能保存两千多年，且至今不长大树木，只有生命力顽强的野草可以生长，这是土石路基夯筑坚实的反映。再者，直道还充分利用了"土桥"技术。由于陕北高原沟壑纵横，黄土覆盖率较高，用直立性较强的黄土填平沟壑，接通山梁，可起到减缓道路坡度、改进路况的作用。

秦直道沿途的巨大冲沟，展现了本地区两千年来水土流失的情况，断面上路基垫土层下压着的秦代原生地层，也真实地记录了这里当时的地貌情况。因此，秦直道遗迹也是研究直道沿途地区秦代以来地理变化、地貌变迁、水土流失的重要资料。

总之，公元前212年至公元前207年修筑的秦直道，是中国历史上乃至世界历史上的一次壮举。它既是一条军事通道，也是一条交通道路、政治道路、经济道路、文化交流道路，更是秦朝科技发展的见证之路。因此，历史赋予了秦直道伟大的历史文化意义，深入发掘和开发其历史文化意义，对于我们了解前人的智慧和壮举，增强民族自信心和自豪感有着特殊的意义。

这条道路的筑成，不仅对维护诞生伊始的秦帝国的宏伟大厦和统一安定的政治局面具有极其重要的战略意义，而且在此后相当长时间内，在促进国家稳定、中原与北方少数民族地区以及陕、甘、宁诸省区之间的经济与文化交流方面也起到了积极的作用。千百年来，朝代更替，沧海桑田，昔日高筑于子午岭峰巅的秦直道已由高路通衢化作历史的陈迹而隐没在茫茫丛林之中，像一条满身伤痕、正在呻吟的巨龙，正期待着人们的珍惜和保护，更期待着合理的开发和利用。如何把握机遇，重新整治秦直道，发挥其独具特色的人文旅游资源和商贸交通功能，无疑对促进西北地区社会与经济的可持续发展具有重大的现实意义。

二、秦直道线路的遗产保护、旅游开发与申遗

（一）秦直道的文化线路属性

秦直道属于"文化线路"类型的历史文化遗产。（见图6-1）"文化线路是近年来国际文化遗产保护领域提出的一个新的概念，被认为是拓展文化遗产规模和复杂性趋势新的发展成果，具有多

图6-1 大秦直道

维度的文化内涵，往往是指拥有特殊文化资源集合的线形区域内的物质和非物质的文化遗产族群。文化线路作为一种文化遗产体系，一种文化遗产资源的集合，具有其自身的基础构架、网络肌理、生态环境和影响范围，而不是简单地作为一系列孤立的文化遗产单体或地点的总和。同时，文化线路作为开放的、动态的概念，为深刻理解文化遗产保护范围提供了新的观念，对于文化遗产的外延拓展，具有开创性意义。"①

我国作为历史悠久的文明古国，拥有丰富的文化线路遗产资源。随着对这一新型文化遗产保护意识的增强，一些重要的文化线路遗产相继列入各级文物保护单位，丝绸之路已申遗成功，大运河则进入了我国申报世界文化遗产预备名单。仅就此进行分析，就可以得出我国文化线路遗产所涵盖的类型众多，所反映的人类活动形式丰富多彩，既有各自地域的特点，也有相互交流和交融的历史积淀，构成多种文明荟萃、不同文化融合、各种宗教并存的一座座历史文化长廊，具有历史悠久、尺度巨大，资源丰富、种类多样，功能持久、生命力强等鲜明特点。

秦始皇统一六国之后，倾全国之力兴建了两大工程，一个是长城，另一个就是秦直道。秦直道的工程规模、工程难度可与秦长城媲美，是我国境内保存下来的为数不多的古代交通遗址。史载秦始皇继修筑驰道之后，又下令修筑具有战略意义的直道。直道较驰道线路直，拉近了地域间的距离，能较快到达目的地。故相对于驰道来说，这种具有军事功能的直道，被称为当时的"高速公路"，可见，至迟到秦始皇时，建筑道路已被国家纳入行政管辖范畴。该项工程北起九原郡的阴山脚下，南抵秦都咸阳附近的云阳，全长700余公里。道路大体南北相直，路面平均宽度大

---

① 单霁翔：《关注新型文化遗产——文化线路遗产的保护》，载《中国文物科学研究》2009年第3期。

约30米，工期2~5年，为便于大队车马快速通行，秦直道修筑得既直又平，因而必须"堑山堙谷"，逢山开山，遇谷填谷，工程规模之大、工期之短举世罕见。

（二）保护秦直道遗产的意义

秦直道遗产首尾相连千百里，形成历史千百年，是一条见证我国千年文明史的文化长河，也是一部展示中华辉煌文化的百科全书。这条具有丰富内涵的文化线路，是我国珍贵的文化财富和人类共同的文化遗产，在历史上发挥了难以估量的广泛影响。因此，加强秦直道遗产的保护，有利于文化遗产集群的抢救，展示深厚的文化底蕴，可以再现秦直道的丰富文化内涵。当前，秦直道遗产保护面临着前所未有的机遇与挑战。秦直道沿线政府和民众的文化遗产保护意识在不断增强，经济发展带来了更多保护方面的资金投入，为秦直道保护提供了机遇。同时，秦直道保护与申遗也面临着巨大的挑战，这成为文化遗产保护的重要课题。

第一，秦直道遗产的整体保护状况令人担忧。总体来说，秦直道遗产保护的各项基础工作相对薄弱。资源基本情况盘查不清，缺乏有效的法律依据和支持；保护管理、综合整治、合理利用等方面缺乏统筹协调，缺少具有战略视野的总体保护规划；针对秦直道遗产保护的科学研究不够深入，对文化遗产内涵的认识、对保护对象和范围的认知等方面均存在较大差异和差距。同时，气候变化、环境污染等整体环境恶化，导致秦直道遗产面临生存威胁，文物本体不同程度地存在着水蚀、风化、虫害、腐蚀等病害。秦直道沿线历史遗迹保护现状不容乐观。数千年的历史变迁和人类活动，使得生态环境恶化，自然和人文景观损毁，旅游和休闲功能衰退，文化遗存不断消失，毁旧建新等现象时有发生。

第二，城镇化快速发展给秦直道遗产保护带来挑战。目前不少古道遗迹已成记忆。现代城镇发展对秦直道文化遗产的各种元素、环境风貌、生态系统又是一次较大的人工干扰。大规模建设对文化遗产本体构成现实威胁。秦直道承载着千百年的文化积淀，附载在秦直道沿线的民族民间文化、地方戏曲、民间传说和民风民俗等非物质文化遗产，也由于缺少详细调查和保护措施，有逐渐销声匿迹的危险，没有了故事的秦直道将失去魅力。一些地方不注意对文化资源的积极利用，未将城镇规划建设和文化资源保护齐举并重，没有树立长远战略意识来推动秦直道遗产的保护，破坏了秦直道以及秦直道沿线的历史遗迹。

第三，一些基础设施建设使秦直道沿线遗产的整体性遭到破坏。交通道路、水利工程、油井架设的建设，往往使秦直道遗产在区域范围内被切割得四分五裂，对其生存构成严峻威胁。例如电力、通信的建设，以及农田开垦、林木种植、矿业开采、油气开发等，都经常出现对文化线路遗产造成损毁的现象。不少地方在遗址内乱建设施，竖立电线杆，架设高压线，开凿油井。长期以来，一些人造景区的修建，对秦直道遗产造成更为严重的影响。

第四，国家层面缺少行之有效的秦直道遗产保护协调机制。目前，文化遗产保护管理体制分散，综合整治、合理利用等缺乏统筹协调。秦直道从南至北跨越陕西、甘肃、内蒙古，沿途各市县（旗）管理政策不一，管理机构不一，分属各地国土资源部门、环境保护部门、旅游部门、文化部门管辖，机构重叠交叉，重经济效益而轻文化内涵，形成对秦直道沿线遗产无序开发和管理混乱的局面。

文化线路遗产保护标志着世界文化遗产保护领域的发展趋势。近年来，我国加强了对大型文化线路遗产的整体保护研究，并开始了保护实践探索。2006年5月，京杭大运河列入了国务院公布的第六批全国重点文物保护单位名单。同时，开展了大运河保护与申报世界文化遗产的系列考察和研讨活动，有关部门、专家学者和大运河沿线城市政府一致认为，保护大运河这条人类历史上伟大的文明长河，是保障可持续发展的盛举，也是中国人民为人类文明进步应做出的承诺和贡献。京杭大运河于2014年6月22日，被列入世界遗产名录，成为我国第三十二项世界文化遗产。同年，由中国、哈萨克斯坦、吉尔吉斯斯坦跨国联合申报的丝绸之路项目被列入世界遗产名录，成为中国第三十三项世界文化遗产。我们呼吁将秦直道也纳入文化线路遗产的保护范围之内，进行保护并申报世界遗产。

秦直道遗产保护有利于整合文化遗产资源。秦直道属于线路文化遗产。近年来，文化遗产的概念不断扩大，由单体文物到历史地段，再至整座城镇，进而兼及文化景观、遗产区域，乃至串联几座甚至几十座城市、一个或多个国家的更大文化区域，形成跨族群、跨时代、跨地域、跨文化的庞大的文化复合体。由于文化线路遗产覆盖的地域比较广阔，沿线及两侧范围内相关的文化遗产，都可以统一纳入整体保护行动之中，这样既有利于国家保护措施的宏观调控，又有利于各种社会资源的集中使用，不失为一种高效的保护策略。

秦直道是出于维护国家安全修建的一条军事通道，在历史变迁中发展为重要的文化纽带，将一些相互关联的城镇或村庄串联起来，构成链状的文化遗存状态，能够真实再现历史上人类的迁徙与活动，物质和非物质文化的交流与互动，并赋予文化遗产载体以更深刻的人文意义和文化内涵。整体保护秦直道遗产，更加强调根据秦直道遗产的构架与特点，形成行之有效的系统保护方法，较之分散的点状保护，效果更好，影响更大，易于探索普遍规律，形成科学方法，有利于不断深化保护的内涵。

秦直道遗产保护有利于提升文化遗产价值。秦直道上的历史遗存强调空间、时间和文化因素，强调线状各个遗产节点共同构成的文化功能和价值，至今对人类社会演进、经济可持续发展产生了重要影响。秦直道申遗的意义还在于它是国防之路、文化传播之路、制度风俗之路、民族融合之路，文化层面的深度意义使秦直道遗产更具渗透性、辐射性和长久性。"当今居住在地球上各个角落的人们的信息传递，经济、文化、政治的交往，已基本上冲破了自然的险阻和人为的障碍，将人类紧紧地联结在一起。人们愈益忧戚与共，地球愈来愈是一个牢固结合的村子。这一状况之得以呈现，是自有人类以来陆、水、空交通与通信技术的积效发展的结果。"[1]

秦直道遗产保护有利于文化遗产保护学科的发展。秦直道遗产的保护是科学严谨的文化实践。无论是全面调查，勘察测绘，遗产登录，划定保护范围和建设控制地带，制定保护规划，制定专项法规，还是环境综合整治、开展社会宣传教育以及文物本体保护等各项工作，都需要明确目标、明确计划、明确分工、明确责任，都需要开展大量艰苦细致的科学研究和实际工作。通过对秦直道沿线物质和非物质文化遗产资源与价值的调查，可以确立众多人文学科研究课题，在保护的同时，促进相关学科的发展。秦直道遗产不仅拥有丰富的历史文化内涵，而且涉及复杂的文化和自然生态系统。秦直道所承载的城镇和乡村中物质与非物质文化遗产的承启与变化，相互影响与交流，构成文化带上文化遗存的共性与特性、多样性和典型性，衍生出丰富多彩的面貌和内在的密切关联。秦直道遗产的整体意义和广泛的涵盖面，不仅有助

---

[1] 重庆市文物局、重庆市移民局、西安文物保护修复中心编著：《三峡古栈道·序二》，文物出版社2006年版，第3页。

于在不同族群、不同城市、不同地区之间建立牢固的文化联结，同时可以防止文化同质化。在文化认同过程中，秦直道遗产保护具有历史与现实、有形与无形的双重意义。

秦直道遗产保护也有利于促进社会和谐发展和各民族大团结。我国大型线型文化遗产沿线分布着大量的村镇和聚落，尤其是少数民族聚落。作为当地居民的生活命脉和精神寄托，秦直道沿线文化遗产的保护与科学的可持续利用，不仅有利于人类宝贵财富和民族记忆的世代传承，更为重要的是从文化遗产保护与遗产所在地经济、社会和文化事业的和谐发展的视角出发，探索新方法，解决新问题，通过遗产保护和展示，增强当地人群的文化凝聚力和荣誉感，构建和谐、美好的人居环境，使文化遗产这一不可再生的宝贵资源成为可持续发展的新动力。

（三）秦直道遗产保护的措施与实践

秦直道遗产的保护，作为我国遗产保护领域的新课题，尚处于起步阶段，这就需要以更大的决心和勇气，积极探索秦直道这类遗产保护的科学规律和有效手段。秦直道遗产保护机构、专家学者、各级政府和有关部门以及社会公众，在秦直道遗产保护过程中都应当发挥重要的作用。同时，通过秦直道遗产的保护，可以重新唤起沿线民众对传统文化、自然生态、习俗风情的理性认知和历史情感，形成自觉的文化遗产保护意识。

1. 进行资源调查，开展科学研究

首先应开展对秦直道遗产资源的调查，通过考古调查、科学勘察、资料梳理，把握秦直道遗产资源的分布状况，形成对秦直道沿线遗产全面而完整的认识。由于秦直道遗产包含内容极为广泛，空间尺度又相对较大，因此在进行资源调查时，首先应确切

地定义它的范围,这是开展科学研究的重要基础。例如秦直道沿线遗产的范围,包括历史村镇、交通设施、宗教建筑、公共场所、文化景观等等,按照文化遗产分类的原则进行记录,同时,还要分析秦直道沿线遗产所处地理位置、影响范围,以及自然背景方面的状况,以全面体现秦直道沿线遗产所包含的文化意义。例如考古工作者于20世纪末对秦直道遗址进行过局部发掘。其中在鄂尔多斯境内的秦直道遗址的两侧,确认有三座同时期的古城遗址,初步论证定为与秦直道密切相关的亭、障或行宫等设施,为秦直道文化线路遗产的保护与研究提供了新的依据。

在进行资源调查时,由于大多数文化线路遗产经过长期的历史演变以后,一些局部区段在自然灾害、人为破坏和其他因素影响下已经面目全非,因此清晰准确地界定秦直道遗产的范围并非易事,很多情况下都需要多学科的大量研究予以支持。

秦直道由于千年的历史变迁,受社会的或自然环境的因素制约,先后有过不同历史时期的变化,要确定其曾经过的具体路线或影响范围,除通过整合文献史料加以阐释外,考古学的发现也极其重要,即依据文献记载与考古发现相互印证,对秦直道遗产进行深入的复原研究。更为重要的是,在调查中将古代秦直道置于更大范围的文化线路遗产系统中研究定位,扩大对沿线文化遗存及相关人文景观的调查范围,对秦直道周围环境和后期附加物进行详细记录标示,对与直道相关的古路、隘口、乡村、城镇进行登录,深入访问沿途居民,对民间文化遗存、史料进行调查,形成翔实的原始资料。并在此基础上,形成辅以绘图和照片的、较为详尽的记载秦直道及其相关遗迹的调查报告,为世人留下不可或缺的资料。

同时,秦直道遗产是大尺度、多维度的文化遗产,具有丰富的历史内涵，需要突出整体连贯性，需要多学科的合作和保护实践的大量积累，通过利用先进的数字技术，建立完备的信息数据库等措施，实现秦直道遗产整体阐释与展示。

2. 编制保护规划，实施整体保护

秦直道是秦始皇为防御和征服北方匈奴而专门修建的一条战备"高速公路"，为维护大秦帝国的统一发挥了重要作用。汉代以后，秦直道的用途已远远超出战争的范畴，商贸往来、文化交流、民族融合等方面的价值广为体现，承载着中国古代文明交流互鉴的厚重印记。秦直道遗址起自陕西旬邑，经甘肃，终抵内蒙古鄂尔多斯，总长约750公里，陕西境内长达478公里。迄今为止，陕西已完成了资源调查、规划制定，并陆续开始了一系列考古、保护工程。

秦直道遗产保护规划编制，需要借鉴大运河、丝绸之路等保护总体规划的成功经验。只有按照规划先行原则，编制秦直道遗产保护总体规划以及沿线地段控制性详细规划等不同层面的规划，明确规划范围、规划期限、保护原则、保护重点，才能为实施综合保护提供规划依据。同时，由于秦直道遗产尚缺乏基本的测量资料，因此要加强测绘和基础资料的准备，为编制保护规划提供条件。

3. 制定专项法规，健全管理机制

针对秦直道遗产的保护状况，亟待加强基础工作，确定保护重点，制定保护措施，明确保护责任，广泛动员社会力量参与保护工作。其中，建立、健全有关法律法规是秦直道遗产保护的基础。

联合调查文化遗存带，尽快成立秦直道文化遗产保护协会，并调查研究秦直道沿线文化元素分布，完善官方秦直道历史文化资源与考古文献，强化政府对国家、省（区）、市、县文化遗产的保护与管理，制定更具操作性的行业规范和评价标准；在此基础上，分别制定、完善文化遗产保护条例与文化遗产保护办法等，以此促进申遗、目的地基础设施建设与保护、管理上的合作。

（四）秦直道沿线的旅游产业发展

随着学术界和文化旅游界对秦直道沿线旅游产业开发的日益关注，秦直道文化遗产旅游近年来也得到迅速发展。淳化县现有甘泉宫遗址景点和秦直道起点纪念碑景点。旬邑县在石门关建有秦直道文化苑，该景区以石门山秦直道遗迹为依托，以秀美的石门山风光为背景，有仿建的秦直道、秦兵站、跑马场景区。秦直道入口为仿制的秦代阙楼大门（见图6-2），广场正中依次为大型石刻"天下第一道"（见图6-3）和"大秦疆域浮雕"以及始皇出巡回归场景模拟（见图6-4）。两侧六根龙纹图腾柱，展示了秦统一六国的霸气和雄风；并修建了宽30米、长800米的仿秦直道基础路基和群雕。秦兵站西边为大门和瞭望哨塔，四周为仿木围栏，正东为中军大帐（现为石门关秦直道博物馆，馆内通过实物、图片、文字以及声光电等方式，真实、系统、全面地介绍

图6-2 秦直道文化苑门楼

图 6-3 天下第一道

图 6-4 秦始皇出巡回归场景

了秦直道修建始末和变迁），南北两侧是兵营、武库和仓储，广场中间为秦军演练场景模拟，再现当年秦军演练的雄伟场景。跑马场是古代训练军马的专门场所。新建的跑马场由跑道、观礼台和大门三部分构成,是集驯马、赛马、骑马为一体的游乐场所。

内蒙古鄂尔多斯市东胜区建有大秦直道文化旅游景区(见图6-5),位于鄂尔多斯市东胜区罕台镇,于2007年6月开工建设,规划总占地面积10平方公里。该景区以直道文化为主题,以秦汉边塞文化和匈奴故地文化为特色,以"一道两楼三区"为整体布局,一道即模拟直道,两楼即甘泉宫楼式大殿和九原郡城楼,三区即

图6-5 内蒙古鄂尔多斯市大秦直道文化旅游景区

秦汉边塞文化区、匈奴故地文化区、直道演艺广场区。模拟秦直道长3.8公里,宽30米,巧妙利用自然地貌形成了"堑山堙谷,直通之"的秦直道特征,并且复制了烽、障、亭、台军事设施和条、铺、驿站交通节点,以多段式复原长城横亘直道东西,使两千多年前的秦直道宏伟历史景观跃然眼前。甘泉宫大殿以地热温泉式的高端度假酒店和高档演艺中心为特色,依秦汉风格复原的一座楼式宫殿建筑;九原郡城楼为典型的秦汉土城柱亭式建筑,两侧如翼的长城蜿蜒起伏,极具塞外古城景象。秦汉边塞文化园是以长城内外特有的农耕文化为特征,设有窑洞建筑、农事民俗、边塞艺术、边关交易等景点活动;匈奴故地文化园以草原原生态的游牧文化为特征,设有单于天幕庭、匈奴十八景、昭君望乡台、

汉匈大马市、匈奴博物馆、匈奴车帐营、单于御马苑、匈奴马术队；直道演艺广场区是以气势雄伟的九原郡城楼为背景、以碑面硕大的文化墙相呼应的超大型演艺广场。（见图6-6）景区于2010年7月31日正式开园迎宾，是目前秦直道沿线规模最大的景区。但就秦直道整体旅游发展而言，总体仍处于初级阶段。

图6-6 内蒙古鄂尔多斯市秦直道景区广场

1. 秦直道旅游发展理念滞后

秦直道遗产文化线路所在区域的旅游开发理念滞后，不同区域发展理念存在层次差异。从秦直道旅游开发总体审视，秦直道沿线旅游发展总体上滞后于旅游需求，对发展遗产旅游还存在认识与意识上的差异。从开发水平看，秦直道沿线现有景区景点的整体开发层次还处于基础阶段，主要以简单的观光旅游为主，并存在旅游开发与发展结构性失衡的问题，很多景区仅依靠门票收入，没有充分意识到旅游发展所带来的溢出效应和拓展效应。同时，还存在不同区域的秦直道旅游发展没有全国和全球视野，前沿开发观念整体淡薄，从业人员的市场与服务意识整体不强，民众尚未获得发展旅游所带来的益处，参与旅游发展的积极性不高等问题。这些问题的出现是旅游发展理念滞后在发展实践上的反映。

随着漫长的时代变迁，大量的物质和非物质文化遗产及其原生环境都在经历蜕变和消失，尤其是秦直道这类线性文化遗产，尺度大，维度多，包含各种类型的遗产种类，保护难度极大，也很难在现实空间中完整地还原和展示。一旦实态保护难以奏效，随着环境的进一步改变，文化遗产就会遭到不可逆转的破坏。针对这样的问题，国际上从20世纪末就已经开始了遗产保护的数字化尝试。数字化保护与展示就是利用计算机图形技术、网络技术和虚拟现实技术等方法，通过数字化建模、虚拟修复、辅助管理、数字展示等技术框架，可以应用于遗产动态环境监测、刚体文物的虚拟复原技术、古代建筑物的虚拟复原技术、三维重建技术、遗址场景重构与绘制技术以及数字博物馆技术，进而实现对文化遗产数字信息化的保存与展示。

2. 协调机制尚不健全

秦直道遗产旅游合作与开发涉及陕西、甘肃和内蒙古，由于各省区的具体情况存在差异与区域竞争关系的影响，要实现秦直道遗产旅游的协调发展，需要借鉴国际国内区域旅游合作的成熟经验，在政府层面上进行协调运作。随着旅游需求的日益扩大，区域经济一体化趋势的加深，区域协作成为破解地方发展瓶颈的方式之一。由于秦直道沿线区域发展水平、政策、意识等因素的影响，区域协作程度较弱，且地方保护主义较强。同时，秦直道沿线同质性的景区景点相对较多，这也加剧了景点之间的恶性竞争，一定程度上也限制了区域间的合作与发展，造成纸面合作多、实际合作少的局面。

统筹管理的核心是新型管理体制或机制的建立。目前比较新颖、已经运行的遗产特区管理机构就是一种非常重要的参考。它的模式大致有两种：一是由政府主导，具有完整行政职能的地方政府派出机构或采用政府挂牌合署办公的管委机构模式。例如西安曲江新区管理委员会，就是代表政府对所管辖的遗产保护区划范围全面统筹管理的机构类型，管委会下设多个机构，可以全面履行管理职能，实行相对独立和封闭式的管理。二是建立国家级保护特区。早在 2007 年，国家文物局就建议在西安片区和洛阳片区的大遗址群地区集中设立"国家大遗址保护特区"，它是根据遗址密集、重大价值区域城市发展的战略需要，针对大遗址和周边可开发区域，采取特殊管理体制和政策，进行统一规划、统一建立和统一管理的区域。

参照以上经验和模式，根据秦直道的遗产特点，统筹管理机制既要能够确保涉及遗产保护利用的各个组成部分之间的协调运行，也要均衡线路所连接的遗产地区之间的保护与发展。考虑到我国行政区划管理的现实性和已有的大型遗产地的管理经验，建议采用建立遗产特区的管理机构模式。

3. 旅游产品类型单一

目前，秦直道沿线各省区主打的旅游产品以基础性的观光旅游为主，相对缺乏休闲度假等旅游内容，参与体验、商务会展等提高层次的旅游产品更为缺乏，造成了旅游产品结构性失衡问题突出，产品形式相对单一，如仅靠博物馆陈列展示等（见图 6-7）满足不了市场多样化的旅游需求。同时，也存在产品线路设计单一，区域内部与区域周边缺乏组合、联合与互动的设计，秦直道沿线众多精品景区尚未完全融入秦直道主线路，导致至今还未形成真正有较强竞争力的秦直道旅游带。

同时，应该大力加强宣传教育，普及秦直道历史文化知识。例如在陕西段境内，借助陕西地区已有的得天独厚的历史文化资源和氛围，通过多种方式普及公众对线路遗产价值的认知和遗产保护知识，提升秦直道的线路意识，鼓励积极参与各项遗产的保护活动，带动全民保护观念的建立，才能真正实现长久地延续这条古老军事线路、政治线路、文化线路和经济线路的生命力。

图6-7　石门关秦直道博物馆

4. 资源开发与保护矛盾协调不足

在发展旅游过程中，旅游资源开发与保护一直是旅游发展中的一对矛盾，如何处理二者关系是实现秦直道遗产旅游可持续发展的关键所在。在秦直道旅游带沿线区域旅游开发中，既存在旅游开发强度过大而保护力度较小的问题，也存在过分强调文化资源保护而科学利用不足造成资源闲置的问题。秦直道沿线各地区在旅游资源开发过程中，有些地方过分看重旅游带来的经济效益，而忽略针对遗产的本体保护、文物价值保护与文化价值传承；同时，有些地方由于经济发展水平较低，对旅游资源既没有很好保护，也没有积极利用。

除了已有的国际文物保护法律文件和公约，我国也已经建立了有关文物保护的相关法律法规，有效健全的法律机制建立是文化遗产保护的主要支撑条件。我国目前文化遗产保护最重要的法律依据就是《文物保护法》和《非物质文化遗产保护法》，它们是我国文物保护工作的基本法。在基本法的基础上，同时制定了一系列相关的法律法规和国家、地区层面的行政管理条例，这些已有的法律体系和制度背景，从根本上保障了文化遗产保护目标、要求和措施的落实。

单就秦直道所涉及的线路特征的复杂性和遗产内容的广泛性，就急需建立健全保护与发展的法律基础和依据，结合统筹管理的模式和机构设立，尽快出台相应的管理条例作为日常工作的依法保障。同时，结合我国国情和遗产特点，设立民事手段与行政手段并行的保护模式。行政保护从法律层面上践行国家保护公约精神，维护文化公共资源利益；民事保护培育文化自觉，激励保护意识，它们互为补充，互有优势，使其成为秦直道文化遗产保护机制的双支撑条件。

5. 旅游产业基础薄弱

区域经济发展水平是当地旅游业发展的基础，旅游业发展程度和国民经济发展水平之间存在必然联系。区域经济实力的强弱对促进区域旅游发展具有决定作用，区域经济发展水平的高低势必影响区域旅游发展水平的强弱。旅游收入与接待人次是判断区域旅游发展水平高低的核心指标。

秦直道沿线各省区经济发展水平相对滞后，旅游产业基础相对薄弱，主要以旅游景观等传统产业为主，对经济发展贡献力度较小，旅游富民的作用尚未充分发挥。秦直道沿线旅游产业发展相对缺乏与文化会展等产业的融合与创新，忽略了旅游创意文化等。

（五）如何搞好秦直道遗产旅游开发

1. 努力打造旅游品牌

依托西部大开发的国家战略，发挥秦直道沿线各省区旅游资源优势和文化底蕴。借助秦直道遗产，发展相关文化产业，以遗产传承为目标，以旅游品牌锻造为重点，设计精品旅游路线，提升区域旅游的核心竞争力，依托秦直道以及沿线相关遗产资源，打造秦直道遗产旅游品牌。秦直道这一宝贵的中华历史文化遗产，与长城、兵马俑、阿房宫等同一时期诞生，秦直道是矛，长城是盾，兵马俑是兵，阿房宫是王权的中心，它们四者是血肉相连密不可分的整体，它们构成了一个强大王朝的象征。深度挖掘秦直道沿线各区域不同时期的历史文化和民俗文化的内涵，面向国内旅游市场，打造秦直道文化休闲游。依托秦直道沿线各区域丰富的物质和非物质文化遗产，面向不同专题旅游市场，推出历史专题研学游和西北民俗体验游等延伸品牌。

在遗址本体保护的基础上，充分利用沿线遗址及其承载的文化内涵，特别是因秦直道而产生的外来与地方文化的互动，采取适度开发的模式，在遗址区定期举办传统文化活动，营造集中展示秦直道非物质文化遗产的"类文化空间"。

2. 积极开拓市场

目前秦直道沿线遗产旅游发展规模相对较小，国内市场开拓程度不足，遗产旅游优势尚未充分发挥，市场营销以"历史记忆"为意向和形象定位，国内旅游市场的空间定位主要以区域周边省区及区域内部为主，东部沿海市场和机会市场开发不足，拓展市场、专题市场开发不足，国外市场更是空白。可采取深耕手段开拓国内外旅游市场，构建全方位、多元化的秦直道遗产旅游产品体系，面向海内外推广并打造秦直道世界遗产旅游品牌。陕西社会经济发展水平总体相对较高，旅游业盘子大，要发挥其人口基数大、发展基础好的优势。同时，陕西是我国的旅游大省，在入境旅游、遗产总数量等方面具有优势，要发挥其秦直道起点、西安是世界闻名古都、遗产点多的核心优势，担当秦直道入境遗产旅游特别是外国人旅游的推进引擎，提高秦直道遗产旅游的国际化水平。甘肃省旅游具有后发优势，要利用秦直道遗产旅游中段较长廊道的优势，发挥中转传承功能，充当生力军作用。内蒙古是秦直道最北口地段，要充分利用跨国口岸城市的优势，有效吸引蒙古国等国家客流，积极推进我国入境游客与国内游客的跨国旅游。

3. 创新区域旅游合作机制

一个行业的发展程度，主要取决于政府对其发展重要性的认识和产业要素的支持。秦直道沿线区域经济和社会发展水平各不相同，因此，面对旅游业发展问题，地方政府间就秦直道联合开发进行协调是不可或缺的。秦直道区域可设立由国家旅游局牵头，多行业部门、多省区参与的秦直道旅游合作开发协调机构，以利益共同体形式，进行秦直道沿线整体开发项目的招商、协调和运作。通过打造秦直道旅游产业共同体，以共享秦直道旅游市场，共同开发秦直道旅游产品，共推秦直道旅游形象，通过构筑秦直道旅游官方共推平台，共享秦直道旅游信息。做好秦直道沿线旅游城市联盟、企业联盟、协会联盟等不同合作联盟，促进秦直道沿线区域旅游整合开发与深入合作，共同实现秦直道遗产旅游和谐与可持续发展。

4. 采取跨越式发展战略

秦直道沿线各区域如按常规发展模式发展旅游业，旅游产业总体不易实现快速提升。采用跨越式发展战略，可使旅游业发展速度适度超前于国民经济发展速度，超前于国家旅游业发展平均水平。行业实现跨越式发展必须具有内外两个支持，一个是外部资金和智库的支持，另一个是内部资源优势的整合优化与内生动力的支持。秦直道沿线各区域的现有旅游产业总体较为弱小，带动区域经济发展的力度较弱，可从培育旅游产业新业态，提升原有基础性旅游产业两方促进秦直道沿线旅游产业的跨越式发展。就培育旅游产业新业态而言，可建设秦直道旅游创意文化、秦直道会展业等，为区域产业结构调整与区域发展提供新思路。创建"秦直道融资平台"，负责秦直道沿线重大文化旅游项目投融资、建设、运营与管理，并开展秦直道品牌推广、影视制作、艺术创作等活动。近年来，这方面的工作取得了一些进展。作家徐伊丽于2008年出版《探秘秦直道》一书，附有学者访谈和考察过程光盘。由鄂尔多斯市东联集团投资拍摄的历史连续剧《大秦直道》，是由电视剧《王昭君》的主创班底联合创作，陈家林、萧锋再次联手导演，林海鸥编剧，共同打造的一部四十五集史诗巨制。该剧从策划、题材论证到全面运作，以及剧本创作和拍摄，历时两年多。2007年7月31日在锡林郭勒盟正蓝旗开机，2007年12月杀青。为拍摄该剧，《大秦直道》剧组2006年起开始在北京北郊斥资数百万元搭建规模浩大的秦皇宫，还在鄂尔多斯市东胜区境内重新修建数公里的秦直道以及秦直道两边的秦长城、烽火台、九成宫、驿站等拍摄场景，力图完美重现两千多年前大秦帝国的盛景，该剧已于2011年播出。2016年6月28日，由富县投资九百万元拍摄的人文纪录片《秦直道》（四集）开机仪式在陕西富县举行，内容包含蒙恬修筑秦直道、汉武帝塞外大捷、昭君出塞、文姬归汉等重头戏。目前已完成后期制作，将在中央电视台《探索·发现》

栏目播出。2016年、2017年秋季，庆阳市举行了第一届、第二届秦直道中国（庆阳·合水）乡村马拉松赛。2015年10月25日，一场陕西省最具特色的山地自行车越野赛在陕北富县悄然拉开序幕。2016年8月14日，陕北富县第二届山地自行车越野赛在东线秦直道——车路梁段开赛。这条天然赛道凭借其秀美的自然风光、难度极高的爬坡路段及弯道，成为众多山地自行车爱好者施展个人技艺的天堂，也因此被不少车手赞誉为"陕西难度最高的山地越野赛"。2017年6月25日，"鄜州金融杯"中国·秦直道第三届自行车联赛在延安富县张家湾镇再次举行。

此外，还要培育秦直道电商平台，为国内外企业与游客提供丰富的旅游产品与信息，输送便捷的旅游预订、资讯、采购、交易、文化交流等服务。依托秦直道沿线传统特色饮食资源，建设秦直道民族特色餐饮公司，培育秦直道餐饮品牌。依据秦直道沿线遗产资源，开设秦直道创意商品开发有限公司，深度发掘秦直道悠久的历史文化。

（六）关于秦直道申遗的思考

近年来，随着申报世界遗产的不断升温，我国各省（市、区）宣布申报的世界遗产项目众多，并且仍呈方兴未艾之势。另一方面，世界遗产委员会早在其第二十四次会议上就已做出规定，原则上每年一个国家只能申报一项世界遗产，并且在审批原则上向没有世界遗产或世界遗产较少的国家和地区倾斜。我国世界遗产数已位居世界第三，属于受限者之列，这意味着我们一年申报一项世界遗产还不一定能通过。如果现行规定不变，现在开始排队的遗产要一百多年以后才能被考虑，其难度可想而知。在这种形势下，我们必须实事求是，立足长远，科学地制定申报世界遗产战略，选准突破点，提高申报成功率。

1. 要正确认识申报世界遗产的意义

一项世界遗产申报成功，从经济发展的意义上看，意味着建立了一个国际旅游产业品牌，随之而来的是国际、国内旅游业的持续增长，相关服务业的发展和巨大的经济效益。正因为如此，在世界遗产的申报问题上，很多地方都是重开发，轻保护，重经济效益，轻社会效益，以致造成了对世界遗产核心价值的侵害。我们应该认识到，世界遗产的意义决不局限于发展经济，它在促进社会发展方面同样能发挥重要的作用。是培养公民爱祖国、爱人类、爱世界意识的最好基地，它能有效地促进各民族之间的了解，增加亲和力，促进对外开放。我们在申报世界遗产的指导思想上一定要突破单纯的经济开发的局限，确立保护第一位、开发第二位、社会开发与经济开发并重的原则，才能正确制定申报战略。

秦直道被称为世界上最早的一条"高速公路"，是沟通中原农耕文明和游牧文化的桥梁，是全面了解中国古代道路形制、历史沿革最直接、最完整的标本，对于开展我国交通史的研究工作具有十分重要的意义。

秦直道跨越陕西、甘肃和内蒙古三地，沿途分布平原、森林、沙漠、高山草原等多种自然景观，其人文景观也呈多样性的特点，有多处宫殿、驿站、烽火台等遗址存在。民间对秦直道的保护与利用呼声很高。

国家应该整合资源，积极推进秦直道的基础研究工作，从国家层面建立协调机制，统筹三地协作开展资源调查、考古研究工作，研究遗产构成。国家文物局协调三地，并将秦直道遗址列入《中国世界文化遗产预备名单》，加快秦直道遗址申报世界文化遗产的工作进程。三地联合，加强秦直道旅游资源的保护利用，从国家层面协调并积极开发森林旅游、文化旅游、休闲旅游相结合的项目，统一对这些项目规划和开发，让沿线共同利用好秦直道这一宝贵的文化旅游资源。

通过申报世界遗产能够提高人民的公民意识和国际意识，促进对外开放，促进人与环境的和谐发展，这本身就是一件很有意义的事情，值得我们去做。即使在相当长的时期内，秦直道不能被列入世界遗产清单，也不应该放弃这项意义深远的工作。我们要有积极进取的心态，只要申报的遗产经过论证的确具有世界遗产价值，能够代表人类文化、自然遗产的一种类型，我们就一定能够通过自身的努力，使申报的遗产完全达到世界遗产的标准和要求，申报迟早会获得成功。

2. 加强秦直道世界遗产的论证、规划与保护

论证、推荐在其领土上的文化、自然遗产列入世界遗产清单是每个《世界遗产公约》缔约国的基本义务。申报世界遗产的目的从根本上说是为了保护好人类共有的具有普遍突出价值的文化、自然遗产，以保证把它们完好地交给现在和未来的子孙，使人类能够从中了解自己的过去，开拓自己的未来。保护秦直道的工作应该从申报之前做起，而且越早越好。有些文化、自然财产本来是具有世界遗产价值的，由于经济建设中忽略了保护，或是经济利益驱动、人为过度开发等原因而导致其丧失了成为世界遗产的可能性。

由于世界遗产具有不可再生、无法替代的特点，一旦其核心价值丧失，将造成无法挽回的损失。尤其是当前我们正在实施西部大开发战略，到处都在进行大规模的经济建设，更要注意加强对世界遗产资源的保护。已经列入清单的世界遗产，由于有法律、公约和专门机构进行国家保护和国际保护，其核心价值相对不易受到破坏；而尚未列入清单的潜在世界遗产，由于其不确定性，

往往被人们忽视，更易受到破坏。为了避免这种情况的发生，我们要大力普及世界遗产知识，培养相关的专门人才，加强对秦直道遗产资源的论证，科学地进行规划和保护。论证清楚秦直道遗产确实具有申报价值，再根据这些资源的自身条件及客观可能性科学地做好申报规划和相关立法工作，在此基础上对秦直道遗产资源实施有效保护，奠定好申报世界遗产工作的基础。

全国人大代表徐明正曾经提出建议，希望有关部门能够整合资源，积极推进秦直道的基础研究工作，建议从国家层面建立起协调机制，理清遗产构成，在秦直道遗址的具体路线、路面建筑方法及结构、附属设施分布及内涵等方面展开工作，统筹制定遗址保护规划，为下一步秦直道遗址的保护管理和合理利用提供可靠依据。

3. 积极争取申报世界遗产

秦直道跨越陕西省、甘肃省、内蒙古自治区，途经之地人烟稀少，其社会开发进行得很不充分，推动社会发展的潜力还远未发挥出来；经济开发方面，由于沿线景点分散，游客往往匆匆而来，又匆匆而去，逗留时间不长，旅游链条短，产业拉动力受到限制。

从战略上看，要想扭转这种局面，秦直道在申报世界遗产上要联合沿线其他遗产共同申报，才能最大限度地发挥遗产资源优势。陕西和甘肃都是中华民族的发源地之一，有着悠久的历史，灿烂的文化；地形由南向北所跨纬度很高，地质类型复杂，地貌千姿百态，生物种类繁多，潜在的世界文化、自然遗产较多，完全有能力实现申报世界遗产的新突破。但是申报一项世界遗产要投入大量的人力、物力、财力用以进行保护和论证工作，陕西、甘肃、内蒙古应该联合申报，集中力量，共同突破。

全国人大代表徐明正认为，加强秦直道世界遗产论证、规划，保护的同时,"要统筹协调,积极推进秦直道遗址申报世界文化遗产。秦直道以其突出的历史价值已被列入了《陕西省申报世界遗产工作规划》,目前该规划已经通过陕西省政府专项会议并下发各地市执行。但秦直道是跨区域的线性文化遗产,建议国家文物局协调秦直道经过的陕西、甘肃和内蒙古三地,并将秦直道遗址列入《中国世界文化遗产预备名单》,加快秦直道遗址申报世界文化遗产的工作进程"。

总之,秦直道申报世界文化遗产,可以推动秦直道沿线区域旅游合作与开发,发挥旅游强省、旅游兴省、旅游富民与扶贫的功能,以实现区域协同发展与可持续发展。

后 记

2013年8月，由王子今、孙家洲、宋超、高大伦、张在明、张在山、徐君峰等多位考古学、历史学、历史地理学、交通史学专业的专家学者组成的考察团对秦直道进行了实地探查，并在陕西师范大学召开专题研讨会。我有幸随同考察，在会上安排"秦直道"丛书撰写任务时，确定由吴宏岐教授领衔编写"路线"分册，我参加编写。吴教授是史念海先生的高足，曾有多篇秦直道研究论文发表。我作为秦直道甘肃段的与会者和撰写者，深感责任重大，机会难得，很快与我院（陇东学院，前身是庆阳师范专科学院）青年教师雷兴鹤合作，完成了分配的写作任务。2017年4月，忽接陕西师范大学出版总社侯海英主任的电话，说吴宏岐教授因加盟暨南大学，现以海上丝绸之路及环南海社会文化史为主要研究方向，委托我主持完成"线路"未就章节的撰写与统稿工作。接受任务以后，我和雷兴鹤对写作任务进行了重新分配，加紧了资料搜集、研究撰写的进度。至8月底，完成了篇目的重新编排和初稿的写作。接着，又对初稿进行了一个多月的修葺补平和打磨加工工作，形成了现在六章二十多万字的编写规模，经王子今先生审定，书稿改名为《秦直道线路与沿线遗存》。各章撰写分工如下：

第一、四章由马啸撰写，并负责全书统稿；

第二章（其中第三节由雷兴鹤撰写）由吴宏岐撰写；

第三、五、六章（其中第六章第一节由吴宏岐撰写）由雷兴鹤撰写。

书稿撰写的过程，既是对秦直道已有研究成果不断学习的过程，也是对秦直道研究不断进行学术探索、加深思考的过程。我院前辈学者李仲立、刘得祯先生，在20世纪90年代，曾参与秦直道的考察研究与学术论争，是甘肃庆阳段秦直道研究的早期探索者和西线说的有力支持者。我们能继续前辈的研究，代表甘肃庆阳段发声，也算是幸运的有缘人，因此，我们十分珍惜这一难得的机缘。在撰写过程中，我们虽支持西线说，但也对东线说给予了尊重，对东线说的路线、遗址、传说和研究成果，进行了充分的介绍，以使读者全面了解秦直道研究的整体进展、争议路段和关键问题，以期对进一步深化研究有所裨益，并希望通过加深研究最终达成一致。

经过对秦直道沿线各省区线路研究、保护与利用的了解，注意到陕西直道探索，继承史念海先生揭橥研究之余绪，仍据全线学术研究之高端，且以2009年富县桦沟口遗址挖掘为代表，在考古研究方面做了十分有益的探索；甘肃段注重地面遗址、遗迹的保护与调查，也形成了以《秦直道考察》《甘肃秦直道调查》为代表的专著成果；内蒙古鄂尔多斯段将考古钻探技术手段引入直道的探寻和确定，成果明显，且以国家4A级"大秦直道文化旅游景区"的建设与开发为代表，集秦直道研究保护、文化遗产利用展示、影视动漫制作与旅游观光为一体，值得其他省市学习。应该说各有特点、各有成果，值得相互学习、相互借鉴、取长补短。这更说明了陕、甘、内蒙古三省区对秦直道开展联合研究、联合调查、联合考古、联合保护利用和联合申报世界文化遗产的重要性和必要性。

本书的撰写过程，也是我们不断进行秦直道遗址、遗迹实地考察，感知这一古代伟大建筑工程的文化召唤，并与之进行千年诗意对话的过程。2013年8月，随陕西师范大学出版总社组织的专家考察团探查之后，我学写了《秦直道怀古》（七律二首），以表达内心的感受：

一

　　林光苑址起榛荆，直道风驰忆堠程。
　　壁立石门埋谷险，云横雕岭堑关峥。
　　蒙恬劳瘁路初就，胡亥潜谋事已成。
　　一自辒车九原过，祖龙霸业覆苛声。

二

　　子午苍茫入望迷，路开瓴脊拂云霓。
　　角鸣枏岭霜花暗，人戍武亭乡梦凄。
　　燕塞勒铭平漠北，狼山封祭荡碛西。
　　千年古道激征旅，秦月依然壮鼓鼙。

2015年4月至陕北考察，专程至大夏古都统万城调查，不禁写下了《统万城怀古》（七律）：

　　青流映带草肥驼，大夏城荒忆郁峨。
　　灰沸阙台夸万铸，金生阁殿柱千逻。
　　十年霸业归平朔，一代名都起牧歌。
　　莫怪繁华随逝水，秋来无定怨波多。

2016年秋，我参加合水县举办的全国重点文物保护单位秦直道（合水段）保护碑揭碑仪式暨甘肃秦直道研究会成立大会，作了《贺合水县秦直道研究会成立》（七律）：

　　秦皇筑此岂徒劳，路似飞梭岭似桥。
　　出塞堑山开地险，阻河堙谷拒天骄。
　　行商百代驱驮马，战岁千军竞射雕。
　　喜看群贤吟弓月，帅旗漫卷忆剺姚。

同年，又至合水午亭子段进行考察，写了《秦直道午亭子怀咏》（七律）：

古驿寂寥秋草滋，汉关秦月映旌旗。
九层窟聚千家寨，一岭风驰万里骑。
弦控龙沙挥落日，戈披狼蠹奏丹墀。
群峰拱立欣回首，又见层林红满枝。

  关切秦直道研究是许多学者共有的情怀和职责。我们的编撰工作得到了多方面的大力支持。在此，特别感谢合水县陇东石窟石刻博物馆原馆长贾延廉，正宁县志办王立民主任、庆阳市政协文史委原主任杜养惠，庆阳市文化广播影视新闻出版局王志勇副局长，范明科科长，他们为本书提供了亟须的照片和部分考察数据资料，也感谢陕西师范大学出版总社侯海英、赵荣芳女士，王森编辑对书稿完成所给予的支持和帮助，还要特别感谢我的导师、甘肃省简牍博物馆馆长张德芳教授长期以来的鼓励和支持，由于他的推荐，我们获得了这一十分难得的学习与成长的机会。

  本书在编写过程中，引用了《中国历史地图集》《秦直道考察》《甘肃秦直道调查》《鄜州揽胜》《红都保安——志丹县》等著作内容，对以上著作的作者致以感谢，并对引用刘文戈、马啸主编的《范仲淹——纪念范仲淹知庆州970周年学术研讨会论文集》中论文的作者予以致谢。特别感谢张多勇教授为本书绘制了安疆寨古城址示意图、大顺城遗址示意图、荔原堡遗址示意图、柔远寨遗址示意图、白豹城遗址示意图、金汤城遗址示意图。

  由于编撰时间短，编写水平有限，书中错讹之处在所难免，虽对各家各派研究著作及论文进行了引注与说明，但也难免挂一漏万，遗漏或舛错之处，望各位方家多多批评指正，以期订正，使书稿臻于完善。

马啸

陇东学院陇东历史文化研究中心

2017 年 10 月